明清时期的

水神

方煜东　袁伟忠　编著

团结出版社
UNITY PRESS

图书在版编目（CIP）数据

明清时期的水神 / 方煜东，袁伟忠编著 . -- 北京 ：团结出版社，2023.11

ISBN 978-7-5234-0655-7

Ⅰ．①明… Ⅱ．①方… ②袁… Ⅲ．①水－文化研究－中国－明清时代 Ⅳ．①K928.4

中国国家版本馆 CIP 数据核字（2023）第 230125 号

出　　版	：	团结出版社
		（北京市东城区东皇城根南街84号　邮编：100006）
电　　话	：	（010）65228880　65244790（出版社）
网　　址	：	http://www.tjpress.com
E-mail	：	zb65244790@vip.163.com
经　　销	：	全国新华书店
印　　装	：	三河市华东印刷有限公司

开　　本	：	145mm×210mm　　32开
印　　张	：	8
字　　数	：	194千字
版　　次	：	2024年3月　第1版
印　　次	：	2024年3月　第1次印刷

书　　号	：	978-7-5234-0655-7
定　　价	：	69.00元

目录

第一篇　黄河流域水神

　　黄河是中华民族的母亲河，发源于青海省玛多县的约古宗列，向东流经甘肃、四川、宁夏，至内蒙古自治区托克托县的河口镇为上游，河道长 3470 余公里；自内蒙古河口镇又向东南流经山西、陕西两省，至河南郑州市的桃花峪为中游，河段长 1200 余公里；从河南桃花峪向东北流经山东省，至东营市入海口为下游，河道长 780 余公里。全长 5400 余公里。

　　历史上黄河曾经有过多次改道。通常认为，《尚书·禹贡》中所记载的河道是有文字记载的最早黄河河道。这条河道在孟津以上被夹束于山谷之间，几无大的变化。在孟津以下，汇合洛水等支流，改向东北流，经今河南省北部，再向北流入河北省，又汇合漳水，向北流入今邢台、巨鹿以北的古大陆泽中。然后分为几支，顺地势高下向东北方向流入大海。人们称这条黄河河道为禹河。

　　周定王五年（前 602），黄河发生了有记载的第一次大改道。洪水从宿胥口（今淇河、卫河合流处）夺河东行漯川，至长寿津（今河南滑县东北）又与漯川分流，北合漳河，至章武（今河北沧县东北）入海。这条新河在禹河之南。

　　汉武帝元光三年（前 132）黄河在今河南濮阳西南瓠子决口，

再次向南摆动，决水东南经巨野泽，由泗水入淮河。后虽经堵塞，但不久复决向南分流为屯氏河，六七十年后才归故道。

王莽始建国三年（11），黄河在今河北临漳县西决口，东南冲进漯川故道，经今河南南乐，山东朝城、阳谷、聊城，至禹城别漯川北行，又经山东临邑、惠民等地，至利津一带入海。

宋仁宗庆历八年（1048）六月，黄河再次改道，冲决澶州商胡埽，向北直奔大名，经聊城西至今河北青县境与卫河相合，然后入海。这条河宋人称为"北流"，十余年后，黄河在商胡埽下游今南乐西再度决口，分流经今朝城、馆陶、乐陵、无棣入海、宋人称此河为"东流"。东流河水后断流。

南宋建炎二年（1128），为抵御金兵南下，东京守将杜充在滑州人为决开黄河堤防，造成黄河改向东南由泗水再夺淮水入海。但在郑州以下、清口以上的黄河主流也是迁徙不定。曾由泗水或汴水或涡水入淮，或由颍水入淮，或同时分几支入淮。直到明代后期潘季驯治河以后，黄河才基本被固定在开封、兰考、商丘、砀山、徐州、宿迁、淮阴一线，由涟水、阜宁、滨海入黄海。即今之明清故道。

清咸丰五年（1855）六月，黄河在河南兰阳（今兰考）北岸铜瓦厢决口。黄水先流向西北，后折转东北，夺山东大清河入渤海。铜瓦厢以东数百里的黄河河道自此断流，原本穿苏北汇入黄海的大河迅即化为遗迹。这是黄河距今最近的一次大改道。今黄河在兰考东北主要流经东明、范县、台前、东阿、平阴、长清、齐河、济阳、高青、滨州、利津、垦利、河口等地注入渤海。

北魏郦道元《水经注》中有载当时黄河的走向，还包括下游段古黄河的遗址情况。《水经注》关于黄河源头的记载是荒谬的，涉及今葱岭地区，又将其水系与印度恒河等相串联，说明中国古代地理考察可能并不系统和科学，这是当时科学技术的局限性所决定的。在《水经注》中，也提到有古代黄河流域河伯等水神。

《水经注》开首的篇目称"河水"，古代"河水""河"一般特指黄河。《水经注》称河水发源于昆仑虚。在昆仑虚之南，有"从（中）极之渊"，相传为河伯冯夷所居之都。《水经注》载：

《山海经》曰：南即从极之渊也，一曰中极之渊，深三百仞，惟冯夷都焉。《括地图》曰：冯夷恒乘云车驾二龙。河水又出于阳纡陵门之山，而注于冯逸之山。《穆天子传》曰：天子西征，至阳纡之山，河伯冯夷之所都居，是惟河宗氏。天子乃沉珪璧礼焉。河伯乃与天子披图视典，以观天子之宝器、玉果、璇珠、烛银、金膏等物，皆《河图》所载，河伯以礼，穆王视图，方乃导以西迈矣。粤在伏羲，受龙马图于河，八卦是也。

中国民间传说，大禹治理黄河时有三件宝，一是河图，二是开山斧，三是避水剑。传说河图是从黄河水神河伯手中所得。这说明河伯冯夷与受龙马图于河的伏羲可能有一定渊源关系。

河伯冯夷早在先秦时期已有载及，《庄子·大宗师》称："冯夷得之，以游大川。"《释文》引司马彪云：《清冷传》曰："冯夷，华阴潼乡堤首人也。服八石，得水仙，是为河伯，一云以八月庚子浴予河而溺死，一云渡河溺死。"又屈原《楚辞·远游》也称："便湘灵鼓瑟兮，令海若而舞冯夷。"《山海经·海内北经》则称冰夷："从极之渊，深三百仞，维冰夷恒都焉。冰夷人面，乘两龙。"晋郭璞注："冰夷，冯夷也。《淮南》云：'冯夷得道，以潜大川'。即河伯也。《穆天子传》所谓'河伯无夷'者。"《搜神记》卷四亦云："弘农冯夷，华阴潼乡堤首人也。以八月上庚日渡河，溺死。天帝署为河伯。又《五行书》曰：河伯以庚辰日死。不可治船远行，溺没不返。"

《重修纬书集成》卷二《尚书中候考河命》也载："观于河，有长人，白面鱼身，出曰：'吾河精也。'呼禹曰：'文命治淫'。

言讫受（授）禹河图，言治水之事，乃退入于渊。于是以告曰，
'臣见河伯，面长人首鱼身，曰：吾河精。授臣河图。'（注，以
告，告舜也。）"

《重修纬书集成》卷六《龙鱼河图》又称："河伯姓吕名公
子，夫人姓冯名夷。上古圣贤处所记曰：冯夷者，弘农华阴人
也，在潼关提道里住，服八石，得水仙，为河伯。"

又《历代神仙通鉴》卷二载："冰夷一名冯夷，人面蛇身，
潼乡堤首人。尝入华阴服八石，得凌波泛水之道。北居阳汙陵门
之山，与蜚廉互相讲术。初探从极之渊，深入三酉仞，师玄冥大
人，学混沌之法。起而见有神鸟吸水洒空，施化为雨水。冰夷乃
置食水滨，时时招引，习熟为伴，可置怀袖，名曰商羊。是鸟生
于有巢氏，特采雨露之精，能大能小，吸则勃海可枯，施则高原
可没。（按：助蚩尤与黄帝作战。）"

从此人面蛇身的河伯冯夷，与同样是人面蛇身的河神伏羲，
说明两者应有演化关系。

伏羲是中华民族人文先始，三皇之一，即太昊，相传为风
姓，又名宓羲、庖牺、包牺、伏戏，亦称牺皇、皇羲，《史记》
中称伏牺。《左传》《管子》《周易》《庄子》《国语》等先秦典籍
都有关于伏羲的记述，在正史中，司马迁在《史记·太史公自
序》中说："余闻之先人曰伏羲至纯厚，作《易》八卦。"提及有
伏羲的历史地位。唐代后又传说宓妃是伏羲氏的女儿，淹死在洛
水中，成了洛神。此北宋李善注《文选》有载。由于传说由伏羲
所作的易及八卦后演化成为中医治病的理论逻辑，因此伏羲也被
奉祀为医药神。

《水经注》在提及黄河流经路线及沿岸的人文时，也涉及与
黄河有关的水神，如大禹。《水经注》所称大禹治水在黄河主要
有四处，一是导河积石。《水经注》引《山海经》曰："河水入渤

海，又出海外，西北入禹所导积石山。山在陇西郡河关县西南羌
中。"积石山一般认为在黄河上游。今甘肃省临夏回族自治州置
有积石山保安族东乡族撒拉族自治县，黄河穿流而过，其地曾属
陇西郡、金城郡，又置河关县、河州等。积石山县以西为青海
省界，即古代以为羌界。二是辟吕梁。吕梁山在黄河中游东岸，
《水经注》称："河水左合一水，出善无县故城西南八十里，其
水西流，历于吕梁之山，而为吕梁洪。其山岩层岫衍，涧曲崖
深，巨石崇竦，壁立千仞，河流激荡，涛涌波襄，雷济电泄，震
天动地。昔吕梁未辟，河出孟门之上，盖大禹所辟，以通河也。"
又引《山海经》曰："孟门之山，其上多金玉，其下多黄垩、涅
石。《淮南子》曰：龙门未辟，吕梁未凿，河出孟门之上，大溢
逆流，无有丘陵，高阜灭之，名曰洪水。大禹疏通，谓之孟门。"
此吕梁洪在吕梁山至孟门之间，可能所指为今壶口瀑布。三是凿
龙门。《水经注》载："（河水）又南出龙门口，汾水从东来注之。
昔者大禹导河积石，疏决梁山，谓斯处也。即《经》所谓龙门
矣。《魏土地记》曰：梁山北有龙门山，大禹所凿，通孟津河口，
广八十步，岩际镌迹，遗功尚存。岸上并有庙祠，祠前有石碑三
所，二碑文字紊灭，不可复识，一碑是太和中立。"龙门位于山
西省河津市西北 12 公里与陕西省韩城市交界的黄河上。黄河自
北而南下，河水沿峡谷奔腾而下，东西两山夹河，悬崖绝壁，相
对而立，形状似门。相传每年春季农历三月，江河湖海诸川的鲤
鱼逆水而上，成千上万，游到此处，跳跃行进，跃登河门，跃入
者可以化为龙，人们把鲤鱼跳跃的地方，称为龙门。传说登上龙
门之后，有云雨相随，天火烧掉鱼的尾巴化成龙。又相传远古大
禹治水时，曾开凿龙门，疏导河流。后来人们为纪念大禹治水的
功德，将龙门称为禹门。黄河南下过龙门后，河面逐渐开阔，水
面有数十里之广，即古代俗语所称"三十年河东、三十里河西"

处。旧时秦晋两岸龙门渡口均建有规模庞大的大禹庙，今皆毁。
四是开三门。《水经注》载："（河水）又东过砥柱间，砥柱，山
名也。昔禹治洪水，山陵当水者凿之，故破山以通河。河水分
流，包山而过，山见水中若柱然，故曰砥柱也。三穿既决，水流
疏分，指状表目，亦谓之三门矣。"砥柱山即三门峡，今尚存部
分遗迹，在今三门峡大坝下方。砥柱山位于黄河中，形成三股急
流，俗称北边一股为"人门"，中为"神门"，南为"鬼门"，而
以"鬼门"尤险。三门峡名称就由此产生。

《水经注》中还提及"禹治洪水，西至洮水之上，见长人，
受黑玉书于斯水上"。又大夏县有禹庙，"《晋书地道记》曰：禹
所出也"。

除大禹外舜帝、尧帝、黄帝也是黄河流域的重要镇水神。

黄河水神还祀风伯，《水经注》载："河水东北流径安定祖厉
县故城西北……汉武帝元鼎三年置，安定郡治也。王莽更名其县
曰铺睦。西十里有独阜，阜上有故台，台侧有风伯坛，故世俗呼
此阜为风堆。""（湟水支流）长宁水又东南与一水合，水出西山，
东南流。水南山上，有风伯祠，春秋祭之。""（河水）又南过河
东北屈县西，河水南径北屈县故城西，西四十里有风山，上有穴
如轮，风气萧瑟，习常不止，当其冲飘也，略无生草，盖常不
定，众风之门故也。"

黄河水神还祀后土与皇天。《水经注》载："（河水）又南过
汾阴县西，河水东际汾阴脽。县故城在脽侧，汉高帝六年，封周
昌为侯国。《魏土地记》曰：河东郡北八十里有汾阴城，北去汾
水三里，城西北隅曰脽丘，上有后土祠。《封禅书》曰元鼎四年，
始立后土祠于汾阴脽丘是也。又有万岁宫，汉宣帝神爵元年幸万
岁宫，东济大河，而神鱼舞水矣。"又载："河水又东北，玉涧水
注之，水南出玉溪，北流径皇天原西。《周固记》：开山东首上平

博，方可里余，三面壁立，高千许仞，汉世祭天于其上，名之为皇天原。上有汉武帝思子台。"

黄河主要水神还有巨灵。《水经注》载："左丘明《国语》云：华岳本一山当河，河水过而曲行，河神巨灵，手荡脚踏，开而为两，今掌足之迹，仍存华岩。《开山图》曰：有巨灵胡者，遍得坤元之道，能造山川，出江河，所谓巨灵赑屃，首冠灵山者也。常有好事之士，故升华岳而观厥迹焉。自下庙历列柏南行十一里，东回三里，至中祠，又西南出五里，至南祠，谓之北君祠，诸欲升山者，至此皆祈请焉。"

巨灵是神话传说中劈开华山的河神。干宝《搜神记》也载：

二华之山，本一山也，当河，河水过之，而曲行；河神巨灵，以手擘开其上，以足蹈离其下，中分为两，以利河流。今观手迹于华岳上，指掌之形具在；脚迹在首阳山下，至今犹存。故张衡作《西京赋》所称"巨灵赑屃，高掌远跖，以流河曲"是也。

从《水经注》所载也可知，巨灵应是与西岳华山神崇拜及河伯冯夷崇拜相关的黄河水神，可能还是劈华山救母的沉香原型。因其手迹于华岳、脚迹在首阳山，故华岳神及首阳山神后也成为黄河流域重要水神。

黄河水神还有古冶子及鼋将军。《水经注》载："（砥柱）山在虢城东北、大阳城东也。《搜神记》称齐景公渡于江、沈之河，鼋衔左骖，没之，众皆惕。古冶子于是拔剑从之，邪行五里，逆行三里，至于砥柱之下，乃鼋也。左手待鼋头，右手挟左骖，燕跃鹄踊而出，仰天大呼，水为逆流三百步，观者皆以为河伯也。亦或作江、沉字者也，若因地而为名，则宜在蜀及长沙。案《春秋》，此二土井景公之所不至，古冶子亦无因而骋其勇矣。刘向叙《晏子春秋》，称古冶子曰：吾尝济于河，鼋衔左骖以入砥柱之流，当是时也，从而杀之，视之乃鼋也。不言江、沅矣。又考史迁记云：景公十二年，公见晋平公；十八年，复见晋昭公。应轩所指，路直斯津。从鼋砥柱事或在兹。又云观者以为河伯，贤于江、沅之证。河伯本非江神，又河可知也。"

可知古冶子是春秋时齐国齐景公手下的勇士，他在齐景公渡于江、沈之河时，持剑杀大鼋，后人以为河伯。后亦以大鼋为河伯及江神。

中国早期的水神都是自然神，后逐渐人格化，并附身于英雄神。

故黄河神又附会为汉开国功臣陈平。如元代《三教源流搜神大全》卷二载："河渎，汉陈平也。唐始封二字公，宋加四字公，圣朝加封四字王，号'灵源弘济王'。"《月令广义·岁令一》亦称："河神即汉相国陈平。"

河渎是江、河、济、淮"四渎"之一，即黄河之神。《汉书·地理志》：左冯翊临晋县（今陕西大荔东）有河水祠。《郊祀志》：祀河于临晋。即四渎之河渎祠也。《旧唐书·礼仪志四》：唐玄宗天宝六载，河渎封灵源公。《宋志·礼志八》：仁宗康定元年，诏封河渎为显圣灵源王。《元史·顺帝纪》：至正十一年加封河渎神号灵源神佑宏济王。

民间传说河渎之神为汉丞相陈平。似与《陈平传》中所载其渡黄河时用智、力化解船夫拟杀他谋财的故事有关。

以河渎之神附会为汉丞相陈平，也可能与黄河洛阳段的古河平侯祠有关。《水经注》载："河水又东径洛阳县北，河之南岸有一碑，北面题云：洛阳北界，津水二渚，分属之也。上旧有河平侯祠，祠前有碑，今不知所在。郭颁《世语》曰：晋文王之世，大鱼见孟津，长数百步，高五丈，头在南岸，尾在中渚，河平侯祠即斯祠也。"

此河平侯祠所祀原型不详，后人或附会为即黄河神陈平侯祠。

《水经注》还有载澹台子羽斩蛟平水的事迹，曰："河水又东北，通谓之延津。石勒之袭刘曜，途出于此，以河冰泮为神灵之助，号是处为灵昌津。昔澹台子羽赍千金之璧渡河，阳侯波起，两蛟夹舟，子羽曰：吾可以义求，不可以威劫。操剑斩蛟，蛟死波休。乃投璧于河，三投而辄跃出，乃毁璧而去，示无吝意。"古代以水患称孽蛟，斩蛟即平水患，澹台子羽名灭明，是孔子的弟子，也是一名勇士。有一次，澹台灭明身带一块价值连城的宝玉渡黄河，舟至河心，忽有二蛟从波涛中跃出，对渡船成夹击之势，欲夺宝玉。澹台灭明气愤地说："吾可以义求，不可以威劫。"遂挥剑斩二蛟于河内，并将宝玉投入水中，以示自己毫无吝啬之意。

黄河水神还祀五户将军。《水经注》载："晋泰始三年正月，武帝遣监运大中大夫赵国、都匠中郎将河东乐世，帅众五千余人，修治河滩，事见《五户祠铭》。虽世代加功，水流渤渧，涛波尚屯。及其商舟是次，鲜不踟蹰难济，故有众峡诸滩之言。五户，滩名也，有神祠，通谓之五户将军，亦不知所以也。"此五户神祠遗址在今三门峡大坝下方的黄河小浪底段境内。

黄河水神还祀般祠及伍子胥。《水经注》载："河水自津东北径凉城县。河北有般祠。《孟氏记》云：祠在河中，积石为基，河水涨盛，恒与水齐。戴氏《西征记》曰：今见祠在东岸，临河累石为壁，其屋宇容身而已。殊似无灵，不如孟氏所记，将恐言之过也。河水又东北，径伍子胥庙南，祠在北岸顿丘郡界，临侧长河，庙前有碑，魏青龙三年立。"般祠祀神不详，应与水神有关。而伍子胥则是长江下游及钱塘江一带的重要水神，可知从南向北传播至黄河流域。

　　黄河下游的重要河神庙汉时还有龙渊宫。《水经注》载："《郡国志》曰：卫县有竿城者也。河南有龙渊宫，武帝元光中，河决濮阳、汜郡十六，发卒十万人塞决河，起龙渊宫。盖武帝起宫于决河之傍，龙渊之侧，故曰龙渊宫也。河水东北流而径濮阳县北，为濮阳津。故城在南，与卫县分水。城北十里有瓠河口，有金堤、宣房堰。粤在汉世，河决金堤，涿郡王尊，自徐州刺史迁东郡太守。河水盛溢，泛浸瓠子，金堤决坏，尊躬率民吏，投沉白马，祈水神河伯，亲执圭璧，请身填堤，庐居其上，民吏皆走，尊立不动而水波齐足而止，公私壮其勇节。"古代向以投沉白马而祀水神河伯，后白马也指代为水神。

　　《水经注》所载的以上黄河水神崇拜在隋唐以后不断演化，尤其在明清时期，随着朝廷对黄河治水力度的加大，宋末以后的一些传说人物及忠臣、治水大臣也不断被神化为黄河神、大王神、水神将军等，著名的有金龙四大王谢绪、黄大王黄守才、宋大王宋礼、白大王白英、朱大王朱之锡、栗大王栗毓美及杨泗将军、党柱（挡住）将军、何龙（合龙）将军等。

　　在实地考察黄河沿岸的主要水神庙宇及人文遗迹后，本人还感悟到，黄帝与王母神崇拜可能是黄河水神崇拜的重要源头。

　　《水经注·卷一·河水》提及黄河发源于昆仑虚，并指出昆仑山有西王母、轩辕黄帝及天皇兄弟、五龙神崇拜。称：

　　张华叙东方朔《神异经》曰：昆仑有铜柱焉，其高入天，所谓天柱也。围三千里，圆周如削，下有回屋，仙人九府治。上有大鸟，名曰希有，南向，张左翼覆东王公，右翼覆西王母，背上小处无羽，万九千里，西王母岁登翼上，之东王公也。故其柱铭曰：昆仑铜柱，其高入天，圆周如削，肤体美焉。其鸟铭曰：有鸟希有，绿赤煌煌，不鸣不食，东覆东王公，西覆西王母，王母欲东，登之自通，阴阳相须，惟会益工。《遁甲开山图》曰：五龙见教，天皇被迹，望在无外，柱州昆仑山上。荣氏注云：五龙治在五方，为五行神。五龙降天皇兄弟十二人，分五方为十二部，法五龙之迹，行无为之化，天下仙圣治。在柱州昆仑山上，无外之山在昆仑东南万二千里，五龙、天皇皆出此中，为十二时神也。《山海经》曰：昆仑之丘，实惟帝之下都，其神陆吾，是司天之九部，及帝之囿时。然六合之内，其苞远矣，幽致冲妙，难本以情，万像退渊，思绝根寻。自不登两龙于云辙，骋八骏于龟途，等轩辕之访百灵，方大禹之集会计。儒、墨之说，孰使辨哉！

而轩辕黄帝及天皇兄弟、五龙神崇拜可能亦与西王母崇拜相互演化。

西王母崇拜最早见于《山海经》。《淮南子·览冥》也载："羿请不死之药于西王母，姮娥窃以奔月。"《汉书·地理志》也曰："金城郡临羌县下注云：西北至塞外，有西王母石室。"古代已认为黄河流经金城郡（治今甘肃省永靖县西北），故当地亦有西王母崇拜。

《水经注·卷二·河水》亦载："（河水）又东过金城允吾县北，金城郡治也。汉昭帝始元六年置，王莽之西海也。莽又更允吾为修远县。河水径其南，不在其北，南有湟水出塞外，东径西王母石室、石釜、西海盐池北，故阚骃曰：其西即湟水之源也。"

黄河中游南岸湖县（今河南灵宝市西北）一带亦有西王母与黄帝崇拜。《水经注·卷四·河水》载："河水又东径湖县故城北。昔范叔入关，遇穰侯于此矣。湖水出桃林塞之夸父山，广圆三百仞。武王伐纣，天下既定，王巡岳渎，放马华阳，散牛桃林，即此处也。其中多野马，造父于此得骅骝、绿耳、盗骊之乘，以献周穆王，使之驭以见西王母。湖水又北径湖县东，而北流入于河。《魏土地记》曰：宏农湖县有轩辕黄帝登仙处。黄帝采首山之铜，铸鼎于荆山之下，有龙垂胡于鼎，黄帝登龙，从登者七十人，遂升于天。故名其地为鼎胡。荆山在冯翊，首山在蒲坂，与湖县相连。《晋书地道记》、《太康记》并言胡县也。汉武帝改作湖。俗云黄帝自此乘龙上天也。"这说明灵宝县一带也是一处与黄帝及西王母崇拜有关的遗迹。

又黄河中下游交汇处一带的河南荥阳县亦有昆仑山庙，当与西王母与黄帝崇拜有关。《水经注·卷五·河水》载："河水又东径板城北，有律，谓之板城渚口。河水又东径五龙坞北，坞临长河。有五龙祠。应劭云：昆仑山庙在河南荥阳县。疑即此祠，所未详。"由于五龙为昆仑山的五方神，故亦即昆仑山主神西王母与黄帝的支系神，因此东汉应劭认为五龙祠应是昆仑山庙，所祀黄帝、西王母及五龙神等。

至唐代，随着道教对黄河中下游交汇处一带北岸王屋山的开发，王屋山被尊为"天下第一洞天"（详见唐著名高道司马承祯所著《上清天宫地府经》）。于是王屋山也成为西王母与黄帝崇拜的核心地之一。《水经注·卷四十》有载"王屋山在河东垣县东北也，昔黄帝受丹诀于是山也"。《黄帝内传》称"黄帝于此告天，遂感九天玄女、西王母降授《九鼎神丹经》、《阴符策》，遂乃克伏蚩尤之党，自此天坛之始也"。王屋山绝顶海拔 1715.7米，主峰之巅有石坛，传说为轩辕黄帝祭天之所，故又称天坛山。山顶今尚存黄帝崇拜遗址。而在王屋山中又有王母洞、王母殿，王母洞位于天坛峰北面的垂簪峰下，为一天然石洞，古人于洞内建西王母寝宫。宫系条砖拱券结构，即以条砖砌壁，上收为圆券式无梁殿。远望似洞门，近观是殿宇。在石龛南面的坪台上，有一组古建筑群，坐北朝南，逐级递升。依中轴线，顺序为祖师殿、玉帝殿、无生殿、王母殿及东西配殿等。现有整组宫庙，系 20 世纪 80 年代以来山民集资重建，现为济源市文物保护单位。

又在汉时黄河的入海口千乘县[1]（今山东高青县东南）一带，汉时已有董永与天仙织女的传说故事。董永与织女传说是中国著名民间传说。最早载于西汉刘向的《孝子传》。此后三国曹植的《灵芝篇》和东晋干宝的《搜神记》也都有相关记载。刘向《孝子传》、曹植《灵芝篇》中均未载明董永地址，《搜神记》中明确为千乘人。《搜神记》载：

汉董永，千乘人。少偏孤，与父居。肆力田亩，鹿车载自随。父亡，无以葬，乃自卖为奴，以供丧事。主人知其贤，与钱一万，遣之。永其行三年丧毕。欲还主人，供其奴职。道逢一妇人曰："愿为子妻。"遂与之俱。主人谓永曰："以钱与君矣。"永曰："蒙君之惠，父丧收藏。永虽小人，必欲服勤致力，以报厚德。"主曰："妇人何能？"永曰："能织。"主曰："必尔者，但令君妇为我织缣百匹。"于是永妻为主人家织，十日而毕。女出门，谓永曰："我，天之织女也。缘君至孝，天帝令我助君偿债耳。"语毕，凌空而去，不知所在。

据《搜神记》所载，可知该传说突出天帝令织女助董永行孝，应是自天帝与王母崇拜衍生而来。民间传说织女即七仙女，为天帝与王母之女。这说明汉晋时期在黄河入海口一带可能也流传黄帝与西王母崇拜。

宗力、刘群所撰《中国民间诸神》也载及西王母崇拜的演变称：

就我们目前所知，西王母信仰本流行于西北祁连山一带，至

[1]《水经注·卷五·河水》载："汉明帝永平十二年，议治渠，上乃引乐浪人王景问水形便。景陈利害，应对敏捷，帝甚善之，乃赐《山海经》《河渠书》《禹贡图》及以钱帛。后作堤，发卒数十万，诏景与将作谒者王吴治渠。筑堤防修塌，起自荥阳，东至千乘海口，千有余里。"

战国时期有关西王母的神话在中原地区亦已相当流行。无论西王母之概念源于何处，是何含意，在战国以前的中国人心目中，它已是一位神人。《山海经》中有多处关于西王母的记载，皆谓其形象为半人半兽，称之为司天之厉及五残（即瘟疫和刑罚）之神。这种半人半兽神应是较原始的信仰形式，所以这应当是最接近于西王母神原型的记载。至于战国时期的其他文献，如《庄子》《穆天子传》，却把西王母描绘成一位得道仙人或西方半人半仙的人王。也就是说，西王母至战国时代已经人神化了。不过在当时众多神灵之中，西王母的地位并不显得突出。战国以来，又有西王母掌不死之药的传说（见《淮南子·览冥》：羿请不死之药于西王母，姮娥窃以奔月），而这种题材向来是神仙家的方士们津津乐道的好戏。西汉颇重神仙家，帝王追求不老术，掌不老仙药的西王母自然地位提高，成为一位白发苍苍，长生不死的老妪（见《中国古代神话与史实》）。所以西汉末年民间竟盛行西王母之祀。东汉以来，鉴于西王母在民间的影响，新起的道教自然将其网罗门下（见《太平经钞》《博物志》等）。以后道士文人相继推波助澜，西王母竟成为元始天尊之女，群仙之领袖，年三十许之丽质天仙。又以东王公与之相匹。其庙宇也不限西北一地。在这种情形下，《山海经》中记载的古代神话颇有碍其形象，于是好事者百般开解，谓蓬发戴胜，虎齿善啸者，乃王母之使，金方白虎之神，非王母之真形。唐以来，又有为其编造姓名。玉皇大帝信仰兴起后，人们又把西王母与之相匹，称为王母娘娘。在道教经典，稀怪小说，民间故事中，王母娘娘都是一位重要的女神。

这说明黄河之命名，实与黄帝与西王母崇拜密切相关。而黄河被誉为中华民族的母亲河，亦与黄帝与西王母崇拜有深厚渊源。

西王母崇拜后又演化为黄河中游的薄姬（汉文帝刘恒的生母）、下游的碧霞元君（即泰山圣母天仙玉女碧霞元君，一说为黄帝所遣之玉女。据《玉女考》和《瑶池记》记载："黄帝建岱岳观时，曾经预先派遣七位女子，云冠羽衣，前往泰山以迎西昆真人，玉女乃七女中的修道得仙者。"一说为华山玉女演化而来）崇拜，薄姬、碧霞元君都祀为黄河流域及中国北方地区重要水神。

清咸丰之前，河南东部一带有黄河故道在当时的黄河北侧，亦在今黄河北侧。流经大名、馆陶、临清、清河、德州、一带从今沧州境内入海。

雍正《河南通志》有载："（黄河）又东经阌乡县北，又东经灵宝县北，河之北岸为芮城县南境，大河在阌乡北七里，又东经灵宝县北十里而山西之芮城县负山面河距大河二十里与阌乡夹河相望，又东经陕州城北又东经渑池县及新安县北，河之北岸为平陆县及垣曲县境，自灵宝县东流六十里至州城西北三里大阳津在焉，亦曰茅津，河津要地也，其下四十余里为底柱山，其西大禹凿山，水从山而下，即所谓三门也，又谓三门集津，中曰神门，南曰鬼门，北曰人门，水行其间，声激如雷，而鬼门尤险，舟筏一入鲜有得脱，三门之广约二十丈，其东百五十步即底柱也，周数丈，孤立水中，控扼泛流惊涛怒湍称为最险，又东百余里经渑池县北境，又东百里为新安县境，又东经河南府北，河之北岸为济源县南境，大河在河南府城北二十里绕邙山之，又东经孟津县北，河之北岸为孟县南境，大河在孟津县之北五里北岸至孟县三十里，今孟县，西南至孟津五十余里，盖嘉靖时孟津县益徙而西也，河桥在焉，自昔为设险之处，河阳三城置于此，河至此两岸平阔，其流渐涨溃溢之患于此见端矣，又东经巩县北，洛水入焉，河之北岸为温县境济水入焉，河在巩县北十里温县南二十里，又东经泛水县北，又东经荥阳县北，河之北岸为武陟县南境，河在泛水县北一里，荥阳县北二十五里，正统年河决荥阳，经曹濮冲张秋夺济汶入海，寻自开封西南经陈留自亳入涡河至怀远入淮，而开封城遂在河北，久之始复故道，而武陟南去大河五十里，西南与荥阳接境，沁水自北来至县南入于河，此沁黄交流之始，其入河之处旧名沁黄口，今曰南贾口，又东经河阴县北，又东经荥泽县北，河之北岸为获嘉县南境，河在河阴北十五里，县西二十里有石门渠，即古之荥口，秦攻魏引河沟灌大梁城即此，又东经原武县北阳武县南，此大河旧道也，自洪武十五年河决阳武，天启元年河又决阳武胙沙冈，由东南三十里入封邱，至考城，自此河出阳武之南而新乡汲县胙城之境皆去河渐远，禹迹之旧遂湮，而此下仍纪河之旧道为古河道另纪，今河道于别篇以见古今之变云，大河旧道自阳武县北东经延津县北，又东经胙城县北，河之北岸为新乡汲县之境，古黄河道在阳武北二十三里，新乡县境南去大河三十里，又东北经浚县之南滑县之北，河旧在浚县南一里，河之南岸即滑县界，河经其间，北曰黎阳津，南曰白马津，今为平陆，又东北经开州南长垣县及东明县之北、开州之东北为清丰县之西内黄县之东，河旧在内黄东南及清丰之西南，《水经注》云大河故渎东北经戚城西，又经繁阳城东，阴安故城西是也，戚城见开州繁阳，见内黄阴安，见清丰县，又东北经南乐县及大名县元城县之东，又东经馆陶县西，又北经临清州及高唐州之境，又北经清河县南，又东经德州西，又东北经景州及沧州之境入于海。"

清咸丰五年（1855）之后，黄河改道北行，逐渐形成今黄河河道。

咸丰五年之前的黄河河道，流经曹县、单县、砀山县至徐州夺泗河，又向南夺淮入海。

《大清一统志·卷一百四十四·曹州府》载："黄河，自河南开封府仪封县界流入，经曹县、单县南东流入江南徐州府砀山县界。"

旧黄河流经曹县南。

《古今图书集成·职方典·曹县》载：

黄河，由考城入境，迳县城南，东流入单县境，长八十余里。

黄河故道，自金龙口西流至县境，分而为二。其一由贾鲁河东流入徐。其一东北入于州境，为沙湾上源。

曹县境内土主神山为曹南山。

《古今图书集成·职方典·曹县》载："曹南山，在县南八里，俗名土山。《诗》：荟兮，蔚兮，南山朝隮。春秋盟于曹南，皆其地也。《论衡》云大山雨天下，小山雨一国。曹之南山，则雨一国之山也。按《县志》：曹南山：鲁僖公十九年，宋曹邾三国盟于曹南，注：曹不肯服敌，不以国地而曰，曹南，明其为曹地，而在国都之南也。又《曹风》南山朝隮，则曹有山，而在其南，抑又明矣。叔铎建国汉《地里志》：济阴定陶县。郑氏曰陶丘之北。孔颖达曰鲁在其东南，卫在其西北。又曰曹都虽在济阴，其地则逾济北。考其国都，实今曹州境内，与汉乘氏相距不远，虽屡经河患，境变而山未易辄泯。"

曹南山，周代曹国名山，因地处曹国之南而得名。曹南山遗址在今山东省菏泽市曹县青岗集镇与菏泽市定陶区接界处，西起青岗集镇北，东到临商公路，现仍有遗迹。

境内旧有黄河渡口六处，《大清一统志·卷一百四十四·曹州府》载："黄河渡，在曹县境内凡二百二十余里，渡口有六，曰武家口、曹家口、王家口、蔚邢口、刘家口、李家口，皆津要处也。"现皆已废。

境内主要水神庙有河伯祠等。

《古今图书集成·职方典·曹县》载:"河伯祠,在县西南武家口,俗谓金龙四大王庙是也。明隆庆元年河决,武家口兖州府同知某祷于河伯,水患遂弭,因建庙以祀焉。"

可知金龙四大王谢绪在此祀为黄河神。

雍正《畿辅通志》亦载:"曹县河伯祠,一在县南十八里,一在县南三十里武家口。"

《大清一统志·卷一百四十四·曹州府》也载:"河伯祠,在曹县西南三十里武家口,明隆庆中河决祷而止因建祠。"

境内又祀海神天妃娘娘林默。

《古今图书集成·职方典·曹县》载:"天妃庙,在县,一名娘娘庙。按天妃,海神,河达于海,故祭者。犹本先河后海之义。"

《大清一统志·卷一百四十四·曹州府》亦载:"天妃庙,在曹县杨晋口,祀海神。"

又县南十八里有成汤庙,雍正《畿辅通志》载:"曹县成汤庙,在县南十八里上山集。"

由此可知成汤亦与黄河水神崇拜有关。

《古今图书集成·职方典·曹县》亦载:"成汤庙,在县南二十里土山集,其前,即汤陵也,明成化间重修,尚书李秉有记。"

曹县境内地方神祀商相伊尹、莱朱及商王盘庚。

雍正《畿辅通志·曹县》载:

元圣祠,一在县东南二十里旧楚邱城西北,即伊尹墓前,一在县北十八里莘塚集原,祀伊陟,明宣德元年重修,崇祀伊尹而以陟祔焉。

商左相庙，在县南十里，祀商莱朱，庙傍有冢。

盘庚庙，在县西南十里盘庚村。

商汤建立商朝时，最早的国都在亳（今河南商丘）。在此后三百年当中，都城一共搬迁五次。这是因为王族内部经常争夺王位，发生内乱，再加上黄河下游常常闹水灾。有一次发大水，把都城全部淹没，所以就不得不搬家。盘庚，甲骨文作般庚，生卒年不详，子姓，名旬，商王祖丁之子，阳甲之弟，商朝第十九位君主（不计太丁）。商朝自商王仲丁以后，国势逐渐衰落。当时废弃嫡长子继位制度，常拥立诸兄弟和他们的儿子继位，他们常争夺继承权，造成商朝九代混乱，诸侯都不来朝见，史称九世之乱。盘庚的父亲是商王祖丁。祖丁死后，祖丁叔父商王沃甲之子南庚继承王位。南庚死后，祖丁之子、盘庚的哥哥阳甲继承王位。阳甲统治期间，商朝国势继续衰落。阳甲死后，盘庚继承王位。盘庚即位之初，商朝国都位于黄河以北的奄（今山东曲阜）。约公元前1300年，盘庚决定渡河南下，迁到商汤的故地亳定居。当时商朝已经五次迁都，朝廷居无定所。因此民众相互慨叹，都发怨言，不想搬迁。盘庚于是晓谕诸侯和大臣说："从前，先王成汤和你们祖先共同平定天下，一切法则都能遵循。舍弃这些好的法则，而不努力实行，凭什么成就德政呢？"于是渡黄河南下，迁都于亳（今河南商丘）。后来盘庚又迁都于殷，史称"盘庚迁殷"。盘庚迁殷后，推行商汤的政令，从此百姓安宁，商朝国势再度振兴。故后世称商朝为"殷"或"殷商"。由于盘庚遵循商汤的德政，所以诸侯都来朝见盘庚。盘庚死后，葬于殷（今河南安阳），由其弟小辛继承王位。小辛即位后，商朝再度衰败。百姓思念盘庚德行，于是写作《盘庚》三篇。

曹县南临商丘，故境内祀盘庚及商相伊尹、莱朱等为地方神。

《古今图书集成·职方典·曹县》载：

盘庚庙，在县南十里盘庚村，未详所始。

伊尹庙，在县西北十八里，莘仲城未详所始。明成化三年重修，县东南二十里为伊尹墓，墓前亦有祠，宣德间知县范希正徙建墓上。

莱朱庙，在县南十里旁，有莱朱冢。

莱朱，名仲虺，是商朝开国君主成汤的左相。伊尹，姒姓，伊氏，名挚，商汤三聘之后，辅助商汤打败夏桀，为商朝的建立做出不朽功勋，拜为尹（丞相），历事成汤、外丙、中壬、太甲、沃丁五代君主，辅政五十余年，为商朝富强兴盛立下汗马功劳。沃丁八年（前1550）逝世，以天子之礼葬于亳都，以表彰他对商朝做出的伟大贡献，后世奉祀为"商元圣"。

境内地方神又祀先贤澹台灭明。

雍正《畿辅通志》载："先贤澹台子祠，在县东三十里龙头冈，祀澹台子灭明。"

境内镇水神又祀火神、关帝、玉皇、东岳、玄帝、三官、天官、三皇、东岳、老君、西齐王崔子玉、碧霞元君、广禅侯、三教神、二仙等，还有宝塔亦镇河妖。

《古今图书集成·职方典·曹县》载：

火神庙，在县城内东南，嘉靖丁未河决入城，公私携家栖城头，遥见庙脊一官人鹄立，乌帽朱衣，面如傅粉，三日夜而没，比水退。始知为火神庙，遂神之以为现灵。

关帝庙，在县黄河厅西，未详所始。嘉靖水后复修，崇祯己亥知县霍达建，石坊署乾坤正气四字。

玉皇庙，在县迎恩门内府厅后，创建之年无考，嘉靖年间重修。

东岳庙，在县望岳门外，嘉靖间移建学宫前，万历壬子复移旧地。

元帝[1]庙，在县迎恩门外，李襄敏秉初奉命破敌，其神显灵，凯旋建庙，嘉靖间重修。

三官庙，在县治东北，乡绅万爱民建。

天官庙，在县冉堌集三里。

三皇庙，在县望岳门外，嘉靖间建，万历间重修。

天齐庙，在县鲁村集。

堌口庙，在县东北三十里，古营集南，祀东岳、老君，隆庆间重修，曹来贡有记。

堌岔庙，在县东北五十里冉堌集南，祀东岳，弘治间重修。

齐王庙，在县东十里，祀西齐王崔子玉，或曰韩信将兵屯定陶，沛公入壁夺其军，即此。

碧霞元君行宫，四郊俱有，而可征有七，一在榆林集；一在安陵镇；一在迎恩门外，正德间建；一在韩家集西，嘉靖间建；一在杜家集，万历间建；一在镇川门外，万历间重修；一在隆华店，万历间重修。

黄堌庙，在县西北三十里，土人相传本土地祠，唐某年建，驾经其地驻跸一宵，以神能呵护，封广禅侯。

三教堂，在县治东北。

二仙堂，元皇祐间二黄冠至，止用渔家歌词唱游仙之曲。一镇人倾听已而，曰：女可归矣。回视，凡在家者，火焚无遗，类仓皇间失二黄冠镇。人感思以为仙救火劫，因其地立祠祀焉，景泰间重修。

广济庵，在城西北三里，顺治元年建。

大乘塔，在县西五十余里大丰寺中，寺濒河，其镇即明塔儿

---

[1] 元帝，即玄帝。

湾，塔上有石刻云：大唐贞观某年尉迟恭奉敕监修。

旧黄河又向东流经单县南。

《古今图书集成·职方典·单县》载："黄河，在县南二十里。自曹县入境，东流至丰县，绵亘七十余里。上有长堤，河之南为归德。按《县志》：黄河自西南曹县界入本县境内，东至丰县，约七十余里。波涛汹涌，一息千里，舟楫往来，商贾辐辏，固天下之至险，亦至奇也。"

单县境内旧亦有黄河神金龙四大王庙。

雍正《畿辅通志·单县》载："金龙神祠，在县南黄堽集南堤上，按神姓谢名绪，行四，钱塘安溪村人，隐于金龙山，德祐二年宋亡，投苕水死，明太祖取临安见神金甲横槊空中助战，其后拥护漕河，屡着灵异，天启四年诏封护国济运金龙四大王，皇清康熙四十年总督河道张鹏翮治河奏请奉祭旨加封显佑通济昭灵效顺金龙四大王，春秋致祭。"

《古今图书集成·职方典·单县》亦载："金龙四大王庙，旧在单县南，坛前倾圮，今移建丛林寺内。"

曹、单二县一带，旧有河堤四道，《大清一统志·卷一百四十四·曹州府》载：

太行堤，在曹单二县南，旧名南长堤，西自河南仪封县界，入境起芝麻庄东至江南徐州丰县界，在曹县境八十里，单县境七十七里，明弘治十年都御史刘大夏创筑以防河流，其后历年增修，每三里设一铺，夹堤植柳，远望如云山之势，本朝乾隆十七年重加修筑，并将顺堤河流疏添通畅。

娄水堤，在曹单二县太行堤之南，俗名二堤，北距太行堤，南距临河堤各十里许，自曹县遥月堤起东至江南丰县界，长百二里，明季所筑，旧为河防首重之堤，后改拦水坝为临河长堤，而此堤次之。

临河堤，在曹单二县缕水堤之南，黄河北岸，初为拦水坝，防续不一，惟险要处增筑以防缕水堤者，后因缕堤之外拦坝之内村庄渐稠，防御逾急遂将各坝接筑长堤名临河堤，岁有修缮，俗又称三堤，在单县境者计六十里，在曹县境者旧堤凡十有七后，又加增月堤凡二十有二。

旧老堤，在曹县西，自直隶东明县白茅村东南至遥月堤长八十八里，今多残缺，又北大堤在县北，自魏家湾起至成武县苟村集止，在县境者长六十二里，又拦水坝堤在县东，自刘家楼起至单县大坝止长五十里，县境长堤有四所，谓北大堤、太行堤、缕水堤、拦水坝是也。

单县境内主要水神又祀善济侯。

《古今图书集成·职方典·单县》载："龙祠，旧在县东南二十五里，古浮图下祈灵有应。宋崇宁中赐额丰泽庙。绍兴十年封神号善济侯。元至元间单州守杨文卿重修，每岁二月二日县官致祭，今移建于城东门外。"

雍正《畿辅通志·单县》亦载："龙神祠，旧在县东南二十五里古浮图下，祈雨辄应，宋崇宁中赐额丰泽，绍兴中封善济侯，今移于城东门外。"

境内樵龙寺也是主要水神庙，雍正《畿辅通志》载："单县樵龙寺，一名大觉寺，在县西南曹单交界黄河入境之处。"

境内地方神祀明都御史何鳌、乡人陈子春等。

《古今图书集成·职方典·单县》载：

何公祠，在县西门外，明嘉靖二十六年都御史何鳌平妖寇有功，邑人建祠祀之。右布政使骆颙，左参政韩戚，右参政应榰，左参议吴嘉会，副使张九叙、饶思聪，佥事王晔、徐鹤龄、孟淮、杨时秀、李嵩，都指挥佥事崔汝成，兖州府知府曹亨，同知金淳济，南府同知范惟一，莱芜知县陈甘雨，列享于中。尚书路迎有记。

陈祖庙，在单县，乡人称陈子春，庙在坟墓西数武，距城四里。

又有东岳庙、关王庙、皇篆殿、玉皇庙、观音堂、玄帝庙、三官新庙、龙女三娘庙、三皇庙、南极庙、泰山娘娘庙等，亦与水神崇拜等有关。

《古今图书集成·职方典·单县》载：

东岳庙三，一在单县城西关内街北，嘉靖七年建；一在辛羊集，每三月二十八日四方云集报享；一在东关东尽处。

关王庙，旧在单县城内养济院后街，今大建庙宇于北门外瓮城内，又一在城北王松寺，遇旱辇抬辄雨，有秦襄毅公碑文。

皇篆殿二，一在单县城西南隅郭内；一在石村集，殿宇嶙峋，正月初九日，年年胜会。

玉皇庙，二所。一在单县城东南十里小开埧上，一在城西五里土山上。

观音堂，在单县城内玉山顶迤南，一在西关南北小街。

元帝庙，在单县北关石桥北道东。

三官新庙，在单县城北南埧铺东，殿宇整严规模宏大千里之远，人莫不知，咸云三官尊神，故乡逢正三七十月进香帛者，途间绎络不绝。

龙女三娘庙，在单县城北方。

三皇庙，在单县城东南郭内。

南极庙，亦在三皇庙一处。

泰山娘娘庙二，一在单县东关街北，一在城北三里，俗称三里庙。

又在曹县南、商丘北之刘口镇亦为原黄河要津，今尚存大王庙。

据单保良、赵恒华《大王庙村：千年不枯老潭坑》载：在黄河故道两岸，修建的大王庙很多，像山东南李集的葛田袁庄、单县的高伟庄境内皆有黄大王庙，所有的大王庙中规模最大的是刘口北街的大王庙（现在行政村以大王庙为村名），据老人们讲，当年大王庙唱大戏，戏台正对着大王庙和黄河故道大堤，人们看戏的时候，回头就可以看到黄河流水的浪头高过大堤一两丈，浪头却从没有砸向过堤岸。据《刘口志》记载，大王庙始建于明朝万历二十九年（1601），位于刘口潭坑西，为明清晋派寺庙建筑，在刘口传统寺庙建筑中具有重要的地位，内供奉刘口古镇庇护神黄河大王，后毁于"文革"。2016 年 2 月至 2017 年 3 月，由当地村民自发捐募重建了大王庙，重建后的大王庙为晋派明清仿古寺庙建筑。[1]

刘口镇是商丘市梁园区下辖镇，古为归德府治商丘县辖地。

《古今图书集成·职方典·商丘县附郭》载："黄河，在府城北三十里丁家道口，北达于徐。"

商丘境内又有睢水、浍水、汴河、元明河、贾鲁河、沙河、沁河、白河、清河、团阳河、马肠河、留赵湾等。

《古今图书集成·职方典·商丘县附郭》载：

睢水，《括地志》云：睢水首受浚仪县浪荡渠水，东流入泗，过沛，《水经》云睢水，东南经流竹园，盖在今府城之南云。

浍水，《异闻志》云：睢焕二水谓之浍水，今武津关有浍河故道。

汴河，在府城南五里，或曰即浪荡渠。元至元中淤，明嘉靖

[1] 单保良、赵恒华：《大王庙村：千年不枯老潭坑》,《商丘日报》, 2019 年 12 月 24 日。

中，疏复淤。

元明河，在府城东六里，宋太祖为归德节度使，尝饮马于此。又名饮马池。

贾鲁河，在府城西北四十里，元工部尚书贾鲁督脩，因名。

沙河，在府旧城南门外，源出汴梁，流入亳。

沁河，在府城北三十五里，源出绵山，自武陟经本府合流于徐。今为黄河所并。

白河，在府城东三十五里，经夏邑永城达于小黄河。

清河，俗称清河嘴，乃贾鲁河入沁之处。

团阳河，在府城西南十八里。

马肠河，在府城西南二十五里，源出旧黄河，达于淮。

留赵湾，隋炀帝遣麻叔谋开河至睢阳，乞护此城。叔谋自睢阳西穿渠南北回，东行过留赵村，连延而去。

可知隋炀帝、宋太祖、元工部尚书贾鲁等为境内土主神及水神。

境内土主神又祀宋高宗。

《古今图书集成·职方典·商丘县附郭》载："幸山，在府城南三里。宋建炎元年，高宗自济州趋幸应天府，命筑台于府门之左，五月庚寅登台受命，即皇帝位即此。"

境内水神祀黑龙神及高辛帝。

《古今图书集成·职方典·商丘县附郭》载：

黑龙潭，在府城西北二十里，水黑，因名。

灵井，在府城南四十里高辛庙中。世传井始有四，今存其一，在东郭，四时不竭，遇旱，土人取水祷雨。

商丘为古商都。

《古今图书集成·职方典·商丘县附郭》载："亳城，在府城东南四十五里，契父帝喾都亳，汤自商丘迁焉。郑元云，亳今河南偃师县,《汉书音义》曰济阴亳县, 杜豫曰梁国蒙县, 皇甫谧曰孟子称汤居亳, 与葛为邻, 葛即今宁陵县葛乡, 亳乃今谷熟县也, 蒙为北亳, 即昊亳, 汤受命之地。谷熟为南亳, 汤所都, 偃师为西亳, 即盘庚所徙昼立政, 所谓三亳是也。或曰考城为北亳, 谷熟为南亳, 偃师为西亳, 未知孰得其实。"

又载:"谷熟故县, 在府城东南四十里, 即南亳, 成汤所都。宋真宗祥符五年, 有二龙见。元置巡检司, 今废。"

境内土主神祀周微子。

《古今图书集成·职方典·商丘县附郭》载:"宋故城, 在府城南, 周封微子于宋, 即此, 宋真宗祥符中, 产灵芝五十本。"

《古今图书集成·职方典·商丘县附郭》载:"微子庙, 在府城内西北隅, 旧在城东, 一名象贤祠。宋行新法, 鬻祠庙, 是庙与阏伯祠皆在鬻中。张方平奏止之, 后徙建城内西南三仁街。明景泰中, 席贵迁于学东。天顺中, 蒋魁移于学内东南。嘉靖六年, 提学副使王应鹏以前提学萧鸣凤所毁尼寺改建今庙。"

《古今图书集成·职方典》有贾至《微子庙碑》载曰:"昔者高宗既没殷, 始错命政, 有斁伦败纪事, 有梗神虐天, 迄于独夫, 积慝乃稔。武庚不化, 茅土再血, 元鸟之祀。宜其忽诸噫。汤之德不衰, 故微子复兴于宋矣。微子名启, 实帝乙元子。帝乙憭贤之故, 而神器不集于君, 君肃恭神人, 恪慎克孝, 才兼八元之伟, 德首三仁之列, 始在择嗣, 箕子赞焉, 尹兹东夏周公嘉焉, 殁而不朽, 仲尼称焉。睹其进思尽忠则忤主以竭, 谏退将保祀则全身以逃, 难去就生死之涂。沈吟出处之域有, 以见圣达之情也, 若乃受为不道, 暴殄天物。剖谏辅之心, 解忠良之骨, 亿兆坠于涂炭, 宗祧困于颠陒。而君崎岖险阻, 避迹藏时, 免身龙战之郊, 解缚鹰扬之帅, 卒能修复旧物, 统承先祀七百余年。歆我神祇, 非明德至仁, 其孰能与。于此于戏, 国之兴亡, 不独天命。向使帝乙舍受而立启，前箕子而后少师，则文王未可专征于诸侯，武王未可誓师于牧野，虽周公之圣，不过子产之相矣。太公之贤，不过穰苴之法矣。是太王立季历而昌，帝乙舍微子而亡，成败系人，不其昭彰乎，皇帝二十有一载，予作吏于宋思，其先圣遗事，求于古老舆人，则得君之祠庙存焉。"

境内土主神又祀庄子。

《古今图书集成·职方典·商丘县附郭》载："小蒙城，在府城南二十里，即庄周本邑。"又载："漆园，在小蒙城内，庄子尝为漆园吏，即此。"

《古今图书集成·职方典·商丘县附郭》亦载："庄子庙，在府城南二十五里小蒙城内，祀周漆园吏庄周，今废。"

境内土主神又祀张巡、许远、雷万春、南霁云等唐安史之乱忠臣。

《古今图书集成·职方典·商丘县》载：

断头巷，在旧城内，世传张巡死节处。

唐张巡墓，在睢阳城北高原上，巡死节处，招魂而葬，从李翰请也。

雷万春墓，在睢阳城东一里。

六忠台，在府城南旧城上，世传雷万春面被六矢之地，元至元间以兵燹，迁祠城上，此或其址也。

《古今图书集成·职方典·商丘县附郭》载："协忠庙，在府治西，祀唐张巡、许远，以南霁云、雷万春、姚訚、贾贲配，宋大观，表其庙曰协忠，世称双庙。金季兵毁，元至元间，柴叔武徙南城上。明永乐间，改旧城州治东。宣德元年知府李志奏入祀典。弘治中，沦于水。正德初徙祠今地。嘉靖八年，巡按御史胡效才檄知州王侑新之。三十八年，巡抚都御史章焕檄知府陈弘范大加增修焉，崇祯壬午，毁于寇。皇清顺治十四年，知府丘正策重修。"

协忠庙主祀唐张巡、许远，又称双忠庙。

《古今图书集成·职方典》有载徐琰《重建睢阳双忠庙记》曰："唐张许死节，庙食睢阳，以南霁云配，世传双庙者是也。历代赠官，皆至州大都督，既而增祀贾贲、雷万春，复称五王庙，宋大观中赐爵侯，谥巡忠烈，远忠义，霁云忠壮，贲忠济，万春忠勇，而表其庙曰：协忠。绍兴中，因盐官有忠义侯庙，诏许增祀如睢阳，又合东平太守姚訚以配，并赐爵上公，其于褒忠励节，至矣。睢阳庙旧在城南七里所，金末河南被兵，荡毁无孑，遗邑之耆老相与谋，欲构故基，以祠张许。前后数十年，不溃于成，至元二十有六年，主簿柴叔武率里人好事者，以为城南去人辽远，香火不便，卜地于睢阳城中，面照碧堂而为之祠，介前归德府判监察御史王茂来问，古称双庙，张巡许远而已，既以南配，又增贾雷，往制如此，今袭而复之，于义何如。仍乞文以记。余谓自古当大患，难立大名节，非一手足之所能致，奔走先后，品量巨细，人人虽殊，而趋事赴工之心，捐躯报国之志，则一而已。祀此遗彼，后何以劝。况二君孤危之际，尝欲割肌以啖众，分所爱之肉以享士，同甘苦，共死生，之意何如。若尸而祝之，荐裸寅洁来歆来享，风虎云龙，其必景从上下四方也。无疑远稽唐文，近征宋礼，俾有位而得祀者咸秩焉。柴叔武之举不为过。呜呼。事有不切身者而兴怀，人有不同时而共愤，是可观也已。余义之，而有感焉。睢阳死节三十六人，史称宁陵之功，别将二十有五，后皆从巡死难，而姓名之可见者仅二十有一。祀又弗及，今祀于庙者才六，他所遗落者亦多矣。或曰忠臣义士，知尽吾忠义而已。生而心不能白，于时死而名不得闻，于后者何限。谓封侯庙食，足以待天下之忠臣义士，则否。余曰是忠臣义士之心也，有天下国家而为是言，则非所以训。故双庙忠义之寄也，将以启天下忠臣义士之心也，录张许而不尽见诸将，固为唐之史氏，惜修祀典而不敢遗数公。余犹为天下国家幸，举不祀不足为诸公毫末，重轻而增一祀，则于天典民彝千钧也。呜呼。是役也，有足书者，而余有感焉。欧阳公录死节五代，仅得三人，其难如此，世变日下，安得搜五百年之废典，而尽祠睢阳死节者哉。"

又载罗汝敬《重建协忠庙记》曰："士之致身，当时以能庙食百世，使人不忘者，必其行义足以励俗，智谋足以尊主庇民也。若归德州之协忠庙祀者，其庶几乎。归德，唐之睢阳郡，为江淮保障，为关陕喉衿，安史扇妖，河北州郡悉皆霍靡，惟真源令张公巡以其仗节之众，赴郡守许公远，相与力保孤城，以遏贼锋，盖以睢阳存关陕，可固东南，可保而中兴，事绩可图也。方此之时，控弦之寇累十万，而睢阳疲卒才数千，孰不以为城破犹反掌，况望其能匡复唐室者乎。二公同心同力，奋不顾身，城存与存，城亡与亡，于是叠出奇计，以阻乱略，虽力殚城陷身毙逆妖。而再造之业，实基于此，报功以祀宜矣。或曰：二公之功，固巨矣。第剪灭凶丑于二公既死之后，再造唐室，乃李郭辈百战之余为，可惜耳。噫，是岂足与论成败之数耶。夫再造之功，非成于成功之日，逆妖之破，非破于俘馘之时。向使睢阳失折冲之机，则妖骑长驱东南板荡，彼四节度者且不能取睢阳，李郭虽万，又安能摧勍敌以廓清寰宇哉。矧二公既死，而不忘有如是。夫祀以报之，诚宜也。同赴二公之难时，则有若名将南霁云、雷万春，城父令姚誾，单父尉贾贲，皆一时人杰。知有二公之命而不知有其身者，故各得以其功配享。庙旧在城南七里许，元至元间以兵燹之，余庙无孑遗，去城辽远，不便香火，主簿柴叔武乃卜地移置，城南上近州人又间以祈祷不便，告按察佥事刘君，咸州守李君志，指挥赵君胜，偕僚属以下，乃相吉地州治东，率诸好事者捐俸资以徙焉。庀材佣建庙屋，为殿者三间，为庑者东西各称，是为□□□□间外门一座，皆像神仪于其中，周围为垣，对树佳木，扁则榆林，朱君孔易，大书协忠庙字，完饬宏敞，轮奂一新，足称神栖而便瞻仰矣。既落成，郡人鸿胪卿徐君永达，征文以志颠末。嗟夫。二公之忠诚在天地，二公之勋名在史官，所不必书若。夫所以尊主庇民而砥砺名教者，固不可遗也，姑着之丽牲之石，如此且系之诗俾，祠者歌焉。诗曰：在昔阿荦机祸凶，唐室有半轮妖风，徙孽狂荡腾逆踪，二十四郡谁其雄，人豪挺持张许公，协德比义婴孤墉，斩枭歼蚁摧逆锋，力干纲纪天无功，崇功报德元配同，城头双庙褒典崇，迩来徙吉州治东，灵耀益振秩益隆，民康物阜年屡丰，景觇攸萃昭精忠，翠珉有刻垂无穷。”

张巡、许远以睢阳地方神而传播至全国各地，成为宋代以后中国各地重要地方保护神、驱瘟神及镇水神。

境内主要地方神及水神又祀南霁云。

《古今图书集成·职方典·商丘县附郭》载：“南府君睢阳庙，在府治西，祀唐南霁云。”

《古今图书集成·职方典》亦载《扬州大都督南府君睢阳庙碑》曰：“急病让夷义之先，图国忘死贞之大。利合而动，乃市贾之相求，恩加而感，则报施之常道，睢阳所以不阶王命，横绝凶威，超千祀而挺生，奋百代而特立者也。时惟南公，天与拳勇，神资机智，艺穷百中，豪出千人，不遇兴词，郁龙眉之都尉，数奇见惜，挫猨臂之将军。天宝末，寇剧凭陵，骤突河华，天旋亏斗极之位，地圮积狐狸之穴，亲贤在庭，子骏陈谟，以佐命元老，用武夷甫委师而劝，进惟公与南阳张公巡，高阳许公远，义气悬合，讦谋大同，誓鸠武旅，以遏横溃，裂裳而千里来应，左袒而一呼皆至。柱厉不知而死难，狼瞫见黜而奔师，忠谋朗然，万夫齐力，公以推让，且专奋击，为马军兵马使。出战则群校同强，入守而百雉齐固。初据雍丘，谓非要害，将保江淮之臣庶，通南北之奏复。拔我义类，扼于睢阳，前后捕斩要遮，凶气连沮。汉兵已绝，守疏勒而弥坚；寇骑虽强，顿盱眙而不进。贼徒乃弃疾于我，悉众合围，技虽穷于九攻，志益专于三板，逼阳悬布之劲，汧城凿穴之奇，息意牵羊，羞郑师之大临；甘心易子，鄙宋城之病告。诸侯环顾而莫救，国命阻绝而无归，以有尽之疲人，敌无已之强寇。公乃跃马溃围，驰出万众，抵贺兰进明乞师，进明乃张乐侑食，以好聘待之，公曰：敝邑父子相食，而君辱以燕礼，独何心与？乃自噬其指曰：啖此足矣。遂恸哭而返，即死孤城。首碎秦庭，终惜《无衣》之赋；身离楚野，徒伤带剑之辞。至德二年十月，城陷遇害，无傅燮之叹息，有周苛之慷慨。闻义能徙，果其初心。烈士抗辞，痛臧洪之同日；直臣致愤，惜蔡恭于累旬。朝廷加赠，特进扬州都督，定功为第一等，与张氏许氏并立庙睢阳。岁时致祭，男在襁褓，皆受显秩，赐之田土，葬刻鲍信之形，陵图庞德之状，纳官其子，见勾践之心；羽林字孤，知孝武之志。举明关于周典，征印绶于汉仪。王猷以光，宠锡斯备於戏！睢阳之事，不惟以能死为勇，善守为功；所以出奇以耻敌，立懂以怒寇，俾其专力于东南，而去备于西北。力专则坚城必陷，备去则天讨可行，是故即城陷之辰，为克敌之日。世徒知力保于江淮，而不知功靖乎逆丑。论者或未之思与。公讳霁云，字某，范阳人，有子曰承嗣，七岁为婺州别驾，乃赐绯鱼袋，历施涪二州，服忠思孝，无替负荷，惧祠宇久远，德音不形，愿斫坚石，假词纪美。惟公信以许其友，刚以固其志，仁以残其肌，勇以振其气，忠以挫其敌，烈以死其事，出乎内者合于贞，形乎外者贯于义，是其所以奋百代而超千祀者矣。其志不亦宜乎？庙貌斯存，碑表攸记，洛阳城下，思乡之梦傥来；麒麟阁中，即图之辞可继。铭曰：贞以图国，义惟急病。临难忘身，见危致命。汉宠死事，周崇死政。烈烈南公，忠出其性，控扼地利，奋扬其柄，东护吴楚，西怜周郑。娄娄群凶，害气弥盛。长蛇封豕，踊跃不定。屹彼睢阳，制其要领。横溃不流，积风斯劲。梯冲外侮，缶穴中侦。钤马非艰，析骸犹竞。浩浩烈士，不闻济师。兵食歼焉，守逾三时。公奋其勇，单车载驰。投躯无告，噬指而归。力穷就执，犹抗其辞。圭璧可碎，坚贞不亏。寇力东尽，凶威西恶。孤城既拔，渠魁受戮。雷霆之诛，由我而速。巢穴之固，由我而覆。江汉湖淮，群生咸育。倬焉勋烈，孰与齐躅。天子震悼，陟是元功。旌褒有加，命秩思崇。位尊九牧，礼视三公。建兹祠宇，式是形容。牲牢伊硕，黍稷伊丰。虔虔孝嗣，望慕无穷。刊碑河浒，万古英风。”

境内土主神又祀汉梁孝王，其遗迹众多。

《古今图书集成·职方典·商丘县附郭》载：

梁园，在府城东，一名梁苑，或曰即菟苑。汉梁孝王名武，文帝少子，十二年以淮阳王徙封，最亲有功，又为大国，居天下膏腴地，北界泰山，西至高阳，四十余城，皆多大县。于是孝王筑东苑，三百余里，大治宫室，为复道，自宫连属于平台三十余里，招筵四方豪杰，自山以东游说之士，莫不毕至。《西京杂记》曰：菟园内有百灵山，山之巅有落猿巖，栖龙岫，望秦岭。又有雁池，池间有鹤州凫渚。《九域志》曰：菟园中有修竹园。

金果园，在府城东南十里，梁孝王修。

文雅台，在府城东南一里，世传孔子适宋，与群弟子习礼大树下，即此。又《顾况记》：梁孝王时，邹枚、相如之徒宴处唱和，是有文雅之台。顺治十五年，知府丘正策重修亭台。

清冷台，在府城西北，梁孝王筑。宋太祖曾避暑于此，又名清凉台。

平台，在府城东二十里，梁孝王筑，谢惠连于此赋雪，又名雪台。

灵台，在府城东，梁孝王六年取宋仪台，郭象曰：仪台，灵台也。

曜华宫，梁孝王建。按《三辅黄图》：王作此宫，与诸宫观相连，延亘数十里，奇果异树，珍禽怪兽毕有，王与宾客弋钓其中。

忘忧馆，梁孝王游于忘忧之馆，集诸游士各使为赋，邹阳安国罚酒三升，赐枚乘、路乔如绢各五匹。

梁王宅，在睢阳城内。

潒隄，自汴至宋三百余里，世传梁孝王徙居睢阳，今俗为蓼，久废。

境内又有伍子胥崇拜。

《古今图书集成·职方典·商丘县》载："武津关，在府城东南三十里，世传伍子胥过招关，即此。"

境内土主神又祀燧人氏、帝喾、阏伯、伊尹等。

《古今图书集成·职方典·归德府》载：

遂皇陵，在阏伯台西北二里，世传为燧人陵。厥土白燧人别五木以改火，顺四时而遂天意，作结绳之政，为日中之市，人情以遂，又谓之遂皇。

帝喾陵，在高辛里，帝所都之地。

伊尹墓，在谷熟南。

《古今图书集成·职方典·商丘县附郭》亦载：

火星庙，在府城内东北，宋为大辰之墟，上应房星。陶唐以来，阏伯、相土相继为火正，主火祀。

帝喾庙，在府城南高辛里，宋开宝六年建，元天历间修，明正统七年知州顾琳重修。

阏伯庙，在商丘之巅，金元间建王母祠于上，大德间提举范廷璧改建。今庙明嘉靖三十四年知府王有为重修。

伊尹庙，在府城东南四十里伊尹墓前。元巡检李士良率乡耆卜温等创建，明弘治间修，万历十年增修。

《古今图书集成·职方典》有载元范溁《帝喾庙碑记》曰："睢阳南四十五里，有冈阜蟠踞爽垲，实古高辛之墟。上有古城，城北有古丘，丘之阳有帝喾之祠，祠有二碑，其一宋开宝六年，其一金崇庆元年。闻诸故老，石刻尚多，皆毁于金季。《史记》云：高辛地名，因以为号。喾名也，载诸史牒，历代祀典可寻，其殿宇岁久圮坏，虽常有修之者，皆弗克就。于是张信等相协倾赀，因其故址，鸠工遴材创建，立正殿三间，基址壮大，栋宇弘敞，轮奂炳耀，圣像增新，冕旒颙若，仍图八元于东西，帷幕几筵，罔不毕备，始构于天历，己巳仲秋落成，于至顺辛未季春，参政睢阳王公仁斋命掌书范溁作文，以纪其实。窃谓帝之德业，世系庙之沿革，与兴前碑，考之详甚，兹不复载。敬作迎送神辞二章，贻乡人歌咏，使兴起敬慕之，诚俾无怠也。辞曰：帝之来兮乘苍龙，赤豹先戒兮黄罴从，衣丹霞兮烜赫，佩明月兮玲珑。惟帝陟兮茂祯福，惟帝格兮祓灾凶，翔龙旂兮日下，渺鸾辂兮云中，沐兰浴华兮弱质，敛芳食菲兮愚衷，歃参差兮奏疏越，击玉磬兮叩金镛，舞灵巫兮媚妩，奠桂醑兮芳醲，帝之来兮不来，千秋万岁兮故宫〈右迎神〉。帝之去兮驾玉虬，毕方并辖兮飞廉骖，节煌煌兮捐金玦，鸾哕哕兮还琼辀，惟帝福兮雨旸若，惟帝威兮疵厉瘳，元冕拱兮丰乐翠，华竦兮隐忧，斸石泉兮清酌，采涧苹兮洁修，筑兰宫兮桂室，张蕙幌兮荃绸，仁为樽义为俎，忠为肴兮诚为羞，帝之去兮不去，千秋万岁兮神州。"

又载侯有造《阏伯祠记略》曰："睢阳，古宋地，本帝喾高辛氏子阏伯所居之商丘，丘距城三里许，高八十尺，周二百步，丘之精气上应列星。世传阏伯台即是丘也。郡乃辰宿之分，伯迁此，主其祀。此帝王世纪春秋杜预之论也，陶唐氏以为火正，曰伯者所以有功而食其墟，商丘祠宇在照碧堂之西，此晁补之之手笔也。伯火官掌祭火星，行火政，后世以为火祖相土。契之曾孙代伯，宋其后也。此事物纪，原胡宿之策也。爰三纪所载，与预宿诸儒之论。考之帝喾，都于亳陵，庙咸在近郊，距是邦余一舍。世号高辛里，历亘古而不易。夫伯，固帝之子，黄帝五世孙，圣裔也。唐尧亦帝之子，以火德王而伯，主辰祀，乃圣德也。圣德圣裔，血食一方，固无疑矣。后之作者不失，商丘扁祀之旧举，是祀者稽乎此制，遵乎此典，庶几可也。祠废壬辰之变，其所存者惟丘耳。后人不稽所以，然之故。遂建王母祠于其上，逮至元大德间，相国史公开府子棣知此郡，今翰林侍读学士李铨为府倅，前太子谕德赵惟新判归德，语翰林国史院编修官江汉，高邮幕官刘滋，内翰李皞，伤流俗之谬举，亟命以阏祠易之，凡数年，终辍前论。后又历年三十余载，江西行省参知政事王公仁亦常语郡之右族，以伯祠兴复为托，未有以应之者，建康财赋提举范君廷璧闻公之论奋然，立为建祠三楹于是丘绝顶，徙王母祠于丘麓，不烦有司，不劳民力，凡栋桷榱题之用，工匠百色之需，像设如制器皿咸新，凡用宝钞三百锭有奇，皆廷璧己赀。"

境内又有木兰女将军崇拜。

《古今图书集成·职方典·商丘县附郭》载："孝烈将军庙，在府城东南营廓镇北，孝烈隋人，姓魏氏，名木兰，本处子，世传可汗募兵，孝烈痛父耄羸，弟妹皆幼稚。慨然代行，历年一纪，阅十有八战，人莫识之。后凯还，天子嘉其功，除尚书不受。恳奏省亲。及还，释戎服衣旧裳，同行者骇之。遂以事闻于朝，召赴阙，欲纳之宫中，孝烈曰：臣无媲君之礼。以死拒之，帝惊悯，赠将军，谥孝烈。乡人岁以四月八日致祭，盖孝烈生辰云。"

木兰孝烈将军在此亦祀为主要水神。

《古今图书集成·职方典》载侯有造《孝烈将军祠像辩正记》曰："将军魏氏，本处子，名木兰，亳之谯人也，世传可汗募兵，孝烈痛父耄羸，弟妹皆稚骏，慨然代行，服甲胄鞬囊，操戈跃马驰神，攻苦锉钝戎阵，胆气不少，衰人莫窥非男也，历年一纪，交锋十有八战，策勋十二转，朝觐天子，喜其勇，功授以尚书，隆宠不赴，恳奏省视，拥兵还谯，造父室，释戎服，复闺妆，举皆惊骇，咸谓自有生民以来，盖未见也。魏兵振旅，还以异事闻于朝，召复赴阙，欲纳宫中，将军曰：臣无媲君，礼制以死。誓拒之，势力加迫，遂自尽。所以追赠有孝烈之谥也。至治癸亥冬，归德幕府官孙思荣来，自完州附郡儒韩彦举所述完志，以谓古完。庙貌凡五，比岁毁其一，今所存者尚四岁，遇四月八日，有司率耆士邦民，大享祀焉。神觇灵异，有祷即应。此海内共传者也，微将军以劳，定国有大功，于一方之民，数百年之下，断断乎不得预祀典享血食，此元儒故太子赞善刘廷直所撰完碑。睢阳境南东，距八十里曰营郭，即古亳方域孝烈之故墟也。亦建祠像土人，亦以四月八日致祭，乃将军生朝，沿习故老之云也。故国子助教马利用子克明时尉城父，考之《炉石刊志》，乃金源，太和间敦武校尉归德府谷熟县营城镇酒都监乌林荅散忽剌重建大殿献殿各三间，创塑神像侍人有七，题额不曰孝烈而曰昭烈，不曰将军而曰小娘子。复以将军之名误为宰相之姓，将军所自出，误称宰相之女，皆非也。其兴坠起废，祠存像在，后世因之奉祀，不废礼宜附书，况将军之父乃潜德力农兵明矣。踵此讹传，不即厘正切，为庸俗之惑，殆非一方崇神之意，元统甲戌曲阳梁君思温尹睢阳力赞耆老汤德等，捐己财䂖石于山，求文备工，凡用宝钞二千五百贯，遂有正名定论。器识之高，非浅鄙所能企及也。归德府倅中山马公德麟闻兹善举，恳谓余，言：将军冢庙居完城东者，所谓五庙之一，孝烈遗骸安厝，此冢距吾家九十里，其庙刊木为像，乌帽红颜，服紫腰金，神目电烁，俨然如在其上。岁遇旱潦失常，有祷即应。邦人辇致降神，盘桓水面，驱人风飞，吾目击显灵如此。今德垂老，明正典牧，未遑之举，神之鉴祐子孙其昌乎，愚率德瞻拜祠像，乃冠佩闺妆，与完像不同适定，符契前辞着我旧裳之句，德谓众曰：木兰词固云然也，孝烈既受封谥，大享庙食，愿以命工，增塑将军之像，奠安献殿，不易正像之塑，庶几两全之。耆庶赞美不已，绘师杨德即归德人也；昔有自备金碧，妆鸾神像之愿，今闻汤氏复有此论，响应结终，其制此善事收功，不同而谋，盖以良心之发故也。乡士刘宗本，文学史黻孝义卞温，土人赵辉，拔以德之虔心，以又见征谋及倅尹二公，遂更扁曰：孝烈将军之祠。庶契完制，不失奉神之正。愚按木兰辞形容孝烈，始终尽矣。近代名公祇云某代所作，其将军勋烈未及也。考之诗选，正宗以无名氏目之，惟先尊缙山先生家藏，宋儒陈仁王德翁诗，统列于隋诗之下，况此辞唐朔方节度使韦元甫，始得于民间，可汗之称，始自突厥，今辞有可汗等语，意韵殊古，当是隋初所作，信斯言矣。又我元祕书监古今乐录，亦云元甫续附，虽然愚尝论之可汗即突厥，帝号突厥，世居朔塞，始见晋武之始，将军谯人，谯即今亳州也，校彼去此，何啻数千里之远？辞云点兵、问欲，皆称可汗，不书华夏国号，何哉？沿流求源，遍考国史，隋恭帝义，此地突厥立刘武周为定阳可汗，又立梁师都为始毕可汗，国号梁，改元永隆师都，乃迎突厥居河南之地，是故此境之兵称，隶可汗之隶也。复以宋儒程泰之非隋即唐之论，拟之盖得其世代矣。况孝烈追赠，乃唐之谥，赞咏诗什，杜牧首倡，殊无唐儒之前作者，决以将军之为隋

人无疑。然以前辞爷娘者三称，女者五称，木兰者四称，兄妹称
儿者二，至于开阁坐床，脱袍着裳，雌雄之辩，称我者五，形容
孝烈，肺肝呈露，详玩此辞，疑即将军自述。曷以言之？历代女
子，凡立名节于天地间，名不死者，无此开世超异之才，必无此
出类拔萃操烈，必不能建不世出战敌之功，而享庙食无穷者也。
管见之愚，未敢为然，容候知者订正，可也。虽然大丈夫立斯世
也，其负英雄豪杰之气，立奇节建大功，垂名不泯者，世岂乏
人。盖薄夫戆懦，夫鄙强悍者陷于恶，庸鲁者流于蠢，万一而遇
父兄之严，师友之教，以义理熏陶其性情，以诗书增益其闻见，
其能变化气质，去戆变恶，易蠢改庸者，尚不一二见之，况涉世
之间，处世之变，竟不知死节之义为，如何。良可悲耳。夫孝烈
本生长闺阃，当隋末兵争之世，假使微将军处山岳不拔，金石不
易，何以建亘古未闻之功，天地始终之烈也。今几千载，凛凛如
生恶者，闻风而感化，变强悍而为纯良，蠢者慕德而改辙，易庸
俗而为刚勇，俾薄夫敦懦夫有立志，岂啻建功立节，超越古今，
烈女之右，实可为丈夫碌碌于世，无能为之流之深耻也。"

境内水神祀真武、河伯等。

《古今图书集成·职方典·商丘县附郭》载：

真武庙，在北门月城内。

河伯庙，在邢家口，顺治十五年知府丘正策建。

旧黄河又向东流经砀山县。

《古今图书集成·职方典·砀山县》载："黄河，绕县西北
五十里，东北二十里。"

砀山为宿州市辖县，位于安徽省最北端，地处皖、苏、鲁、
豫四省七县交界处，东连本省萧县，由南到西部分别与河南省永
城市、夏邑县、虞城县毗邻；西北部与山东省单县相连，东北部

与江苏省丰县接壤。

金大定八年（1168）六月，黄河从李固渡（今河南滑县）决口，东南流经曹县、单县、砀山县等，至清咸丰五年（1855）六月，黄河从兰阴铜瓦厢三堡下无工堤段溃决，黄河改道北徙，不再流经砀山县，原砀山境内黄河成为废河（即故黄河）。故黄河自砀山县西北部下河陈庄村西入境，经姜庵、张楼、后岳庄、果园场、园艺场、杨李庄，至高寨河入大沙河（丰县境）。县境内河道长46.60千米。

砀山县以芒砀山而得名，与汉高祖刘邦崇拜有关。

《古今图书集成·职方典·砀山县》载："芒砀山，今在河南永城县界，按《史记》及《汉书》：高祖微时，隐于芒砀山间，上有云气，吕后与人俱求得之，即此。今县治在芒砀山之阳，保安山之阴。"

境内旧有汉高祖庙及东岳庙、元帝庙、岳神庙、三灵侯庙、火神庙、龙王庙、司马神庙、关庄缪侯庙等，皆与水神崇拜有关。

境内水神庙又祀沧浪庙。

《古今图书集成·职方典·砀山县》载："沧浪井，在县北一里，在沧浪庙内，天旱取水，祷辄应。"

境内又有礼河、陈霜口河、新汇泽、雁池，大多当亦与黄河流经有关。

《古今图书集成·职方典·砀山县》载：

礼河，在县东十八里。元季韩林儿倡义父老，送至河阴，既别林儿侯，父老半涉乃于河浒稽首，父老不能答。故名。

陈霜口河，由虞城县至汪家口分为二，汗漫若湖。明嘉靖二十六年，知县王绍元于汪家口筑堤，一道又为月堤、顺水堤。

新汇泽，在南郭外，河徙成泽，南北可二十里，东西四十余里，经冬不竭。明隆庆二年，知县戴伟凿渠疏泄。寻湮六年，知县王廷卿更开新渠，以苏昏垫。按砀山地势洼仰低下，屡经水患，地浮淤沙，虽节经浚凿遇涨率易，故河渠之名变迁不常。

雁池，李白与刘砀山秋夜泛舟同饮，易名华池。按《旧志》：砀无山县以山名，故入芒砀亦本其旧治也。《新志》有虞山、戏山、狼牙山、磨山、铁角山、平顶山，恐不如芒砀之确也。砀河渠多淤。《新志》止四见黄河雁池，则书之若汴水，仍附于黄芒砀泽，仍附于山。不必条列其原，见《旧志》者犹稍存以备考焉。

旧黄河又向东流经丰县南部二坝村。

在此废黄河有支流大沙河，是黄河决堤冲击而形成的流沙河。据史料记载，清咸丰元年（1851），黄河在蟠龙集至大沙河镇二坝村之间决口，并分了个岔，冲击出一条长60余公里、宽约2公里的飞沙滩、咸碱窝，就是今天贯穿丰县南北的"大沙河"。

境内亦有汉高祖崇拜。

《古今图书集成·职方典·丰县》载："白驹山，在县东南十五里。相传汉高祖与乡人憩会。唐有崔生隐此。自号白驹山人。明嘉靖间，黄水始没。"

丰县名胜有东华山，亦为汉高祖命名，为道家名山。

《古今图书集成·职方典·丰县》载："东华山，在县东南三十里，周亘十里。多奇石，有紫苔色，蠹屹而门巇，嵌而谷森，若部署言东，以别西也。按《县志》：三峰岩峣耸秀异常，汉高命名东华，与西岳并，前山山巅石皆四面方平，若几案。危岩前，出径数丈，下可避风雨。稍西削壁千仞，藤萝皆倒垂，又西为华阳洞，洞深杳莫纪极。洞口有巨石蹲立，类拱护者。尽西洞口东向中可坐数人，盖石室也。循山巅而北降，已复升。中峰突起，皆巨石攒倚插。汉碍日有自然石级可以登蹑迤，东峭诡连延望若百雉，罗生草木，多不能指名。西石状稍平，有巨石中劈一线。直至根柢下，巨石承之若槃，又不相粘，连亦奇观也。后山当径忽夷，衍似虎丘之千人石而小东，石林错出若展翠屏，《旧志》山阳多奇石。矗屹巇嵌森。若部署其洞有五，曰会景，曰虚白，曰碧寒，曰太元，曰太乙。又云奇踪异状，错出于青林，丛莽之间，殊为幽胜。"

境内又有白帝河，当亦与汉高祖崇拜有关。

《古今图书集成·职方典·丰县》载："白帝河，在县北九里许，因白帝子名。"

可知汉高祖刘邦为丰县主要土主神。

《古今图书集成·职方典·丰县》亦载："汉高祖庙，旧在县城中阳坊。"

境内主要水神祀黄河神金龙四大王谢绪。

《古今图书集成·职方典·丰县》载："金龙庙，旧在县南门外，今复徙建于南门外堤上。"

境内又有唐李文靖庙，所祀或为北方著名水神李靖。

《古今图书集成·职方典·丰县》载："唐李文靖庙，在县西三十里。"

境内又有田祖神庙、三清庙、元帝庙、三皇庙、周太尉庙、关王庙、司马神庙、东汉光武庙、东岳行祠等，或亦与水神崇拜相关。

《古今图书集成·职方典·丰县》载：

田祖神庙，在县西二十五里。

三清庙，在城南门外。

元帝庙，在县北门外北堤里。

三皇庙，在县治西，今废。

周太尉庙，在西门外，演武厅左。

关王庙，在县治东。

司马神庙，在中阳坊。

东汉光武庙，在县西北八里，今名东王庙。

东岳行祠，在县东门外。

《古今图书集成·职方典》还有载丰县永宁寺、大圣寺、吕堌寺、贺堌寺、丁兰寺、观音寺、清堌寺、铜钟寺、石瓮寺、卧佛寺、夹河滩寺、圣泉庵、南华观、长春观等诸寺观，大多当亦与水神崇拜有关。

大沙河是废黄河北分叉，为 1851 年黄河北堤在砀山县蟠龙集溃决洪流冲泄而形成的分洪道。从二坝入境，经丰县、沛县入昭阳湖，全长 61 公里，其中丰县境内 28 公里，沛县境内 33 公里。

《古今图书集成·职方典·沛县》载："昭阳湖，明永乐八年湖口建石闸，嘉靖四十四年，黄河北溢，湖湮，又创开新河去此远。"

沛县是汉高祖刘邦故里，故祀刘邦为土主神。

《古今图书集成·职方典·沛县》载："琉璃井，在县东一里许，深不可测，水泉甘冽，甃砖润滑，光彩无间琉璃。世传汉高祖所凿。"

《古今图书集成·职方典·沛县》亦载：

汉高原庙，在沛宫故地。汉孝惠五年，帝思高祖，乐沛以沛宫为原庙。

汉高祖庙，在泗水亭中。

境内又有汉相国萧何崇拜。

《古今图书集成·职方典·沛县》载："青龙桂藉山，在县南稍西三十里，旧凿石方池。世传萧何饮马池，《旧志》黄山右县东南。据《隋志》，今入州境三乡界。"

境内水神又祀伍子胥、洪济神。

《古今图书集成·职方典·沛县》载：

昭惠祠，旧为子胥庙。

洪济神祠，在夏镇。明隆庆四年，总河都御史翁大立题请创建夏镇，主事春秋主其祭。

《古今图书集成·职方典》又载沛县三河口龙神庙、东岳庙、真武庙、玉皇庙、水母庙、三官庙、火神庙、三义庙、关王庙、司马神庙、昭惠灵显真君庙等诸神庙，皆与水神崇拜有关。

境内又有龙泉寺、贺堌寺、盘龙寺、龙冈寺、夏镇寺、卧佛寺、昭阳寺、上闸寺、石羊寺、庙道口寺等诸寺院，大多亦与水神崇拜有关。

黄河故道又向东流经徐州市区。

黄河故道在徐州境内分为两条河道，原主河道称为废黄河，从苏皖交界处的丰县二坝起，流经丰县、铜山区、市区和睢宁，继续东流入黄海，全长173公里，其中丰县境内26.5公里，铜山区境内56.3公里，市区20.7公里，睢宁县境内69.5公里。原黄河分洪道称大沙河，从二坝入境，经丰县、沛县入昭阳湖。

徐州古称彭城，境内土主神祀古大彭氏及徐偃王。

《古今图书集成·职方典·徐州》载：

大彭山，在城西三十里。古大彭氏封此。今左右犹称大彭村。

武原山，在城南六十里。一名徐山，周穆王命楚伐徐，偃王败走其下，百姓随之万数，王死凿石室以祠之，因名徐山。其石尚存。

古大彭氏始封君即彭祖，为古代主要水神之一。

《古今图书集成·职方典·徐州祠庙考》亦载："彭祖庙，在城东北隅。今徒北门城闉彭祖故井边。"

徐州境内土主神祀西楚霸王项羽。

《古今图书集成·职方典·徐州山川考》载："戏马台山，去城南不盈里，高数十仞，广袤数百步，有事可用戍守与城表里。昔项羽因山筑台以观戏马。后魏武南侵攻彭城，弗克设毡帐台上，以望城中。台循磴而上，旁有石厓，杂勒古岁月，名氏文皆隶书，并剥落不可读。上有台头寺，今改三义庙。"

境内土主神及水神又祀汉高祖刘邦。

《古今图书集成·职方典·徐州山川考》载：

太山，在奎山西，龙山东，视诸山为大。两形峙立中辟，一径为南北孔道。旧传其境有迷刘城，汉军失高帝处。今无稽。

丁塘山，在城西南二十五里。有丁塘泉，又名拔剑泉，楚汉治兵于此。汉兵渴，高祖拔剑插地，泉涌出，流四里，又伏流地下，雨不溢，旱不干。乡人呼为龙湫。遇旱祷辄应，有庙像刻文记之。

盘马山，在城东北九十里，山顶平数丈，无草木。土人谓汉高帝尝盘马于此。

境内又有汉高祖部将樊哙、张良崇拜。

《古今图书集成·职方典·徐州山川考》载：

九里山，在城北五里，东西绵亘九里。相传有穴潜通琅琊、王屋，今不知处。东有宝峰山，西有团山，又一峰形如伏象，俗称象山。上有樊哙摩旗石，下有曾参井，不详所由名。

子房山，一名鸡鸣山，城东二里。传子房隐于此，一谓良为沛公厩将作楚歌以散羽兵处。明宣德初，平江陈瑄作子房祠于上。

峰山，在城东南五十五里，下旧有七十二泉，今湮。相传张良厌气之所，产翻白草入药。

《古今图书集成·职方典·徐州祠庙考》亦载：

汉高祖庙，在城南五里广运仓东三乡。彭城废县亦有之。

留侯庙，二：一在留城，一在子房山，明宣德初，平江伯陈瑄，因旱祷雨有应，建祠祀焉。

境内又有张良之师黄石公崇拜。

《古今图书集成·职方典·徐州祠庙考》载："黄石公庙，在城东北二十里。《汉书》圯上老人授张良素书，谓良曰：济北谷城山黄石即我也。后十三年，良从高帝过谷城山下，果求得之。今祠移子房山。"

徐州境内镇水神祀石佛与观音等。

《古今图书集成·职方典·徐州山川考》载："云龙山，在城南二里许，山有云气，蜿蜒如龙，东岩石峰匝围中峰。妆成大佛，面方，数丈，覆以殿宇及诸大士像。参差错置，逶曲如洞，又名石佛山。黄茅冈西向此山之阴也。唐昭宗时，朱全忠败节度使时溥即此，山巅放鹤亭，宋山人张天骥所作。古井穿于左，深七丈余，不知所始，今名饮鹤泉。按山脉自楚中来相传，昆仑中枝之分布者徐得列九州胎于此。"

境内镇水神又祀文昌。

《古今图书集成·职方典·徐州山川考》载："奎山，在城东南四里许，枕河，对岸骆驼山为徐门户，山脚一小河名奎河，明万历间，兵备陈文燧所浚，北泻城内之水，南通宿州境，又郡侍御万崇德建塔其上，以壮锁钥。亦称文峰云。按，城内水由东角楼城下水关出，循开元寺、石桥而南，又城西石狗湖水俱汇于此。奎前襟能受之，徐免污漫之，患其不泻之，黄而泻之。奎者黄势大恐其内侵也，但下源颇亢，虽流亦缓，疏浚之功不可缓也。"

境内镇水神又祀石狗。

《古今图书集成·职方典·徐州山川考》载："簸箕山，在城南九里许。东西有二，因形以名。下有簸箕、洼洼，久成湖，南山之水交注于此。民田多污，明万历间，作二石狗镇之，湖终未底至，今赖奎山一线泻焉。"

徐州境内有泗河、汴河。

《古今图书集成·职方典·徐州山川考》载：

泗河，源出山东泗水县陪尾山，其源有四，因名。水由境山历茶城，南流至州城东北与汴水合。嘉靖间，汴水北徙出秦沟泗水至茶城，即与汴合，循城东南以达于淮。先是周显王时，九鼎没于泗水彭城下，有气浮水上，后秦始皇过彭城斋戒祷祠，欲出周鼎泗水上，使千人求之不获。谓之鼎伏。

汴河，一名沁河，一名小黄河。按《一统志》：汴源出河南荥阳县大周山，东流至中牟县入黄河。沁河出山西沁源县，经山东流至河南怀庆府入黄河。又按《漕河志》：河居中汴居南，沁居北，河南徙则与汴合。北徙则与沁合，故此河之名。有三，今沁水久不达，唯河合于。汴尔汴由西来势甚湍，悍迤州城之东北。与泗水合，故称汴泗交流。自明嘉靖末，徙西北出秦沟，流至州城东南而下，亦通塞靡恒云。

可知当地亦有秦始皇崇拜。

南宋建炎二年（1128）黄河南堤决开，河水经鲁西南金乡县由泗入淮。金明昌五年（1194）河决阳武故堤，灌封丘而东，经汴水合泗水入淮，形成黄河侵泗夺淮之变。此汴河即废黄河入泗之道。

汴泗合流之后，在徐州东部形成秦梁洪、百步洪、吕梁洪三处废黄河险滩。

《古今图书集成·职方典·徐州山川考》亦载：

秦梁洪，在城东北二十里，有木直渡，有广济桥。

百步洪，在城东南，其长百步许，洪之中有洲，方半亩，洲之上有萃墨亭，西又有一洲，差小名砥洪台。上有洪洲寺，今久湮。

吕梁洪，在城东南五十余里，其长凡七里。孔子观于吕梁悬水见丈人处，陈大建中，经略淮北破齐师于吕梁，后周将王轨破吴。明彻于吕梁，并此。晋谢元既败苻坚，率众次彭城、平兖州。用督护闻人奭谋堰吕梁水，以利漕运。有悬水村，唐尉迟恭尝疏凿以杀其势。有尉城遗址，有吕梁堰。

泗水是古代著名河流，在徐州城东北与西来的汴水相会后继续向东南流出徐州。其间因受两侧山地所限，河道狭窄，形成了秦梁洪、徐州洪、吕梁洪三处急流。洪是方言，石阻河流曰洪。"三洪之险闻于天下"，而尤以徐州、吕梁二洪为甚。

徐州、吕梁二洪旧建有徐州洪神庙、徐州洪关尉神庙、吕梁洪神庙、吕梁洪关尉神庙等，为废黄河上著名水神庙。

《古今图书集成·职方典·徐州祠庙考》载：

徐州洪神庙，或称金龙四大王，洪淤庙迁。

徐州洪关尉神庙，久废。

吕梁洪神庙、吕梁洪关尉神庙，以上四庙并明宣德七年登祀典，岁以春秋上丁三日致祭，凡祭用羊一、豕一、帛一。余与诸坛同。

金龙四大王亦是徐州境内所祀主要水神。

《古今图书集成·职方典·徐州祠庙考》载："金龙庙，三：一在城北门外，南岸面水，运艘初过，及过尽致祭；一在河东岸，一在房村。"

　　境内水神又祀明平江恭襄侯陈瑄、工部主事费瑄、总理河道潘希曾及昭灵神等。

　　《古今图书集成·职方典·徐州祠庙考》载：

　　恭襄侯祠，平江恭襄侯陈瑄，有功漕运。

　　费公祠，明成化间，工部主事费瑄督理洪事，嘉靖丁未，都御史詹瀚、主事曹英重修。

　　潘公祠，明嘉靖间，工部侍郎、总理河道潘希曾。

　　昭灵神祠，徐州管洪主事司祭，久废。以上祠庙先后续登祀，典祀。

　　境内圣女山、二郎山、龟山、九女冢等亦与水神崇拜有关。

　　《古今图书集成·职方典·徐州山川考》亦载：

　　桓山，在城东北一十七里，东临泗水，旧名圣女山。宋桓魋作石椁于此，伏滔《北征记》云：椁皆青石隐起龟龙鳞鱼之象。今俗称洞山，有洞山寺。

　　二郎山，去石山东北十里。

　　龟山，在寨山东一里，有石洞俗称仙人洞。深晦莫测。

　　土山，在骆驼山稍南，下有九女孤堆。相传为冢。

　　境内又有狼豕沟为废黄河要冲。

　　《古今图书集成·职方典·徐州山川考》载："狼豕沟，在城东南二十里，今为黄河要冲，有堤堰防之。"

　　境内又有田祖神庙、文昌祠、玉皇庙、东岳庙、元帝庙、火神庙、三官庙、禹王庙、关王庙、五显庙、显济大王庙等大多与水神崇拜有关。

　　《古今图书集成·职方典·徐州祠庙考》载：

　　田祖神庙，旧称螟蝝，或称司稼祭、日祭。品与坛同。

　　文昌祠，二：一在南门外，久废；一在戏马台，明嘉靖二十六年建。

玉皇庙，二：一在黄钟集；一近茶城。

东岳庙，在城西南隅。今移云龙山南麓。

元帝庙，三：一在城北门闸；一在城外小河口；一在黄钟集河滨。

火神庙，八：一在南门城闸；一在城北小河东岸；一在城西南隅；二在南关：一近山，一滨洪；一北关；一西关；一夹河。

三官庙，二：一在城北门闸；一在城南隅。

禹王庙，在吕梁上洪东岸。

关王庙，六：一在城南门闸；一在双沟；一在城西门内；一在城南二里；一在城北二里；一在东门内。

五显庙，明宣德末，左卫千户刘显创建。

显济大王庙，在泰山上，明嘉靖末里人义建。每岁三月十八日，各出祭，赛为胜会焉。

《古今图书集成·职方典·徐州祠庙考》又载境内卧佛寺、清泉寺、七佛寺、龙泉寺、龙兴禅院、真武观等寺观，大多亦与水神崇拜有关。

故黄河江苏段遗址从丰县二坝（古称邵家口坝）起，经徐州、淮阴二市区及其所属丰县、铜山、睢宁、宿迁、泗阳、淮阴、涟水等县（区）和盐城市阜宁、滨海、响水等三县，入黄海。

清咸丰五年（1855）黄河北徙后，故道称为废黄河。西起河南省兰考县三义寨（古铜瓦厢），穿山东、安徽省境，于丰县二坝进入江苏省，流经徐州市区、铜山、睢宁、宿迁、泗阳、淮阴、淮安、涟水、阜宁、滨海，至套子口入海，全长728.3公里，其中江苏省境内515.3公里；流域面积4291平方公里，其中江苏境内1720平方公里。废黄河江苏境内两岸堤距3～5公里，原河床已高出两侧地面4～6米，外水不能进入，仅汇集原河床范围径流，成为独立水系，是淮河水系和沂沭泗水系的分水岭。全河上下并不贯通。江苏二坝以上长213公里为上段，汇河段内豫、鲁、皖三省2571平方公里来水，经丰县大沙河排入昭阳湖（南四湖）。二坝至淮阴杨庄长329.3公里为中段，河段内集水面积1189平方公里，分别由丁万河分洪入不牢河、白马河分洪入房亭河、张福河分洪入洪泽湖。废黄河至淮阴杨庄与中运河、淮沭新河交汇。杨庄至套子口为下段，长186公里，流域面积531平方公里。其中七套以下河道基本淤塞，民国23年（1934）另辟新河于套子口入海，称中山河，长20余公里。

废黄河在徐州市区东北夺泗入淮，又向东南流经睢宁。

《古今图书集成·职方典·睢宁县》载：

黄河，在县西北五十里，上自鲤鱼山，下至小河口，环绕泛溢，睢人世受其害。顺治年间塌民田三十余里，冲断遥月等堤一十八道。康熙二年，河决武官营。三年，复决朱官营。猖獗奔溃，有冲城夺漕之势，官民受累二十余年。知县冯应麒、主簿宋文耀修筑月堤二道，水患稍平。康熙三年，知县石之玫允主簿宋文耀建议，自陈家油房前开浚引水，河长五百四十五丈，顺流东下，复归故道，南涉之河近将淤塞，虽民困稍舒，而隄防之策，尤不可不加意云。

孟家湾口，在县北四十里，水势汹涌，扫塌南岸，遂成大湾。康熙元年，口决。县东北一带尽为汪洋。知县冯应麒、主簿宋文耀修筑隄防，水患暂平。近年以来，河水冲淤，旧堤平薄，亦睢邑隐忧也。按睢宁沿河一带，岁修处所各有定号。自灵璧而东，如焦段武朱四营，皆属邳地。而睢宁岁为修防，自邳州东南水玉二堡，皆属睢地。而邳州岁为修防，分工清数详。在碑记。

泗河，在县西北七十里，即禹贡所谓泗滨浮磬也。源有四泉，出山东泗水县，西南过彭城，经下邳入于淮。后因黄河南涉，遂兼并之，而泗河之名不存矣。

境内又有潌水、泇运河、沂水注入黄河。

《古今图书集成·职方典·睢宁县》载：

潌水，西自灵璧东入睢宁界，历孟山潼郡，以至子仙镇余家渡，蜿蜒五十余里。直趋县治，西经堰头，北过庙湾，再东则抵高作耿车而尽，于小河口入黄河焉。盈盈衣带，水自汉迄明历数千载，睢人之利赖良多。万历年间，淤塞殆尽。知县申其学开浚，民甚便之。天启二年，黄河冲决，水泛沙积，遂成平陆，舟楫不通，邑人困乏。

泇河，在县西北七十里。

合湖，在县西北七十里，合沂水，南入黄河，故名。近葛峄山，又名葛湖。

此段废黄河在明清时期亦兼为运河。

境内主要水神祀柳将军。

《古今图书集成·职方典·睢宁县》载："柳将军庙，在辛安集，去县五十里。明嘉靖三十二年，运河淤塞，粮艘弗上。将军一夕效灵见梦于都水郎彭以开，河自任复。降神于巫，与梦合一时，异之。总督河道侍郎曾钧具以事闻，遂封之建庙崇祀，扁曰敕封得道，有感柳将军。"

此柳将军原型或是与龙女联姻的柳毅。

境内水神又祀刘湖将军。

《古今图书集成·职方典·睢宁县》载："刘湖山，在县北七十里。昔刘湖将军寓此，故名。"

境内水神又祀二郎神及天妃。

《古今图书集成·职方典·睢宁县》载：

轴山，在县南三十里，上有二郎庙。

岚山，在县西四十里，上有天妃祠。

境内水神又祀金龙四大王。

《古今图书集成·职方典·睢宁县》载："大王庙，在常川集。"

境内水神又祀张龙神及晋介子推。

《古今图书集成·职方典·睢宁县》载："张龙山，在县西北七十里。上有张龙神庙，下有一穴，深约三丈，阔一丈五尺。三面俱石障，上有石盖，甚严饬。状若茔圹，其后有晋介子推墓，旁有小陵，名曰绵山。"

境内主要镇水神又祀汉黄石公。

《古今图书集成·职方典·睢宁县》载："黄石公祠，在黄山，有黄华洞。邑贡生李枝翘建。"

境内大黄山、小黄山可能亦与黄石公崇拜有关。

《古今图书集成·职方典·睢宁县》载：

小黄山，在县西北二十五里。

大黄山，在县西北七十里。

境内关帝庙、泰山行宫、火星庙、东岳庙、天仙庙、太平殿、三皇庙、三官庙、火神庙、三司庙等，亦与水神崇拜有关。

《古今图书集成·职方典·睢宁县》载：

关帝庙，改建东门外。

泰山行宫，在县治北门外。

火星庙，在县治东北。

东岳庙，旧在庙湾迤南，明正德间，洪水啮之。迁移其像于县治北门外二郎庙之中楹，而二郎神之像塑于左焉。

天仙庙，在县城外西北，今废。

太平殿，在潼郡集东南，去县四十里。

三皇庙，在找沟集，去县四十里。

三官庙，在魏家集，去县三十里。

火神庙，在岚山集，去县四十里。

三司庙，在南关外二里。

境内又有羊山、九顶山、英公山、金马墩、九女墩、白龙墩、朱八墩、卧牛墩等，亦与镇水神崇拜有关。

《古今图书集成·职方典·睢宁县》载：

羊山，在县北五十里，旧黄河之南岸，山势嵬峨，上有古刹，下枕漕渠，为睢巨观。今黄河一带，新开于山之南，而前后回绕，尤为奇赏。

九顶山，在县西五十里，脉接太岳，势趋濠梁高峰。有九云蒸即雨，上有展雄殿旧址，诸峰环抱中，可伏万人。怪石嶙峋，古洞陡峻。

英公山，在县北七十里，唐英公李世勣葬此。

金马墩，在县南二里，遇阴雨时，隐隐见金马之状，故名。

九女墩，在县西南二十里，昔九女兜土葬亲而成，故名。

白龙墩，在县南一里，枕白龙沟。

朱八墩，在县东二十七里。

卧牛墩，在县西二里，以上俱淤平。

可知赤松子、展雄、唐英公李世勣、金马、九女神、白龙、朱元璋、铁牛等在此祀为水神。

境内又有金山寺、元真观等诸寺观，亦大多与水神崇拜有关。

《古今图书集成·职方典·睢宁县》载：

元真观，在县治西北，不知创自何时。观后三清殿三间，建于明弘治年间。殿西神药室三间，乡官公建。

金山寺，在彭家山，去县三十里。

石屋寺，在董家庄社，去县六十五里。

固儿寺，在黄山社，去县七十里。

白衣庵，在莘桂集，去县二十五里。贡士周明远建。

玉皇阁，在南关外一里。

甘露庵，在治东南，生员汤孙将建。

慈云庵，在东门外，贡生王应坤室人汤氏建。

大士庵，在县治西，邑饮宾魏梦豸建。

废黄河又向东流经宿迁县。

《古今图书集成·职方典·宿迁县》载：

运河，旧在县西二十步，济、汶、沂、泗诸水合流，自直河入境，经小河会黄河，自古城入桃源界。

小河，在县南十里，源出汴，入泗。

宿迁县今升为地级宿迁市。境内因诸水会流，形成以骆马湖为主的众多湖泊。

《古今图书集成·职方典·宿迁县》载：

皂河，去河北四十里，出本县港头社，下流入泗，以土色黑，故名。

白洋河，在县南四十里，西南一百二十里通虹县汴河，巨津弥漫，望之如洋，故名。

侍丘湖，在县东十里，周回三十余里，水由草狼沟入河，多产鱼虾，为淮北最。一名东湖。

上泊水湖，在县东三十里，由武家沟入河。

白鹿湖，在县西南五十里，由小河入运河。

骆马湖，在县西北十里，由董家沟、陈瑶沟，以入运河。

潼沟湖，在县西北一百里。

雷家湖，在县西北六十里。

巴头湖，在县西北八十里。

白湖，在县西北九十里。

张皮湖，在县西北七十里。

丁家湖，在县西北五十里。

黄龙湖，在县西五十里。

朱衣湖，在县西四十里。

潏沱湖，在县北二里，马陵山西。

茅滋湖，在县东南二十里，受侍丘湖水，由响水沟流入运河。

埠子湖，在县西四十里，多出鱼虾，为商贾市利之所。

仓基湖，在县东南三十里，周回四十五里。相传晋石崇建仓贮粮之处，故名。

诸葛湖，在县治西北八十里，每春月阴晦时，常有城池观市见出。俗传诸葛屯兵于此，故名。

莲子湖，在县三十里，运河之西，以其产莲藕，故名。

管坊湖，在县北四十里，周回三十里，岁旱即通车马，实为青齐要路。伏秋之间，泥淖难行。明万历，丙申知县何东凤命道人张济耆民于嘉仕，修路建桥，铺石其上。

围田湖，在县北八十里。

可知汉诸葛亮、晋石崇亦为境内土主神及水神。

境内土主神又祀五代郭彦威。

《古今图书集成·职方典·宿迁县》载："塔山，去县九十里，其山高数丈，周回十数里，筑土城于上。相传为五代郭彦威屯兵处。"

境内主要土主神及水神祀汉朱买臣。

《古今图书集成·职方典·宿迁县》载："峰山，在斗山南，高五十余丈。峰峦崒嵂，石磴巉岩。明嘉靖二年，建泰山行祠，四方崇祀。朱山在下，相去治西七里，汉朱买臣之别墅也。民耕治日久止，存土阜，有朱山相公行祠。"

《古今图书集成·职方典·宿迁县》载：

朱山相公庙，在下相社朱山，元至正间，里人为汉朱买臣建。旱涝祷之辄应。

朱山大王庙，在顺德乡。元顺帝时，皂河水怪杀人，遂载朱山大王来除之，因立庙祀焉。

境内主要水神祀黄河福主金龙四大王。

《古今图书集成·职方典·宿迁县》载："金龙四大王庙，敕封黄河福主，明隆庆辛未，兵备冯敏恭。知县宋伯华建。万历辛卯，灾参政郭子章，知县聂铉建。万历丙申，知县何东凤额曰敕封黄河福主金龙四大王庙。"

境内主要水神又祀河神张襄及张龙王。

《古今图书集成·职方典·宿迁县》载：

张将军庙，祀河神张襄。明弘治间，商于南至伍家营，为舟人所害。沉之水，夜托梦其母，明往寻，得其尸，甚奇验。告伸冤毕，着灵于乡人，谓为小河口河神。

张龙王庙，在治西黄河之浒。

境内主要水神又祀伍子胥。

《古今图书集成·职方典·宿迁县》载："忠孝祠，旧在儒学东南，奉祠伍员。今废。明万历五年，知县喻文伟改迁新学正殿西。"

境内主要土主神及水神又祀西楚霸王、虞姬。

《古今图书集成·职方典·宿迁县》载："楚霸王庙、虞姬祠，在三元宫内东。"

境内水神又祀三元暨龙王、三杰、玉皇、崇宁真君、东岳、关帝、火星、三圣、晏公、真武、三官、碧霞元君等。

《古今图书集成·职方典·宿迁县》载：

三元暨龙王庙，去县五里，明万历间，知县何东凤建。

三杰祠，在灵杰山，明嘉靖甲午，知县李相建。万历丁酉，知县喻文伟始举春、秋二祭。

玉皇庙，在围田湖，去治四十里，明万历丙申，知县何东凤建。

崇宁真君庙，在旧治东南白茅墩上，元延祐六年，监官伯颜创建。

东岳庙，在旧治南，元至正四年，县尹完者秃重修。元末兵毁，明洪武间，里人徐天才重修。

关帝庙，在新治前，知县何东凤造铁刀一柄，重八十斤。

三圣庙，在旧治南。

火星庙，凡二，一在旧治南寺东，一在新治南门外。

晏公庙，在旧治南二里，明万历丁酉，知县何东凤创建。

真武庙，凡四，一在马陵山，一在小河口，一在下相社，一在季家村。

三官庙，凡四，一在灵杰山，明嘉靖四十年，耆民施隆、刘鳌、边銮、刘文礼、王大谏等建。一在季家村，万历丙申，知县何东凤建。一在埠子湖，知县何东凤建。一在向水沟，知县何东凤额曰黄河显应三官庙。

泰山行祠，凡五。

废黄河又东南流经泗阳县。

泗阳县原称桃源县。

《古今图书集成·职方典·桃源县》载：

黄河，在县北百十余步，原自山东，由淮入海，徐邳泗河之下流。

泗河，在治北三百步，即徐邳泗河下流。

境内又有崇河、黄坝新河、白洋河、程子河等。

《古今图书集成·职方典·桃源县》载：

崇河，在县北四十里，其源西接宿迁刘老涧，东入安东涟河。昔石崇所凿，今赵家堰石柱尚存。

黄坝新河，明万历二十四年，分黄导淮，开挑自三义镇，上起由毛家沟等处，达灌口下海。

白洋河，在县西六十里，上通汴河，下达黄河，镇东属桃源，镇西属宿迁。

程子河，在县南七十里，接泗州地界，与马牙湖一脉随在异名。

可知石崇在此亦祀为水神。

《古今图书集成·职方典·桃源县》又载：

佃湖，在县西南六十里，传云石崇开以灌田。

拖犁沟，在县西北五十里，传云石崇拖犁者。

境内又有楚灵王及白马神崇拜。

《古今图书集成·职方典·桃源县》又载：

灵城湖，在县北十五里，相传楚灵王幸此。

白马湖，在县东北三十里。

境内主要水神祀刘真君。

《古今图书集成·职方典·桃源县》载："真君井，在县南二百余步，大旱不涸，水泉甘冽。相传刘真君所凿。"

《古今图书集成·职方典·桃源县》亦载："灵著庙，在治西三十余里，河北崔镇之东，相传祀刘真君也。宋元祐丙寅间，贼围城，军兵呼其官位射贼，贼退。闻于朝，赐庙名灵著。明洪武十一年，知县殷亮重建。"

境内又有陶许二真人崇拜。

《古今图书集成·职方典·桃源县》载："陶许庙，祀二真人之神于医者。"

境内奶奶庙可能亦与水神崇拜有关。

《古今图书集成·职方典·桃源县》载："女功山，顺治十六年，奶奶庙移于县之东南，邑中妇女以衣兜土为山，不日成之。高十数丈。"

境内又有夫子庙、三义庙、东岳庙、娘娘庙、关王庙、龙王庙、真武庙、火星庙、三皇庙、九星庙等，亦与水神崇拜有关。

《古今图书集成·职方典·桃源县》载：

夫子庙，去直北三十里，明嘉靖间，永嘉议天下文庙，俱毁土像，易以木主。邑生员朱勋泣请于县，迁于河北颜家冈，立庙祀之。

三义庙，在治东八十步，建置不可考。至明洪武二十二年，知县陈德章重修。成化四年，知县滕卓重修。庙内有神仙洞，还魂厅。

东岳庙，在治西百步，宋土神刘真君建。明正德年间，知县胡金倡举葺饰。万历三十年，知县乔光顾重建。

娘娘庙，在治东里许，原在治西五里贾家墩，顺治十五年，知县郑牧民移建。

关王庙，一在治北百步，一在治东百步。

龙王庙，在治北一百步，明洪武二十五年，知县陈宁创建。景泰五年，知县赵经重修。

真武庙，在治北百余步。

火星庙，在治西北里许。

三皇庙，在治西百步。

九星庙，在治西南百十余步。

境内又有兴国寺、涌莲寺等诸寺，亦祀为水神庙。

《古今图书集成·职方典·桃源县》载：

兴国寺，在治西南八十步，肇建于宋之太平兴国年。至元至正间，毁于兵。明洪武六年，僧性朗重建佛殿廊宇，绘塑庄严。后平江伯捐俸以成，始于宣德丙午，成于宣德甲寅。其地自南官街至北沟，长五十八丈六尺，前金刚殿至南城隍庙界，九丈四尺。至西界十七丈五尺。后阔三十七丈五尺，东南公馆一所，今为仓。

涌莲寺，在治东九十余步，明天启甲子年，淮安府署桃源县事通判张大行建正殿。崇祯乙亥年，知县龚奭建中殿。

废黄河又向南流经淮安市。

《古今图书集成·职方典·山阳县附郭》载："黄河，黄河源远，变多不烦，具论其中原，入海。故道今湮。而淮安旧迹自山东、河南诸水汇于淮泗，今合黄河并入于淮矣。黄河自汴城至徐州，经邳、宿、桃源、三义镇，入口由毛家沟抵清河县，后谓之大河口，会淮流，过渔沟，达安东，下云梯关入海。谓之老黄河。明嘉靖初，三义口塞，南从清河县前亦与淮合，谓之小清口，经清江浦，至草湾转西南过淮安新城，北达安东。万历四年，开草湾河成分为两道，各四十余里。复合过安东，总下云梯入海。十六年，勘河常给事欲复老黄河故道，知府张允济力持不可开，乃止。"

在淮安境内，旧时黄河、淮河、运河三河交集。

《古今图书集成·职方典·山阳县附郭》载：

淮河，四渎之一，出于南阳平氏县桐柏山，其源初涌，复潜流三十里，然后长骛。东北经大复山，从义阳郡东北过平舆，又东新息南期思，南合汝水，东下寿春颍水，至荆山合涡水，又东北合濠水，东下北转淮阴合泗水，东至广陵郡而入海。禹贡导淮，自桐柏东会于泗沂，入于海云。

运河，古山阳渎也。隋开皇六年，凿然吴王城。邗沟出于末

口，即新城北，辰坊之北闸也。三国时，以无运而塞。隋因平陈
而广之。五代亦以不运而湮。周以平吴而浚之。元以兵阻而废。
明初以漕运而复之。时已筑新城，则又仿宋转运使乔维岳之制，
自郡城西北，逶迤转于西南建闸。通清河口，皆平江伯陈瑄之力
也。

　　山阳县是淮安县的旧称，现江苏省淮安市淮安区，在民国以
前称山阳县。为唐代楚州与明代淮安府治所。民国三年（1914），
因与陕西山阳同名，改山阳县为淮安县。

　　《古今图书集成·职方典·清河县》亦载：

　　大清河口、小清河口，二河即泗水之末流。源出泰安州，经
徐邳治县西北三汊口，分为二。大清河在治东北八里，入治西北
老黄河口，绕县北渔沟镇一带，出治东北大河口，达淮。今淤
浅。小清河在治前百五十步，去东入淮。明弘治初，黄河从徐邳
入，本河水遂浊。万历二十三年，总漕尚书褚铁大加挑浚，今始
疏通。

　　黄河，四渎之一，原经天津卫北入海。后南溃留城，超徐
邳，乱洸沂直下，从三汊河东南，小清河合于淮，以趋海。

　　淮河，四渎之一，自盱眙龟山东北，流经治东南三里沟，故
平江伯所凿道分，入通济闸，以接漕运。其委乃经甘罗城以北，
合黄河入海。

　　运河，元时故道，由郡东入淮，至清口，亦称险要，故平江
伯改自郡西，经清江浦，入本县七里沟，东界迤南出三里沟，达
于淮，以溯河。

　　新河，在县西北四十五里，自黄家嘴，经鱼沟、娘子庄、永
兴集，以东北，达于安东，入海。明万历二十三年，为分黄而
开，今久淤废。

　　永济河，在县东南运河之旁，自窑湾、杨家涧、历武家墩，

至新庄旧闸。接运河四十六里。明万历九年，开以备清浦之险者。今久废。

清河县为今淮安市淮阴区及清江浦区一部分。

原清河县和山阳县大体以淮河为界，河北为清河县，河南为山阳县。

原清河县境内有淮神庙。

《古今图书集成·职方典·清河县》载："淮神庙，在治东二里。《旧志》载：明武宗南巡，旋至徐州，神着灵异，上问：衣红衣者何。官神对曰：清河淮神。送驾至此，因赐额春秋祭焉。"

境内又祀黄河、运河大王神。

《古今图书集成·职方典·清河县》载："大王庙，四处，一在运河口，顺治十一年遣官致祭。康熙十年，又遣官致祭。一在治东百步许，一在通济闸，一在洪泽镇者，废。"

境内水神又祀天妃。

《古今图书集成·职方典·清河县》载："天妃庙，在官亭镇北界，明万历四十年建。"

又惠济祠可能亦与天妃崇拜有关。

《古今图书集成·职方典·清河县》载："惠济祠，在旧新庄闸口，明正德三年，建武宗南巡止跸祠下，顾瞻久之。嘉靖初，章圣皇太后过此，赐黄香礼献之敕，赐额曰惠济祠。"

境内水神又祀晏公、耿公。

《古今图书集成·职方典·清河县》载：

晏公庙，在洪泽镇，今湮废。

耿公庙，在治西十里。

境内水神又祀汉伏波将军陈元龙。

《古今图书集成·职方典·清河县》载："陈元龙庙，按《后汉书》及《郡志》淮安文献考，陈登下邳淮浦人，后世称为伏波将军。庙祀于泗之洪泽桥，时清河隶泗州，故云泗之洪泽，久湮于水。"

境内水神又祀九龙将军、张将军、薛将军等。

《古今图书集成·职方典·清河县》载：

九龙将军庙，在运河东岸，明天启五年重建。

张将军庙，在运河口。

薛将军庙，在治东二里，康熙七年建。

境内土主神及水神又祀淮阴侯汉韩信。

《古今图书集成·职方典·清河县》载："淮阴侯庙，按，宋苏轼有淮阴侯庙，铭曰宅临。旧楚庙枕清淮，则庙当近淮阴故城，淮水之岸。今旧庙无考。"

境内土主神及水神又祀秦甘罗。

《古今图书集成·职方典·清河县》载："甘韩祠，旧祠，甘罗、韩信于淮阴故城上，西隅肖像致祭，明万历末，犹存。今废。"

境内土主神及水神又祀吴王杨行密。

《古今图书集成·职方典·清河县》载："吴王庙，按《旧志》：在老子山，按《郡旧志》：在治南六十里。明永乐六年重修。按《通鉴纲目》《五代史》：唐干符文德间，杨行密为淮南节度使，同平章事。后天复二年，封吴王。据有淮南、寿泗、盱眙等二十八州。是时，清河并涟州属泗，为行营之地。今治西十五里，有吴王墓。墓西有吴城，则吴王之为行密审矣。"

境内亦有陶许庙。

《古今图书集成·职方典·清河县》载："陶许庙，在治东，明万历元年修建。"

境内水神又祀关帝、三官、真武、东岳、龙王、二郎神、上真、玉皇、火神、清源真君、元帝、观音、碧霞元君等。

《古今图书集成·职方典·清河县》载：

关帝庙，在治西半里，明天启二年重建。

三官庙，在治东一里。

真武庙，在鱼沟镇。

东岳庙，在马头镇东二里。

龙王庙，在洪泽镇。

二郎庙，在鱼沟镇。

上真庙，在洪泽镇。

玉皇庙，在治西一里许，明崇祯十一年建。

火神庙，一在治前，一在治东，明万历六年建。

清源祠，在治西半里，明天启五年建。

元帝庙，在官亭镇北界，明万历二十一年建。

观音庵，在治东，明崇祯十二年建。

天仙行宫，在治西二里，明正德四年建。

境内又有兴国教寺等诸寺院，大多亦与水神崇拜有关。

《古今图书集成·职方典·清河县》载：

兴国教寺，在治东半里，元皇庆间，僧果林有戒行能文辞建小庵以居。赐名兴国院。元统初改为寺。明洪武元年，僧宗宥重修。

上真观，在治东半里，明永乐间重修。昔称灵境羽客幽栖，正德初年，游此观者，尚有古桧、修篁、石床、老鹤之语，以纪其胜。

文殊院，在治东北一里许，明崇祯间，僧非数募建。请古岩和尚说法，后久渐倾颓。皇清康熙三十三年重修，为本邑胜境。

地藏庵，在治东北半里许，明万历间，建邑之艮隅。旧有线河以泄，通境之集，潦形家以为害气，建此镇之以锁水口。

铜台院，在娘子庄，金皇统元年建，昔传白鹤墩为本院仙迹。

崇福院，在洪泽镇，传为本镇古刹。不知建始。

常住院，即皇住院，在官亭镇东北境二里许。明太祖微时，曾寄迹于此，及有天下，乃召主僧赐之田，而修院。今久湮废。犹存石础石级。

青龙庵，在治东北十里许，中河北岸。

原山阳县境内亦有淮神庙。

《古今图书集成·职方典·山阳县附郭》载："淮渎庙，在新城北门外。"

境内水神又祀金龙四大王、伍子胥、真武、玉皇、火星、关帝、龙王、东岳、三官等。

《古今图书集成·职方典·山阳县附郭》载：

大王庙，在郡城外西南隅，金龙四大王姓谢名绪。宋处士隐于金龙山下，宋亡赴水死。屡显英灵，有功于河。

英烈王庙，在朝宗门外，祀伍子胥，今颓。

真武庙，在信字坝、新城内、清江浦、元帝山。

玉皇殿，在竹巷三元宫东。

火星庙，在城内。外各处多有，额曰彤华宫。

关帝庙，四门内新城高家堰军营中，清江浦、板浦，各乡镇俱有。

龙王庙，在新城北城，上元碑犹存。

东岳庙，四所，一在郡城震隅，唐贞观间创建。明永乐年，都指挥施文重修。宣德间，平江伯陈瑄修。成化间，知府杨昺祷雨，屡应。增修。一在清江浦户部前，一在彭家店古之梵王庄，在城南二十里董家集。一在清江浦西北。

三官殿，有数处，一在相家湾，一在竹巷。

境内水神又祀镇海金神、海神、北沙龙王、五显大帝、灵官等。

《古今图书集成·职方典·山阳县附郭》载：

镇海金神庙，在新城东门外。

海神庙，在清江浦。

北沙龙王庙，在北沙镇，今颓。

五显庙，俗云灵官庙，在大圣桥西，一在新城东南隅。

灵官庙，在旧城大圣桥西，一在新城东南隅。

境内水神又祀祐顺侯、阴泽侯。

《古今图书集成·职方典·山阳县附郭》载：

威济祠，金人渝盟，李宝自海道御之于石白，山风顺，纵火焚其舟，大胜。诏封其神，曰祐顺侯。就楚州立庙，赐额威济。

阴泽侯祠，在清江浦，河神漕运，遣官致祭。

境内水神又祀河海淮三神。

《古今图书集成·职方典·山阳县附郭》载："显应祠，在草湾，明万历四年六月，草湾河工成。河淮二水大涨，而不侵城。总河奏允，建立河海淮三神庙宇，一所钦赐祠名，于九月十九日都御史吴桂芳率徐州兵备副使舒应龙，水利佥事黄献吉，淮安知府邵元哲等躬亲致祭。山阳县编庙夫二名。"

境内水神又祀漕河龙王。

《古今图书集成·职方典·山阳县附郭》载："福运祠，在清江浦东河厂，祀漕河龙王神。"

境内土主神及水神祀淮阴侯韩信及漂母。

《古今图书集成·职方典·山阳县附郭》载：

淮阴侯祠，在郡治东南，祀韩信。

漂母祠，在西门外。

漂母祠，原在旧城西门外，后移置韩侯钓台侧。康熙二十三年，邑令王命选捐修。

境内土主神又祀汉楚元王、东海恭王等。

《古今图书集成·职方典·山阳县附郭》载：

楚元王庙，在郡治西南数十步，按《旧志》：祀汉高帝少弟交。宋建炎间，贼李成遣将马进将数万众攻城，立望楼十余丈，窥城中。是夜，州人祷于神，潜自东门出，设伏樱桃园。迟明贼众方攻城，伏兵突出掩击望楼，楼上人不及下，尽杀之。贼乃奔溃州。人遥望，见楼上有王之旗帜焉。因移祀城中。

东海恭王庙，祀汉光武废太子。

境内土主神又祀楚将钟离昧、宋开府死城守赵立、宋总管耿世安、宋韩世忠、宋死节知州魏胜、宋丞相陆秀、明都御史李燧等。

《古今图书集成·职方典·山阳县附郭》载：

钟离相公祠，在治南七十里，祀楚将钟离昧。

显忠祠，在郡城西门外，祀宋开府死城守赵立。

忠武祠，祀宋总管耿世安，为贾似道调往涟水军增戍，鏖战死理。宗诏祀。

旌武祠，在西门内，祀宋韩世忠。

褒忠祠，在郡城东门内，祀宋死节知州魏胜。

陆丞相祠，二，一在县治东，与节孝祠并。一在清江浦，祀丞相陆秀夫。

报功祠，在姚家荡，祀都御史李燧，歼倭功。

境内土主神又祀范巨卿、张元伯。

《古今图书集成·职方典·山阳县附郭》载："范张祠，在郡治南市桥南，旧有碑谓：范巨卿、张元伯，有道士供香火。不知何时，潜易其扁。曰南道堂，毁其真像，别塑二仙像于私室，以杜人言。明正德十二年，知府薛《旧志》并载之，万历初，知府陈文灼修。《府志》云：南道堂即范张祠，陈志重建。"

境内土主神又祀烈女何氏、何氏、烈妇徐氏等。

《古今图书集成·职方典·山阳县附郭》载：

烈女祠，在治西北十里窑沟新街，明正德四年，推官马骙为烈女何氏建，依其冢而立，其碑略云：天久旱，耆民康镇疑为冤，气白郡守为表其墓祭之，大雨三日。正德十三年，本祠女道陈道隆具奏，赐额贞烈。令有司岁清明致祭。

双烈祠，在治西。明正德四年，莆田御史黄如金，及都御史李翰元为弘治间烈女何氏不从淫行，死节立祠。又成化初，烈妇徐氏闻夫死，漕河赴水而死，与烈女齐名。并祀之，名日双烈。在旧城府治西，后移建府东，又改为别馆，待客移二木主至东南隅，改天王院为祠。隆庆三年，都御史毁淫祠，承命者不知是祠，与焉。

以上土主神当亦祀为水神。

境内水神又祀柳将军和平江伯陈瑄。

《古今图书集成·职方典·山阳县附郭》载：

柳将军庙，在西门外河南岸，明隆庆五年建。

恭襄祠，在治西北三十里清江浦。明正德六年创建，祀平江伯陈瑄。

佛祖、观音、太上老君、八仙、天妃、三茅真人等佛道诸神在此亦祀为镇水神。

《古今图书集成·职方典·山阳县附郭》载：

寿济祠，在西河厂，郎中顾元镜建。

灵应祠，在清江浦户部前。

洪济祠，在清江浦工部前。

高真庙，在新城西北隅。

报恩光孝禅寺，在治东数十武，自观风门迁此。原祥辉观旧基，宋开山虎岩伏禅师创建。

开元教寺，唐开元五年，僧金臂奉诏赐额。宋末兵废。元僧宝林重建。明洪武二十四年，有胜因禅寺、广福寺、慈氏院，归并为丛林。

龙兴禅寺，在治西北清风门里，晋大兴二年创建，砌浮屠二座。皇清顺治庚子，总漕蔡士英筑堆、广数亩，建大悲阁于上，设桥数十丈，以通往来。四围筑堤，放生于内，种柳数百株。

观音教寺，在治东百步，宋淳祐年建。

地藏寺，在治西大圣桥。唐咸平中，僧圆广建。

千佛寺，旧名崇恩千佛寺，在郡城西南隅。

水陆禅寺，在治西北大军仓西。宋嘉定五年，僧智贤建。

常住观音院，在淮阴北乡青涧北岸。

圆通观音寺，又名接待寺，在新城小北门内。

普应寺，在清江浦西北，去治西三十里。明平江伯陈瑄创建，奉敕赐额。

观音寺，在清江浦，有毗卢阁。

华严寺，原在治东北十里淮河北岸，宋元丰年建，后复迁淮河南刘伶台前。

等觉庵，在天妃宫旁，即开元寺。

北极庵，在北门外。

寿佛庵，在东长街，旧名元天宫。

元妙观，在郡城西，唐白鹤旧址。

老君殿，在治西北隅，郭家池东，即唐之全真庵也。

三仙楼，在万柳池后，祀汉钟离、吕纯阳、李铁拐三仙。

三茅祠，在西湖嘴。

三元宫，在运河北。

大悲庵，即育婴堂，在西湖嘴内。

灵惠祠，在竹巷南。

三界庵，漕抚吴惟华建，在城内东南隅。

以上诸寺观大多亦与水神崇拜有关。

如洪泽湖畔有老子山，即以太上老君为镇水神。

《古今图书集成·职方典·清河县》载："老祖山，在县东南一百里怀仁乡，山势自嵩高山延袤至此，又名老子山。传闻老子炼丹顶，有红石，境接盱眙诸山，濒富陵湖。"

洪泽湖临淮水，连富陵湖，今统称为洪泽湖。

《古今图书集成·职方典·清河县》亦载：

仙人洞，在老子山西，洞深二丈许，下临淮水，四壁如削，宛然石室。

富陵湖，旧有沟通淮，宋时，富陵战北之地，今清河之南。明隆庆以来，淮涨已连洪泽，大淮穿其中，采鱼船百余，岁征料以备鱼油、翎鳔之税。正德年，知府薛《县志》：在洪泽镇西，其源出盱眙塘山，山下冈阜重叠谿洞，萦纡凡四十里。水自高而下，至刘家渡入于淮。

又东岳、碧霞元君及漂母亦祀为境内主要镇水神。

《古今图书集成·职方典·清河县》载：

泰山墩，在县东，去马头镇二里许。即漂母冢。后人因墩下有东岳祠，又名为泰山墩，今陂泽中突兀一丘，远望如浮翠，然郡治称此山为盱泗，来龙至此，闸局，锁两河之口，为郡城龙脉，关系水或不致滥溢者，赖有斯云。

霍山，在老子山南，形势起伏，一峰崒然，跨盱眙、清河之间，上有东岳古庙，为清河南界。

淮安境内水神又祀仙人王子乔及金牛神。

《古今图书集成·职方典·山阳县附郭》载：

钵池山，在府西北一十五里，冈阜盘旋八九里。形如钵盂。相传王子乔炼丹于此，山土色俱赤，不生草木。旧传丹井中水日变三色，今淤。

金牛冈，在府西北十里，山势如牛。世传周世宗伐南唐，曾宿兵于此。

境内又有高加堰为水防重地，或祀三国广陵太守陈登为镇水神。

《古今图书集成·职方典·山阳县附郭》载："高加堰，堰以捍淮，名曰高加者，为护运粮水道宜加高而名之也。去治西四十里。三国时，广陵太守陈登所筑堰，长三十里，中地庳而土高。北自韩信城五里，至清墩二十里，至武家墩，又南至管家庄堰，西为阜陵湖，湖西为淮。每淮溢入湖，赖此堰以障之。不则径冲黄浦口、趋射阳湖而运道梗矣。淮不会河，则河力不能决沙入海久。且城邑虞于潴荡，先年堰圮山阳罹患。明隆庆六年，知府陈文烛请修筑。万历十四年，总河杨一魁重修，按此堤近逼泗州，淮扬两府居其下流，所关至重。及费国帑什千万功始竣。五十年来，树木半为堤，夫之薪铁锭，改农夫之器，底桩露朽，土石倾欹。皇清康熙二十二年，总河大加修治，民田有收。下流不恐矣。"

旧黄河在淮安夺淮水道，又向东循淮道入海。

《古今图书集成·职方典·安东县》载：

黄河，自汴城至徐州，经邳、宿、桃源、三义镇入口，由毛家湾抵清河县，谓之大清口，会淮流，过鱼沟，达安东，下云梯关入海，谓之老黄河。明嘉靖初年，三义口塞，南从清河县前，亦与淮合，谓之小青（清）口。经清江浦至草湾，转西南，北达安东。万历四年，开草湾河成分为两道，各四十余里，复合过安东，总下云梯关入海。

淮河，淮水出于南阳平氏县，迤逦而来，合泗水出小清口，合黄河由草湾，达安东，经云梯东北入于海。

《古今图书集成·职方典·山阳县附郭》载："草湾河，先年海口横沙，黄淮下流势缓，尝苦浅涸，水发有逼城之患，明万历四年，兵备副使舒应龙开此河，直达安东，于是郡城水患稍减。"

旧为减黄河之水浸淮安城，又曾开中河。

《古今图书集成·职方典·清河县》载："中河，自宿迁骆马湖，引清水、历桃源、清河治北，达安东入海。长八千五百八十五丈。康熙二十六年开，以行漕，避黄河之险。"

安东县今析为涟水县、阜宁县、滨海县等。

境内有白鳝化龙、城门涂血、袁真君遗井等传说及水神崇拜遗迹。

《古今图书集成·职方典·安东县》载：

澳河，在县东南百步许，又名龙潭。相传白鳝化龙处，南临大淮，以潴水利。

硕项河，在县西北一百二十里，一名大湖。西通沭阳、桑墟湖。东南各有小湖，达于淮。袤四十里，广八十里。海州、沭阳、安东各得三分之一。世传秦时，童谣云：城门有血当陷，没有老姥忧惧。每旦往窥门者，问知，乃以血涂门姥见之。即走须臾大水城果陷。姥至伊莱山得免，今山上有神母庙。高齐时，湖尝涸，西南隅城址见，绕城多古井，乃知为实事。

丹井，在县丞宅，相传袁真君遗井。

境内土主神及水神祀唐侍御王义方、卢医、龙王、东岳、关王、二郎、三皇、晏公、白马、大王、五圣、灵通神等。

《古今图书集成·职方典·安东县》载：

显节侯祠，在治东十里，祀唐侍御王义方，今河涨祠废，碑沉于河。

卢医庙，在治北二十五里。

龙王庙，在治东南九十步，即柴沟龙神，元封至灵英济白龙之神，至元年建。后兵毁。明洪武四年，束赟重建。又有傅龙王庙，去治东北七十里。大湖龙王庙，去治东北一百里。

东岳庙，在治东北一里。

关王庙，在治东北一里三百步。

二郎庙，在治东察院前。

三皇庙，在县北一里，在澳河。

晏公庙，在治西南五百六十九步。

白马庙，在治东北九十五里。

大王庙，在治西南。

五圣庙，在治东一里一百七十九步。

灵通祠，在五港口岸。

境内又有能仁教寺等诸寺观，大多亦与水神崇拜有关。

《古今图书集成·职方典·安东县》载：

能仁教寺，在治西二百六十步，宋天圣元年敕建。旧名承天寺，即娄道者证道之所。祥符间赐额，曰能仁塔，曰妙通藏道者舍利。

章化禅寺，在治东二里四十步，原额章化寺三字米元章书。

觉慧寺，在城北三十里金城镇。

东山寺，建锁水口。

上真观，在治东北一里三百步，徐依稀修真处。元季兵毁。明洪武元年，道士稽志重建。弘治间，道士马微瑜重修。内有九阳洞。

青云阁，在治东门左偏城头，祀文昌。顺治三年，知县李湛重修。地震倾废。康熙二十一年，知县李仪重建。

第二篇　长江流域水神

长江是中国第一大河，《水经注·江水》载："《河图括地象》曰：岷山之精，上为井络。帝以会昌，神以建福；故《书》曰：岷山导江，泉流深远，盛为四渎之首。"

古代由于地理科学考察不完善，因此向以岷江为长江正源，而将金沙江称为别支。明末徐霞客考察西南地理水系时曾指出金沙江为长江正源。今即以金沙江上游的沱沱河等为长江源头。

北魏郦道元《水经注》中已有江神等记载，但此江神尚是自然神或动物神，尚未人格化。如《水经注·江水》曰："《益州记》曰：江至都安堰其右，捡其左，其正流遂东，郫江之右也。眉山颓水，坐致竹木，以溉诸郡。又穿羊摩江、灌江，西于玉女房下白沙邮，作三石人，立水中。刻要江神，水竭不至足，盛不没肩。是以蜀人旱则藉以为溉，雨则不遏其流。"又载："江水又东径成都县，县以汉武帝元鼎二年立。县有二江，双流郡下。故扬子云《蜀都赋》曰：两江珥其前者也。《风俗通》曰：秦昭王使李冰为蜀守，开成都两江，溉田万顷。江神岁取童女二人为妇。冰以其女与神为婚，径至神祠，劝神酒，酒杯恒澹澹，冰厉声以责之，因忽不见。良久，有两牛斗于江岸旁，有间，冰还，流汗，谓官属曰：吾斗大亟，当相助也。南向腰中正白者，我绶也。主簿刺杀北面者，江神遂死。蜀人慕其气决，凡壮健者，因名冰儿也。"

上文所载江神岁娶童女二人为妇的故事与西门豹治邺故事中古代漳河河伯娶妇的内容基本上是一致的，这说明先秦时期人们有以少女祭江河之神的习俗，而在后来的文本记载中则演化为河神、江神娶妇。这也说明在秦一统天下后，随着王权的强化，先秦时期与王权共治国家的神权（或称巫师权）开始衰弱。

《风俗通》所载蜀守李冰与江神斗，两者皆化为牛，且相斗不分上下，最后李冰在主簿协助下刺杀江神。这说明当时认为江神可以变化为牛等动物，说明尚未人格化。又李冰也被神化，可以变幻为牛。故后世遂以牛（或犀牛）为江神或镇斗神，此在《水经注》中亦多有记载。

《水经注·江水》载："西南石牛门曰市桥，吴汉入蜀，自广都令轻骑先往焚之。桥下谓之石犀渊，李冰昔作石犀五头，以厌水精，穿石犀渠于南江，命之曰犀牛里，后转犀牛二头，一头在府市市桥门，一头沉之于渊也。"此石犀牛置于今岷江成都段，为李冰所制以厌水精。

又长江上中游交界的宜昌段有黄牛滩，当也是以黄牛为镇水神。《水经注·江水》载："江水又东径黄牛山，下有滩，名曰黄牛滩。南岸重岭叠起，最外高崖间有石色如人负刀牵牛，人黑牛黄，成就分明，既人迹所绝，莫得究焉，此岩既高，加以江湍纡回，虽途径信宿，犹望见此物，故行者谣曰：朝发黄牛，暮宿黄牛，三朝三暮，黄牛如故。言水路纡深，回望如一矣。"后人曾在此建黄牛庙，后讹为黄陵庙。今庙中尚存一块据传是诸葛亮为重建黄牛庙而撰刻的《黄牛庙记》，碑文云："……古传所载，黄牛助禹开江治水，九载而功成，信不诬也，惜乎庙貌废去，使人太息，神有功助禹开江，不事凿斧，顺济舟航，当庙食兹土，仆复而兴之，再建其庙号，目之曰黄牛庙。"又据《宜昌府志》载：
此庙为纪念大禹治水的丰功伟绩而建于春秋战国时期。清同治甲
子年（1864）的《续修东湖县志》载，"峡之险匪一，而黄牛为
最，武侯谓乱石排空，惊涛拍岸，剑巨石于江中"，又曰，"神像
影现，犹有董工开导之势，因而兴复大禹神庙，数千载如新"。
由于《水经注》未载此黄牛庙，故该庙可能在南朝以后修建，又
附会有后世被尊为水神的诸葛亮、屈原、真武、玉皇等人或神，
各修其殿祠。

为了彰显李冰修筑都江堰治水的功绩，后人也将李冰奉为长
江上游（今岷江流域及四川重庆地区）的主要镇水神。

四川主要水患要地为今大渡河、青衣江注入岷江的三江口，
《水经注》中亦有载李冰在此斗河神的事迹。《水经注》卷三十六
载："昔沫水自蒙山至南安西溷崖，水脉漂疾，破害舟船，历代
为患。蜀郡太守李冰发卒，凿平溷崖。河神劂怒，冰乃操刀入水
与神斗，遂平溷崖，通正水路，开处即冰所穿也。"此水口唐代
有僧人建大佛以压水，即今所称乐山大佛。大佛为弥勒佛坐像，
通高 71 米，始凿于唐开元元年（713），历时 90 余年方建成，是
中国最大的一尊摩崖石刻造像。

从唐代起，在长江上游的四川一带凿刻石佛镇水成为常态，
今岷江、长江沿岸尚存若干遗迹，尤以水口为甚。

而李冰在后世则被尊为川主神，奉祀为四川（含今重庆）及
周边一带的土主神及水神。《水经注》称蜀郡主簿协助李冰刺杀
江神。又称"蜀人慕其气决，凡壮健者，因名冰儿也。"故后世
又演化李冰的儿子李二郎出来，从李二郎又演化出二郎神赵昱，
并取代李冰成为在沫水口斗江神的主角。至明代后期，二郎神又
演化为杨戬，即所称灌口二郎神，也是由水神演化出来的著名神
话人物。

在今金沙江与岷江合流为长江的宜宾三江口，亦流传有李冰斗江神的传说。《水经注·江水》载："（江水）又东南过僰道县北，若水、淹水合从西来注之。……县有蜀王兵兰，其神作大难江中，崖峻阻险，不可穿凿，李冰乃积薪烧之，故其处悬岩，犹有五色焉。赤白照水玄黄，鱼从僰来，至此而止，言畏崖屿不更上也。"宋代以后，因真武大帝（一称祖师）被奉祀为主要水神，宜宾三江口后建真武庙建筑群，真武大帝在此成为主要镇水神。

长江上游的镇水神还祀文翁。《水经注·江水》载："南岸道东有文学，始文翁为蜀守，立讲堂，作石室于南城。……蜀有回复水，江神尝溺杀人，文翁为守，祠之，劝酒不尽，拔剑击之，遂不为害。"文翁名党，字仲翁，庐江舒人，西汉循吏。汉景帝末年为蜀郡守，在任时兴教育、举贤能、修水利，政绩卓著。据《都江堰水利述要》记载，文翁在任职期间，带领人民"穿湔江，灌溉繁田一千七百顷"，是第一个扩大都江堰灌区的官员。由于注重兴修水利，发展农业，使蜀郡出现了"世平道治，民物阜康"的局面。故文翁也被神化为斗江神的镇水神。

在长江上游的三江口古代僰道（今宜宾）、江阳（今泸州）、符县（今合江）等县一带，旧有妻、子、女投江等若干神话，当亦与江神崇拜有关。

《水经注·江水》载：

又东南过僰道县北，若水、淹水合从西来注之。……《益部耆旧传》曰：张真妻，黄氏女也，名帛。真乘船覆没，求尸不得。帛至没处滩头，仰天而叹，遂自沉渊。积十四日，帛持真手于滩下出。时人为说曰：符有先络，道有张帛者也。

江阳县枕带双流，据江、洛会也。……江中有大阙、小阙焉。季春之月，则黄龙堆没，阙乃平也。昔世祖微时，过江阳县，有一子。望气者言江阳有贵儿象，王莽求之，而獠杀之。后世祖怨，为子立祠于县，谪其民罚布数世。扬雄《琴清英》曰：尹吉甫子伯奇至孝，后母谮之，自投江中。衣苔带藻，忽梦见水仙赐其美药，思惟养亲，扬声悲歌。船人闻之而学之。吉甫闻船人之声，疑似伯奇，援琴作《子安之操》。

又东过符县北邪，东南鳛部水从符关东北注之。……县长赵祉遣吏先尼和，以永建元年十二月诣巴郡，没死成湍滩，予贤求丧不得。女络，年二十五岁，有二子，五岁以还。至二年二月十五日，尚不得丧、络乃乘小船，至父没处，哀哭自沉。见梦告贤曰：至二十一日，与父俱出。至日，父子果浮出江上。郡、县上言，为之立碑，以旌孝诚也。

以上三则都是汉代故事，第一则是僰道县张真在长江落水而亡，其妻黄帛求尸不得，在其溺水处仰天而叹后自沉而死，后感动天帝或是江神，在十四天后两人浮尸而出；第三则亦相同，乃符县吏先尼和在长江中溺死，也是求尸不得，其女先络也在其父溺亡处哀哭后自沉，后亦是孝感天地，在二十一日时也两人浮尸而出。第二则有两个故事，一是称光武帝刘秀没做皇帝前曾在江阳县居住过，曾有个儿子，后被巫师所言破而被王莽知道，结果被当地土著杀死了，相传刘秀即位后，怨恨当地百姓而谪罚其民，又建江阳儿祠，后成为当地主要的土主神祠，亦奉祀为水神；二是周宣王时卿士尹吉甫子伯奇的传说，称伯奇受后母猜忌投江自尽以明志，而被水仙所尊敬，感其孝而献祥异，终被其父所知。

笔者认为，以上故事可能都不是当地真实的历史，而是受汉文化影响所附会的事迹，如光武帝刘秀并未至江阳一带，而尹吉甫子伯奇的故事也非蜀地事迹，都是从外地传播而来。而黄帛、先络投江浮尸等也应是传说，人的尸体不可能在江中浮半个月、三周而不腐烂。东汉时期及以前，今川南长江沿岸一带还是獠、僰等少数民族聚居区，汉文化对此地影响不深。汉代独尊儒术，推行以德治国，且以孝廉举官，因此这段时间在全国树立了很多的孝子孝女事迹，许多是灭人性的，也有许多带有神话色彩。有些故事被朝廷树立为典型，在全国推广。当时的西南边疆所流传的此类事迹，极大可能是当地政府所构建并包装出来的。

此长江上游所流传的投江救尸故事在长江入海口一带的浙江也有类似事迹。《水经注·渐江水》有载："（上虞）县东有龙头山，山崖之间有石井，冬夏常冽清泉，南带长江，东连上陂。江之道南有《曹娥碑》。娥父盱，迎涛溺死，娥时年十四，哀父尸不得，乃号踊江介，因解衣投水，祝曰：若值父尸，衣当沉。若不值，衣当浮。裁落便沉，娥遂于沉处赴水而死。县令度尚，使外甥邯郸子礼为碑文，以彰孝烈。"

上虞江原名舜江，后因曹娥投江求父尸的孝感事迹改名为曹娥江，曹娥也由此成为古长江下游的重要水神。

在汉代及之前，长江入海口有三，分别称为北江、中江、南江。

《水经注》卷四十提到中江与北江，称："中江在丹阳芜湖县西南，东至会稽阳羡县，入于海。震泽在吴县南五十里。""北江在毗陵北界，东入于海。"

毗陵北界即今江苏常州一带，为北江入海口。

会稽阳羡即今江苏宜兴，为中江入海口。而位于北江入海口与中江入海口之间有震泽，应指长江入海口的大片湿地，后形成太湖。

由此可知南江应在北江与中江之南。

《水经注》亦提及南江，称长江在宣城郡石城县分为二流，其一东北流，又过毗陵县北，为北江；又一自石城东出，径吴国南，为南江。具体如下：

（江水）又东过牛渚县南，又东至石城县，《经》所谓石城县者，即宣城郡之石城县也。……分为二：其一东北流，其一又过毗陵县北，为北江。《地理志》：毗陵县，会稽之属县也。丹徒县北二百步有故城，本毗陵郡治也。旧去江三里，岸稍毁，遂至城下。城北有扬州刺史刘繇墓，沦于江。江即北江也，《经》书为北江则可，又言东至余姚则非，考其径流，知《经》之误矣。《地理志》曰：江水自石城东出，径吴国南，为南江。江水自石城东入为贵口，东径石城县北。晋太康元年立，隶宣城郡。东合大溪。溪水首受江北，径其县故城东，又北入南江。南江又东，与贵长池水合。水出县南郎山，北流为贵长池。池水又北注于南江。南江又东，径宣城之临城县南，又东合泾水，南江又东，与桐水合。又东径安吴县，号曰安吴溪。又东，旋溪水注之。……南江又东径宁国县南。晋太康元年分宛陵置。南江又东径故鄣县南，安吉县北。光和之末，天下大乱，此乡保险守节，汉朝嘉之。中平二年，分故鄣之南乡以为安吉县。县南有钓头泉，悬涌一仞，乃流于川。川水下合南江，南江又东北为长渎历湖口。南江东注于具区，谓之五湖口。五湖谓长荡湖、太湖、射湖、贵湖、滆湖也。郭景纯《江赋》曰：注五湖以漫漭。盖言江水经纬五湖而苞注太湖也。是以左丘明述《国语》曰：越伐吴，战于五湖是也。又云范蠡灭吴返，全五湖而辞越，斯乃太湖之兼摄通称也。虞翻曰：是湖有五道，放曰五湖。韦昭曰：五湖，今太湖也，《尚书》谓之震泽；《尔雅》以为具区，方圆五百里，湖有苞山，《春秋》谓之夫椒山，有洞室，入地潜行，北通琅邪冡武县，俗谓之洞庭。旁有青山，一各夏架山，山有洞穴，潜通洞庭。山土有石鼓，长丈余，鸣则有兵。故《吴记》曰：太湖有苞山，在国西百余里，居者数百家，出弓弩材。旁有小山，山有石穴，南通洞庭，深远莫知所极。三苗之国，左洞庭，右彭蠡，今宫亭湖也。以太湖之洞庭对彭蠡则左右可知也。余接二湖俱以洞庭为目者，亦分为左右也，但以趣瞩为方耳。既据三苗，宜以湘江为正，是以郭景纯之《江赋》云：爰有包山洞庭，巴陵地道，潜达旁通，幽岫窈窕。《山海经》曰：浮玉之山，北望具区，苕水出于其阴，北流注于具区。……湖中有大雷、小雷三山，亦谓之三山湖，又谓之洞庭湖。杨泉《五湖赋》曰：头首无锡，足蹄松江，负乌程于背上，怀太吴以当胸，昨岭崔嵬，穹隆纤曲。大雷、小雷湍波相逐，用言湖之苞极也。太湖之东，吴国西十八里，有岞岭山。俗说此山本在太湖中，禹治水，移进近吴。又东及西南有两小山，皆有石如卷筭，俗云禹所用牵山也。太湖中有浅地，长老云是筭岭山跐。自此以东差深，言是牵山之沟。此山去太湖三十余里，东则松江出焉，上承太湖，更径笠泽，在吴南松江左右也。《国语》曰：越伐吴，吴御之笠泽，越军江南，吴军江北者也。虞氏曰：松江北去吴国五十里，江侧有丞、胥二山，山各有庙。鲁哀公十三年，越使二大夫畴无余、讴阳等伐吴，吴人败之，获二大夫，大夫死，故立庙于山上，号曰丞、胥二王也。胥山上今有坛石，长老云，胥神所治也。下有九折路，南出太湖，阖闾造，以游姑胥之台以望太湖也。松江自湖东北流，径七十里，江水歧分，谓之三江口。《吴越春秋》称：范蠡去越，乘舟出三江之口，入五湖之中者也。此亦别为三江五湖，虽名称相乱，不与《职方》同。庾仲初《扬都赋注》曰：今太湖东注为松江，下七十里有水口。分流：东北入海为娄江，东南入海为东江，与松江而三也。《吴记》曰：一江东南行七十里，入小湖，为次溪，自湖东南出，谓之谷水。谷水出吴小湖，径由卷县故城下。……谷水又东南径嘉兴县城西。谷水又东南径盐官县故城南，旧吴海昌都尉治。晋太康中分嘉兴立。《太康地道记》吴有盐官县。乐资《九州志》曰：县有秦延山，秦始皇径此，美人死，葬于山上，山下有美人庙。谷水之右有马皋城，故司盐都尉城，吴王濞煮海为盐，于此县也。是以《汉书·地理志》曰：县有盐官。东出五十里有武原乡，放越地也，秦于其地置海盐县。《地理志》曰：县故武原乡也。后县沦为柘湖，又徙治武原乡，改曰武原县。王莽名之展武。汉安帝时，武原之地又沦为湖，今之当湖也，后乃移此。县南有秦望山，秦始皇所登以望东海，故山得其名焉。谷水于县出为澉浦，以通巨海。光熙元年，有毛民三人，集于县，盖泛于风也。又东至会稽余姚县，东入于海。

《水经注》关于北江、中江所述极简，而于南江篇幅较大。但其所述南江水系从今之地理考之，不相符合，谬误丛生。如安吉县一带为山区，西边宣城、宁国的水系到不了东边的安吉，这里是一座分水岭。因此古代所谓的南江必不是经宣城、宁国通安吉而至太湖的水系。

《水经注》提及的中江是今芜湖经高淳、溧阳而至宜兴的水系，今称胥江，这条河从长江通太湖可至苏州，是古代重要的水道，即是长江的古入海口之一。而南江其实所指是中江所分的二条入海通道之一，中江向东经苏州南一带入海，古称东江，即今吴淞江；中江向南经吴兴、德清、临平一带借道今钱塘江入海，即是南江。今太湖经吴兴、德清、临平一带至钱塘江尚有水道，即古南江一段。南江的入海口在汉会稽郡的余姚县一带。此《水经》《汉书地理志》亦有载。《水经·沔水》载："沔水与江合流，又东过彭蠡泽，又东北出居巢县南，又东过牛渚县南，又东至石城县，分为二：其一东北流，其一又过毗陵县北，为北江，又东至会稽余姚县，东入于海。"《汉书·地理志·卷二十八上·丹阳郡》也有载南江在余姚县入海，其文称："石城，分江水首受江，东至余姚入海，过郡二，行千二百里。"

　　郦道元在记载南江时用较大篇幅介绍太湖，当时有长荡湖、太湖、射湖、贵湖、滆湖等五湖，总称太湖，因湖中山有洞穴，潜通洞庭，故又称洞庭湖。郦道元还提到中江东入海口松江沿岸的水神庙，称"松江北去吴国五十里，江侧有丞、胥二山，山各有庙。鲁哀公十三年，越使二大夫畴无余、讴阳等伐吴，吴人败之，获二大夫，大夫死，故立庙于山上，号曰丞、胥二王也。胥山上今有坛石，长老云，胥神所治也。"这说明松江神为丞山庙和胥山庙神，其二庙所祀为越将畴无余、讴阳二人。但后人则以胥山庙祀神为吴国大夫伍子胥。此出自司马迁《史记·伍子胥列传》，伍子胥被吴国太宰嚭诬陷而遭到吴王夫差猜忌，"伍子胥仰天叹曰：'嗟乎！谗臣嚭为乱矣，王乃反诛我。我令若父霸。自若未立时，诸公子争立，我以死争之於先王，几不得立。若既得立，欲分吴国予我，我顾不敢望也。然今若听谀臣言以杀长者。'乃告其舍人曰：'必树吾墓上以梓，令可以为器；而抉吾眼县吴东门之上，以观越寇之入灭吴也。'乃自刭死。吴王闻之大怒，乃取子胥尸盛以鸱夷革，浮之江中。吴人怜之，为立祠于江上，因命曰胥山。"由于伍子胥含冤而死，又被抛尸江中，故后人立祠祀为江神。故伍子胥也是长江水神之一。

　　因古长江入海口一带潮流激荡，《三教源流搜神大全》卷七还以"（潮神）即子胥，入见其素车白马乘潮而出。"《茶香室丛钞》卷一五亦载："《越绝书》云：吴王将杀子胥，使冯同征之。胥见冯同，知为吴王来也，泄言曰：'高置吾头，必见越人入吴也。捐我深江，则亦已矣。'胥死之后，王使人捐于大江口。勇士执之，乃有遗响，发愤驰腾，气若奔马，威凌万物，归神大海，仿佛之间，音兆常在。后世称述，盖子胥水仙也。按：此乃子胥为潮神之说所自来。"

　　与伍子胥一起奉为潮神的，还有越国大臣文种。此《水经注·浙江水》载:"(浙江)水流于两山之间,江川急浚,兼涛水昼夜再来,来应时刻,常以月晦及望尤大,至二月、八月最高,峨峨二丈有余。《吴越春秋》以为子胥、文种之神也。昔子胥亮于吴,而浮尸于江。吴人怜之,立祠于江上,名曰胥山。《吴录》云:胥山在太湖边,去江不百里,故曰江上。文种诚于越,而伏剑于山阴,越人哀之,葬于重山。文种既葬一年,子胥从海上负种俱去,游夫江海。故潮水之前扬波者,伍子胥,后重水者,大夫种。是以枚乘曰:涛无记焉。然海水上潮,江水逆流,似神而非,于是处焉。"

今伍子胥的祖庙存有两处,一是古吴国境内松江边胥山上的庙宇,又一是古越国境内杭州吴山上的庙宇。因杭州滨钱塘江,故杭州吴山庙又称潮神庙。《文献通考·郊社考》卷二十三称:"杭州吴山庙,即涛神也。大中祥符五年夏,江涛毁岸。遗内侍白崇庆致祭,涛势骤息。五月,诏封神为英烈王,令本州每春秋二仲,就庙建道场三昼夜,及以素馔祠神。"

古代在长江流域,据传伍子胥庙较多。《古今图书集成·神异典》卷五十四曰:"《大业拾遗录》:泚河岸上有子胥庙,每朝暮潮时,泚河之水亦鼓怒而起,至其庙前,高一丈,广十余丈,食顷乃定,与钱唐潮水相应。"又《茶香室四钞》卷二十载:"宋陆游《入蜀记》云:楚故城,前临江水,对黄牛峡。城西北一山,有伍子胥庙。大抵自荆以西,子胥庙甚多。按:不知伍子胥何由血食于此,岂以其为江神邪?"这说明早在唐宋时期,伍子胥早已成为长江主要的江神之一。

伍子胥在宋元时期还跨地域传播至济河流域成为济渎神。济水是与长江、黄河、淮水齐名的古代四渎之一。《三教源流搜神大全》卷二载:"济渎,楚伍大夫也。唐始封二字公,宋加四字公,圣朝加封四字王,号'清源汉济王'。"

　　长江也有江渎庙，早期的江渎祠在今成都市一带（古蜀郡治）。此《史记·封禅书》载：（秦并天下）自华以西，名山七，名川四。江水，祠蜀。《索隐》：《广雅》云，"江神谓之奇相"。《华阳国志》云："蜀守李冰于彭门阙立江神祠三所。"《正义》：《括地志》云："江渎祠在益州成都县南八里。秦并天下，江水祠蜀。"

　　这说明江渎神名曰奇相。但此奇相为女性神。《铸鼎余闻》卷二称："《轩辕黄帝传》云，蒙氏女奇相，女窃其元珠，沈海去为神。上应镇宿，旁及牛宿。郭璞《江赋》曰：奇相得道而宅神，即今江渎庙是也。"

　　又《文选》卷十二录郭璞《江赋》曰："奇相得道而宅神，乃协灵爽于湘娥。"李善注《广雅》曰："江神谓之奇相。"王逸《楚辞》注曰："尧二女，坠湘水之中，因为湘夫人也。"可知奇相与湘夫人有渊源。

　　后一般以伍子胥为吴越之江神，奇相为蜀地之江神，而湘夫人为湖湘之江神。

　　湘夫人又称湘江二夫人，其源头出自《山海经》。《山海经·中山经》载：洞庭之山，帝之二女居之，是常游于江渊。郭璞注，天帝之二女而处江为神也。汪绂注：帝之二女，谓尧之二女以妻舜者娥皇女英也，相传谓舜南巡，崩于苍梧，二妃奔赴哭之，陨于湘江，遂为湘水之神，屈原《九歌》所称湘君，湘夫人是也。

　　又《史记·封禅书》载："江水，祠蜀"，司马贞索隐，《江记》云，"帝女也，卒为江神"。故可知以湘江二夫人娥皇、女英为尧之二女可能是从晋郭璞注称天帝之二女演化而来。此帝之二女为湘水之神，后升为湖湘段之江神。

　　又长江三峡亦是古代著名水口，岸边有巫山女神，为天帝之三女，即季女。此《水经注·江水》亦载："有大巫山，非惟三峡所无，乃当抗峰岷、峨，偕蛉衡、疑。其翼附群山，并概青云，更就霄汉，辨其优劣耳。神孟涂所处，《山海经》曰：夏后启之臣孟涂，是司神于巴。巴人讼于孟涂之所，其衣有血者执之。是请生居山上，在丹山西。郭景纯云：丹山在丹阳，属巴，丹山西即巫山者也。又帝女居焉。宋玉所谓天帝之季女，名曰瑶姬，未行而亡，封于巫山之阳。精魂为草，实为灵芝，所谓巫山之女，高唐之阻，旦为行云，暮为行雨，朝朝暮暮，阳台之下。旦早视之，果如其言，故为立庙，号朝云焉。其间首尾百六十里，谓之巫峡，盖因山为名也。"故此天帝之季女瑶姬当亦祀为江神。

《历代神仙通鉴》卷十五又称长江神为金龙大王柳毅。据《历代神仙通鉴》卷十四记载："（唐景龙三年，柳毅为洞庭龙女传书）遂为水仙。帝降敕为金龙大王。泛涉江湖者，必诣庙祭焉。"此金龙大王柳毅为长江神可能也仅限于洞庭湖及周边一带。

而荆楚地区的长江神则为楚大夫屈原。《三教源流搜神大全》卷二称："江渎，楚屈原大夫也。唐始封二字公，宋加四字公，圣朝加封四字王，号'广源顺济王'。"又《月令广义·岁令一》也载，江神即楚大夫屈原。

《水经注》中对屈原崇拜也多有提及。《水经注·江水》载："汉元延中，岷山崩，壅江水，三日不流。扬雄《反离骚》云：自岷山投诸江流，以吊屈原，名曰《反骚》也。"这是长江上游源头一带的屈原崇拜。

在长江上中游交汇的秭归，则被认定是屈原故里，《水经注·江水》载："袁山松曰：屈原有贤姊，闻原放逐，亦来归，瑜令自宽全。乡人冀其见从，因名曰秭归。即《离骚》所谓女媭蝉媛以署余也。县城东北，依山即坂，周回二里，高一丈五尺，南临大江。古老相传，谓之刘备城，盖备征吴所筑也。县东北数十里，有屈原旧田宅。虽畦堰糜漫，犹保屈田之称也。县北一百六十里，有屈原故宅，累石为室基，名其地曰乐平里。宅之东北六十里，有女嬃庙，捣衣石犹存。"这说明从屈原崇拜又演化有其姊女嬃崇拜，女嬃庙应亦即屈原庙。在今长江中下游一带，尚存诸多屈原庙祠，祀屈原为江神。

长江下游今九江至镇江一带的长江神称上下中三水府，元代《三教源流搜神大全》卷七"洋子江三水府"条称："《五代史》：杨氏据江，封马当为上水府，庙在山之阳，采石为中水府，庙在采石山下，封王，宋加显灵顺圣忠佐平江王，金山为下水府，庙在金山寺内。三庙本朝俱称水府之神。水面江心一呼即应。人过者，必具牲帛以祷。今有司岁时致祭。"又《文献通考·郊社考》卷二十三也载：三水府神者，伪唐保大中，封马当上水府为广祐宁江王，采石中水府为济远定江王，金山下水府为灵肃镇江王。大中祥符二年八月，诏改封上水府为福善安江王，中水府为顺圣平江王，下水府为昭信泰江王。令九江、太平、润州遣官祭告。此《宋史·礼志五》亦曰："（真宗）诏封江州马当上水府，福善安江王，太平州采石中水府，顺圣平江王，润州金山下水府，昭信泰江王。"今此三水府神庙均已无存。

在古长江沿岸，最常见的镇水神是大禹。

在古长江的源头岷山南麓石纽乡一带，据传是大禹的出生地，亦即其故里。

《水经注》卷三十六载："沫水出（汶山郡）广柔徼外，县有石纽乡，禹所生也。今夷人共营之，地方百里，不敢居牧。有罪逃野，捕之者不逼，能藏三年，不为人得，则共原之，言大禹之神所祐之也。东南过旄牛县北，又东至越嶲灵道县，出蒙山南。……沫水出岷山西，东流过汉嘉郡，南流冲一高山，山上合下开，水径其间，山即蒙山也。"沫水即今岷江支流大渡河，大渡河全长 1000 余公里，超过全长 700 余公里的岷江干流，实为岷江最长的源流。古代以为沫水发源出汶山郡广柔县徼外，但并不正确。汶山郡广柔县实是岷江（即古代所称江水）的上游源头，亦即大禹故里。

又在长江上游水势最大的三江口嘉陵江注入长江处，亦有大禹崇拜。

《水经注·江水》载："（江水）又东北至巴郡江州县东，强水、涪水、汉水、白水、宕渠水五水合，南流注之。……江之北岸，有涂山，南有夏禹庙、涂君祠，庙铭存焉。常璩、庾仲雍并言禹娶于此。余案群书，咸言禹娶在寿春当涂，不于此也。"今涂山及大禹崇拜遗迹尚存，涂山在长江南岸，山顶上有涂山寺，正对嘉陵江口，明代以降，随着水神真武崇拜的兴起，涂山上亦祀有真武大帝。

又三峡是蜀水东流之唯一出口，传说也是由大禹开凿而通。《水经注·江水》载："江水又东径广溪峡，斯乃三峡之首也。其间三十里，颓岩倚木，厥势殆交。北岸山上有神渊，渊北有白盐崖，高可千余丈，俯临神渊。土人见其高白，故因名之。天旱，燃木岸上，推其灰烬，下秽渊中，寻即降雨。常璩曰：县有山泽水神，旱时鸣鼓请雨，则必应嘉泽。《蜀都赋》所谓应鸣鼓而兴雨也。峡中有瞿塘、黄龛二滩，夏水回复，沿溯所忌。瞿塘滩上有神庙，尤至灵验。刺史二千石径过，皆不得鸣角伐鼓。商旅上水，恐触石有声，乃以布裹篙足。今则不能尔，犹缘荐不辍。此峡多猿，猿不生北岸，非惟一处，或有取之，放著北山中，初不闻声，将同狢兽渡汶而不生矣。其峡，盖自昔禹凿以通江，郭景纯所谓巴东之峡，夏后疏凿者。"可知三峡不仅有大禹崇拜，还有向山泽水神鸣鼓请雨，及过瞿塘滩，不得鸣角伐鼓恐惊庙神等习俗，亦与水神崇拜有关。

《水经注·江水》又载："江水历禹断江南。峡北有七谷村，两山间有水清深，潭而不流。又耆旧传言，昔是大江，及禹治水，此江小不足泻水，禹更开今峡口，水势并冲，此江遂绝，于今谓之断江也。"此断江以《水经注疏》熊会贞按称"在今东湖县（今湖北宜昌）西北二十余里"。

今三峡沿岸最主要的大禹崇拜遗迹，当数黄陵庙，该庙位于三峡大坝下方的宜昌县三斗坪镇黄陵庙村长江西陵峡南岸的黄牛岩山麓，据传唐宣宗大中元年（847）建禹王殿，现存主体建筑禹王殿系明代中期所复建，禹王殿脊银质宝瓶铸有"皇明正德五年"建造字样。大殿柱石嵌有圆额"七寸碑"，竖刻有"大明国……万历四十六年"字样。同治末年（1874），清典史黄肇敏因专事制作峡江纪游图，于黄陵庙撰刻《游黄陵庙记》，记中云："考诸古迹，今庙之基，即汉建黄牛庙之遗址也。庙遭兵燹，古偈无存，迨明季重建，廓而大之，兼奉神禹，盖嫌牛字不敬，故改为黄陵……"，又曰："殿供大禹，楹楚镌万历四十六年（1618）旧州人建，旁有断碑仆地，拂尘读之，乃黄陵神赞颂，正德庚辰（1520）南太仆少卿的西蜀刘瑞撰，后殿供如道教老子像，云即黄陵神也，座侧立一牛，木质。尝闻国朝宋琬题楹贴云：奇迹著三巴，圭壁无劳沈白马；神功符大禹，烟恋犹见策黄牛。今亡矣。后又一殿，供释迦牟尼像。"

在长江中游最大的水口汉江注入长江的三江口，也有大禹崇拜，今尚存禹稷行宫等古迹。禹稷行宫原称禹王庙，为南宋绍熙间司农少卿张体仁以此地江汉朝宗之会，乃建庙以祀大禹，明天启年间改禹王庙为禹稷行宫，在原祭祀大禹的基础上又加祀后稷等传说人物，沿袭至今。历史上汉江下游注入长江口可能有多处，今江汉汇流处称汉口，古代又有夏口，在汉口之西。

《水经注·江水》载："（江水）又东径州陵新治南，王莽之江夏也。港水东南流注于江，谓之洋口。南对龙穴洲，沙阳洲之下尾也。洲里有驾部口，宋景平二年，迎文帝于江陵，法驾顿此，因以为名。文帝车驾发江陵。至此黑龙跃出，负帝所乘舟，左右失色。上谓长史王昙首曰：乃夏禹所以受天命矣，我何德以堪之？故有龙穴之名焉。"此州陵县在今洪湖市一带，即王莽时期的江夏县，当地及周边一带亦有夏禹崇拜。

《水经注·江水》又载："大江又东，左得侯台水口，江浦也。大江右得龙穴水口，江浦右迤也。北对虎洲。又洲北有龙巢，地名也，昔禹南济江，黄龙夹舟，舟人五色无主。禹笑曰：吾受命于天，竭力养民，生，性也，死，命也，何忧龙哉？于是二龙弭鳞掉尾而去焉，故水地取名矣。"

虎洲、龙巢在今天的湖南湖北交界的石首市一带，相传大禹在南方治水时，乘舟过江时偶遇黄龙作乱，大禹从容淡定，笑退江中黄龙，让船上众人平安无险。

在石首长江中又有荆佽飞神崇拜，《水经注·江水》载："大江右径石首山北，又东径赭要。赭要，洲名，在大江中，次北湖洲下。江水左得饭筐上口，秋夏水通下口，上下口间，相距三十余里。赭要下即杨子洲，在大江中，二洲之间，常苦蛟害。昔荆佽飞济此，遇两蛟，斩之，自后罕有所患矣。"荆佽飞见载《吕氏春秋·恃君览·知分》，曰："荆有次非者，得宝剑于干遂。还反涉江，至于中流，有两蛟夹绕其船，次非谓舟人曰：'子尝见两蛟绕船能两活者乎？'船人曰：'未之见也。'次非攘臂祛衣，拔宝剑曰：'此江中之腐肉朽骨也，弃剑以全己，余奚爱焉。'于是赴江刺蛟，杀之而复上船。舟中之人皆得活。"

在此石首山一带的大禹与荆佽飞神话故事内容大致相同，说明二者相互影响，有演化关系。而今佽飞神的庙宇只有在今浙江宁波一带仍有传承，而宁波一带也是古长江的重要出海口。

湘江流域亦有大禹崇拜，《水经注》卷四十载："衡山在长沙湘南县南。禹治洪水，血马祭衡山，于是得金简玉字之书。按省玉字，得通水理也。"

在古长江中江出海口太湖一带，亦有大禹崇拜。《水经注·沔水》载："太湖之东，吴国西十八里，有岞岭山。俗说此山本在太湖中，禹治水，移进近吴。又东及西南有两小山，皆有石如卷笮，俗云禹所用牵山也。"

又古长江中入海口的南江流域，则为大禹崇拜的核心地和故里。

《水经注·浙江水》载："岘里有大城，越王无余之旧都也。故《吴越春秋》云，句践语范蠡曰：先君无余，国在南山之阳，社稷宗庙在湖之南。又有会稽之山，古防山也，亦谓之为茅山，又曰栋山。《越绝》云：栋犹镇也。盖《周礼》所谓扬州之镇矣。山形四方，上多金玉，下多玦石。《山海经》曰：夕水出焉，南流注于湖。《吴越春秋》称覆釜山之中，有金简玉字之书，黄帝之遗谶也。山下有禹庙，庙有圣姑像。《礼乐纬》云：禹治水毕，天赐神女圣姑，即其像也。山上有禹冢。昔大禹即位十年，东巡狩，崩于会稽，因而葬之。有鸟来为之耘，春拔草根，秋啄其秽，是以县官禁民不得妄害此鸟，犯则刑无赦。山东有湮井，去庙七里，深不见底，谓之禹井，云东游者多探其穴也。"又载："北即大越之国。秦改为山阴县，会稽郡治也。太史公曰：禹会诸侯计于此，命曰会槽。会稽者，会计也。始以山名，因为地号。夏后少康封少子杼以奉禹祠为越。世历殷、周，至于允常，列于《春秋》。允常卒，句践称王，都于会稽。"

禹冢即大禹墓，今称大禹陵，在绍兴南郊会稽山。其旁有禹庙，今均存遗迹。《史记》等记载禹会诸侯计于此，崩于会稽，因而葬之。而禹庙则相传是夏后少康封少子无余为越国以奉禹祠之祀。这说明在正史记载中越国的历史很悠久，并且是大禹的后裔。

在上述记载中，还提及有大禹与黄帝之间的关系，说明两者或也有演化关系。又有神女圣姑，应与涂山氏崇拜有关。

《尚书·皋陶谟》已提及大禹与涂山氏的夫妻关系，称"娶于涂山，辛壬癸甲，启呱呱而泣，矛弗子，惟荒度土功。"《楚辞·天问》也称："禹之力献功，降省下土四方。焉得彼涂山女，而通之于台桑？"东汉赵晔《吴越春秋·越王无余外传》也有载涂山氏，第一次称其名女娇，曰："禹三十未娶，行到涂山，恐时之暮，失其度制，乃辞云：'吾娶也，必有应矣。'乃有白狐九尾造于禹。禹曰：'白者，吾之服也。其九尾者，王之证也。涂山之歌曰：绥绥白狐，九尾痝痝。我家嘉夷，来宾为王。成家成室，我造彼昌。天人之际，于兹则行。明矣哉！'禹娶涂山氏族一女子，谓之女娇。取辛壬癸甲，禹行。十月，女娇生子启。启生不见父，昼夕呱呱啼泣。"但一说涂山氏即女娲，《史记索隐》引《世本》曰："涂山氏女名女娲，是禹娶涂山氏女号为女娇也。"又《史记正义》引《帝系》也称："禹娶涂山氏之子，谓之女娲，以生启也。"但当时都未提及涂山氏是哪里人。

后世认为涂山氏出处有四，一是江州涂山，二是寿春涂山，三是芜湖当涂，四是会稽涂山。由于芜湖当涂是由寿春涂山移名而称，故涂山氏故里以江州涂山、寿春涂山、会稽涂山三处最为有名。

江州涂山即今重庆涂山，出自晋常璩《华阳国志·卷一巴志》，载："禹娶于涂，辛壬癸甲而去，……三过其门而不入室，务在救时，今江州涂山是也，帝禹之庙铭存焉。"但《水经注》作者郦道元否定江州涂山为禹娶涂山氏之地。此《水经注》载：

"江之北岸，有涂山，南有夏禹庙、涂君祠，庙铭存焉。常璩、庾仲雍并言禹娶于此。余案群书，咸言禹娶在寿春当涂，不于此也。"

说明郦道元当时就认为"寿春涂山"说比"江州涂山"说更可靠些。

"寿春涂山"说为魏晋时期的杜预提出，在淮水南岸。《水经注》亦载：

淮水自莫邪山，东北径马头城北，魏马头郡治也，故当涂县之故城也。《吕氏春秋》曰：禹娶涂山氏女，不以私害公，自辛至甲四日，复往治水。故江淮之俗，以辛壬癸甲为嫁娶日也。禹墟在山西南，县即其地也。……《春秋左传》：哀公十年，大夫对孟孙曰：禹会诸侯于涂山，执玉帛者万国。杜预曰：涂山在寿春东北。非也。余按《国语》曰：吴伐楚，堕会稽，获骨焉，节专车。吴子使来聘，且问之。客执骨而问曰：敢问骨何为大？仲尼曰：丘闻之：昔禹致群神于会稽之山，防风氏后至，禹杀之，其骨专车，此为大也。盖丘明亲承圣旨，录为实证矣。又案刘向《说苑·辨物》，王肃之叙孔子廿二世孙孔猛所出先人书《家语》，并出此事，故涂山有会稽之名。考校群韦及方土之目，疑非此矣。

此寿春当涂山即今蚌埠市禹会区与怀远县城交界处之涂山，该山位于涡水注入淮河等诸水相汇之处，也是淮河主要水口之一。当地传说原来是一座荆涂山，大禹在治水时把荆涂山一劈为二，让淮河水中流，位于淮河南岸者称涂山，淮河北岸者为荆山，涂山与荆山隔淮相望。

可知，通过考察寿春当涂涂山氏文献始末，郦道元又否认当涂之涂山为禹娶涂山氏之地，并认为会稽涂山才是禹所妻之山。

而最早提出涂山氏地点的，则是东汉袁康《越绝书》，该书

载:"涂山者,禹所取妻之山也,去(山阴)县五十里。"后南宋
《嘉泰会稽志》考证"涂山在(山阴)县西北四十五里(今安昌
镇东),旧经云,禹会万国之所。"祝穆《方舆胜览》亦载:"涂
山,在山阴县西北四十五里,云禹会万国之所。"但实际在山阴
县东北五十里处上虞夏盖山亦有涂山氏崇拜,今山上尚存夏禹夫
人庙。故今俗称安昌涂山为西涂山,今讹称西㟃山,山麓今尚有
涂山寺遗迹,这一带为浦阳江入海口。而上虞夏盖山(又称夏驾
山)当是东涂山,其地曾是曹娥江下游入海口之一。《水经注》
也载禹与诸侯会于上虞的史料:"江水东径上虞县南,王莽之会
稽也。本司盐都尉治,地名虞宾。《晋太康地记》曰:舜避丹朱
于此,故以名县,百官从之,故县北有百官桥。亦云:禹与诸侯
会事讫,因相虞乐,故曰上虞。二说不同,未详孰是?"

从《水经注》所载大禹故里、陵地及崇拜遗迹和涂山氏崇拜
遗迹等文献考察,可基本确定大禹和涂山氏崇拜的核心地在长江
流域。

涂山氏崇拜发起较晚,应是从大禹崇拜衍生出来的次崇拜,
故源头当亦在大禹崇拜的发源地——浙江会稽山一带。

我们还怀疑大禹是古代长江的图腾或是古人崇祀的长江水
神。

顾颉刚在《与钱玄同先生论古史书》中曾提出,禹,"《说
文》云,'虫也,从厹,象形。'厹,《说文》云,'兽足蹂地也。'
以虫而有足蹂地,大约是蜥蜴之类。我以为禹或是九鼎上铸的一
种动物,当时铸鼎象物,奇怪的形状一定很多,禹是鼎上动物的
最有力者;或者有敷土的样子,所以就算他是开天辟地的人。"

故顾颉刚认为大禹是从爬虫一类的图腾演化而来。

在此基础上,我们认为,大禹可能是从古代长江中最凶猛的
动物鳄鱼崇拜演化而来。鳄鱼更符合顾颉刚所解释的大禹图腾形

象。这是基于大禹出生于长江之源，卒葬于长江之尾，显然与长江神及其图腾崇拜有关。

目前最主流的说法是，大禹的出生地在岷江源头的西羌一带。此司马迁《史记》"六国年表序"中提及："禹兴于西羌"。又西汉扬雄《蜀王本纪》也称："禹本汶山广柔县人，生于石纽，其地名痢儿畔。"《水经注》也载："沫水出（汶山郡）广柔徼外，县有石纽乡，禹所生也。"古代长江以岷江为正源，而大禹出生地主要聚焦于岷江源头的茂县、汶川等地。而大禹的葬身地，则毫无疑义，都认为在今浙江绍兴市会稽山，今尚存大禹陵。此《史记》载"十年，帝禹东巡狩，至于会稽而崩。"又《越绝书》《水经注》等其他古籍亦多有记载，在此不赘述。

故从古长江首尾的大禹宅、陵可知大禹或被祀为长江之江神及图腾。

按顾颉刚的考证，他还认为禹最早是与商有关的天神，似乎在洪水茫茫之中，上帝叫禹下来布土，而后建商国。故应该注意的是"禹"和"夏"并没有发生了什么关系。东周的初年只有禹，是从《诗经》上可以推知的；东周的末年更有尧、舜，是从《论语》上可以看到的。《论语·尧曰篇》的首章，在文体上很可见出有意摹古的样子，在宗旨上很可见出秉着"王道"和"道统"两个主义，是战国时的儒家面目。他还称《尧典》出于《论语》之后。先有了禅让的学说而后有《尧典》《皋陶谟》出来，当作禅让的实证，禅让之说是儒家本着尊贤的主义鼓吹出来的。作《论语》时，对于尧、舜的观念还是空空洞洞，只推尊他们做两个道德最高、功绩最大的古王；作了《尧典》等篇，于是尧、舜的"文章"都有实事可举了。从战国到西汉，伪史被充分创造，在尧、舜之前更加上了多少古皇帝。自从秦灵公于吴阳作上畤，祭黄帝，于是黄帝立在尧、舜之前了。自从许行一辈人抬出了神农，于是神农又立在黄帝之前了。自从《易·系辞》抬出了伏羲氏，于是伏羲氏又立在神农之前了。

故可知禹与夏启的关系是后来附会上去的。因此，黄河流域有关大禹（包括涂山氏）的神迹也基本上是从长江流域流传过去或附会形成的，包括淮河流域。又长江中上游的大禹崇拜当亦是从长江下游一带传播过去的。大禹崇拜最早可能是以浙江会稽山为中心有着七千年农耕文明（河姆渡文化）和五千年礼仪文明（良渚文化）的古越国（古越人）的图腾崇拜及祖先神崇拜。

从古长江入海口一带溯流传播的大禹崇拜，后又异地嬗化和演化有长江流域的诸多水神。

如古长江上游的大禹崇拜，在明代后期于长江中游的湖广地区演化有杨泗将军（又称杨四将军）崇拜，后成为全国重要水神，其神诞与大禹一样都是六月六，而其功能则是斩孽龙。

民国著名民俗家黄芝岗在《中国的水神》中提及杨四将军斩擒孽龙的故事，称：

杨四将军是水神，水神的功绩便是"斩龙护国"，当将军还没有成神的时候，在乡下的村塾里面读书，他的小同学有一位是无义龙，乡下的父老们都将义读成孽音，但当正作无义龙。这时候，龙也是小小的一个村童，但他却挟有逆志。当一班村童课完的时候，无义龙向同学们夸下海口说："我有日得志，要把中国搅成中洋大海。"杨四将军和他赌赛说："你敢把中国搅成中洋大海，我便誓斩孽龙。"这时候将军已成神了，无义龙也修成了道法。他便排山倒岭的兴起了万丈的波涛，将军便跨上了坐骑，手执大斧和这龙一场恶斗。龙败了，便翻身逃走，将军便跟在后面追赶……杨四将军在寻龙河里将无义龙寻了出来。这龙再向前逃走，将军便随后再赶，……最后将孽龙投入一间井里。

寻龙河是穿过长沙市区注入湘江的捞刀河上游，是杨泗将军崇拜的一处重要发祥地。

在湖北武汉一带民间还流传有杨泗将军（又名杨四将军）崇拜。相传，杨泗将军出生前其母梦见大禹，故其为大禹入命，性好治水。故其"六月六"生日即大禹生日。此乾隆年间汉川进士张邦伸所撰《杨泗将军庆诞记》中有提及。而杨泗将军斩孽龙的传说应是由长江湖广段与大禹崇拜有渊源的荆伏飞神刺蛟龙故事演化而来。

湖广民间流传的杨泗将军降孽龙故事，另一源头是从江西传播过来的许真君擒孽龙故事。

许真君相传是晋代南昌人许逊，曾任四川旌阳县令，据说治政廉俭，吏民悦服，因人们感其德行，故又称许旌阳。后来见晋室将乱，乃弃官东归，并遨迹江湖、寻求至道。许逊曾自言遇上圣传授"太上灵宝净明法"，拜吴猛为师，习有斩蛟擒妖道法。时逢彭蠡湖（今鄱阳湖）蛟龙为害，水灾连年，许逊率领众弟子，足迹踏遍湖区各地。他不仅为豫章治水，还到湖南、湖北、福建等地消除水患，赢得人民的广泛尊崇。东晋元帝大兴四年（321），许逊隐居南昌南郊梅仙祠旧址，创办道院，名太极观，额曰"净明真境"，立净明道派。其宗旨为"净明忠孝"。传说许逊活到一百三十六岁，于东晋宁康二年（374）八月初一日合家四十二人一齐飞天成仙，世人尊奉他为"许仙"。后人在他居住地西山建起许仙祠，在南昌铁柱宫建旌阳祠，并受历代王朝赐匾表彰，宋王安石撰写《许旌阳祠记》。

《水经注》有载吴猛，但未提及许逊。《水经注》卷三十九载："按张华《博物志·曹著传》，其神自云姓徐，受封庐山。后吴猛经过，山神迎猛，猛语曰：君王此山，近六百年，符命已尽，不宜久居，非据。猛又赠诗云：仰瞩列仙馆；俯察王神宅，旷载畅幽怀，倾盖付三益。此乃神道之事，亦有换转，理难详矣。吴猛，隐山得道者也。《寻阳记》曰：庐山上有三石梁，长数十丈，广不盈尺，杳然无底。吴猛将弟子登山，过此梁，见一翁坐桂树下，以玉杯承甘露浆与猛。又至一处，见数人，为猛设玉膏。猛弟子窃一宝，欲以来示世人，梁即化如指，猛使送宝还，手牵弟子，令闭眼相引而过。"

可知许真君是在唐代朝廷推崇道教地位的背景下由道教净明道派所尊奉的祖师，后成为道教著名神仙，宋徽宗敕封为至道玄应神功妙济真君。后人将其与张道陵、葛洪、丘弘济尊称为四大天师。亦祀为江西主要土主神及水神。

许真君斩蛟事迹最早出自唐代张鷟撰笔记小说集《朝野金载》卷三，称"西晋末，有旌阳县令许逊者，得道于豫章西山。江中有蛟为患，旌阳没水，剑斩之，后不知所在"。其后唐段成式《酉阳杂俎·前集·卷二》也载："晋许旌阳，吴猛弟子也。当时江东多蛇祸，猛将除之，选徒百余人，至高安，令具炭百斤，乃度尺而断之，置诸坛上。一夕，悉化为玉女，惑其徒。至晓，吴猛悉命弟子，无不涅其衣者，唯许君独无，乃与许至辽江。及遇巨蛇，吴年衰，力不能制，许遂禹步敕剑登其首，斩之。"

历宋元以来，许真君神迹不断发展演化，形成有白日飞升等故事。而其最初斩蛟在江西，后又遍及至潭州（今长沙）一带。此元刊《新编连相搜神广记》载许真君故事曰：

后于豫章遇一少年，容仪修整，自称慎郎。许君与之谈话，知非人类。指顾之间，少年告去。真君谓门人曰："适来年少乃是蛟蜃之精。吾念江西累为洪水所害，苦非剪戮，恐致逃遁。"蜃精知真君识之，潜于龙沙州北，化为黄牛。真君以道眼遥观，谓弟子施大王曰："彼之精怪化作黄牛，我今化其身为黑牛，仍以手巾挂膊，将以认之。汝见牛奔斗，当以剑截后。"真君乃化身而去。俄顷果见黑牛奔趁黄牛而来。大王以剑挥牛，中其左股，因投入城西井中。许君所化黑牛趁后亦入井内。其蜃精复从此井奔走，径归潭州，却化为人。先是蜃精化为美少年，聪明爽隽，而又富于宝货。知潭州刺史贾玉有女端丽，欲求贵婿以匹之。蜃精乃广用财宝，赂遗贾公亲近，遂获为伉俪焉。自后与妻于衙署后院而居，每至春夏之间常求旅游江湖，归则珍宝财货数逾万计。贾使君之亲姻僮仆，莫不赖之而成豪富。至是蜃精一身空归，且云被盗所伤。举家叹愧之际，典客者报云："有道流姓许字敬之求见。"使君贾公遽见之。真君谓贾公曰："闻君有贵婿，略请见之。"贾公乃命慎郎出与道流相见。慎郎怖畏，托疾潜藏。真君厉声而言曰："此是江湖害物蛟蜃，老魅焉敢遁形！"于是蜃精复变本形，宛转堂下，寻为吏兵所杀。真君又令将其二子出，以水噀之，即化为小蜃。妻贾氏几欲变身，父母恳真君，遂与神符救疗。仍令穿其宅下丈余，已旁互无际矣。真君谓贾玉曰："汝家骨肉几为鱼鳖也。今须速移，不得暂停。"贾玉仓皇徙居，俄顷之间，官舍崩没，白浪腾涌，即今旧迹宛然在焉。真君以东晋孝武帝太康二年八月一日，于洪州西山举家四十二口拔宅上升而去，唯有石函药白各一所，车毂一具，与真君所御锦帐，复自云中堕于故宅。乡人因于其地置游帷观焉。

这一时期，吴猛以炭化玉女试许真君的故事也被复制为许逊试弟子，并增加有许真君符咒除疫保民等事迹，其与吴猛的师徒关系也变成师兄弟关系，师承关系接至丹阳上清派谌母神。明代湖广地区还广泛传播有许真君斩孽龙事迹，但清代则几乎被杨泗斩孽龙故事取代。

唐代以降所演化的许真君斩孽龙化黑牛与斗精怪所化之黄牛相斗的事迹，其原型出自长江上游的李冰与江神化为两牛相斗的故事。这说明江西的许真君斩孽龙事迹的源头出自四川的李冰崇拜。

李冰在古长江上游的成都一带后祀为大郎神。

此明代曹学佺《蜀中广记》卷九载："古碑云：江水出高境关大郎庙前始大放，分流十支。又云自章山内合五溪而总名洛江，出章山分洛江，为十河县之名即从起也。《华阳国志》李冰导水於洛通山。"此大郎庙祀神即为李冰。民间传说他在修完都江堰后，又在什邡洛水镇修建水利工程，病逝与此，于是葬于洛水镇旁边的章山之上。后人在洛水旁边的高景关和洛水之间的地段关口两侧修建有大郎庙，以纪念李冰。

此清康熙中任成都府督捕通判的陈祥裔在《蜀都碎事》卷一也载："什邡县治北四十里有章山，乃大蓬之阈也。古有高景关，即雒县废址，有神祠，曰大郎庙神。蔓中得古碑，曰大安王神。岂大郎与大安字声之讹耶？抑因灌县二郎之号而仿以称之也？"

李冰当然是因二郎神崇拜声名鹊起后才被民间奉祀为大郎神的。

上文已提及蜀郡主簿因协助李冰斗胜江神而引发川人称"凡壮健者，因名冰儿也"，从此冰儿而引发二郎神。

蜀地最早的二郎神，可能指的是李冰的次子李二郎。唐代已有庙祀，五代史志中已见载。据《事物纪原》卷七载："元丰时，国城之西，民立灌口二郎神祠，云神永康导江县广济王子。王即秦李冰也。《会要》所谓冰次子郎君神也。宋后敕封灵惠侯。"

李二郎是蜀地二郎神中故事极少的一位，相传以协助李冰治水而得封。此《宋会要辑稿·礼二十·郎君神祠》载："郎君神祠，永康崇德庙广佑英惠王次子。仁宗嘉祐八年八月，诏永康军广济王庙郎君神特封灵惠侯，差官祭告。神即李冰次子，川人号护国灵应王。开宝七年命去王号，至是军民上言，神尝赞助其父除水患，故有是命。哲宗元祐二年七月封应感公。徽宗崇宁二年加封昭惠灵显王。政和八年八月改封昭惠灵显真人。高宗绍兴元年十二月依旧封昭惠灵显王，改普德观为庙。"

与李二郎同时的另一位二郎神是所谓隋嘉州太守赵昱。

赵昱事迹最早出自假传是唐柳宗元所著的《龙城录》。据《古今图书集成·神异典》卷三九引《龙城录》载："赵昱字仲明，与兄冕俱隐青城山，从事道士李珏。隋炀帝知其贤，征召不赴，督让益州太守臧腾强起。昱至京师，縻以上爵，不就，乞为蜀嘉州守。时犍为潭中有老蛟，为害日久，截没舟船，蜀江人患之。昱莅政五月，有小吏告昱，令使人往青城山置药，渡江溺死者，没舟船七百艘。昱大怒，率甲士千人及州属男子万人，夹江岸鼓噪，声震天地，昱乃持刀投水。顷，江水尽赤，石岩半崩，吼声如雷，昱左手执蛟首，右手持刀，奋波而出。州人顶戴，视为神明。隋末隐去，不知所终。后嘉陵涨溢，水势汹然，蜀人思昱。顷之，见昱青雾中骑白马，从数尊者，见于波面，扬鞭而过。舟人争呼之，遂没。蜀眉山守以闻，太宗封神勇大将军，庙食灌江口。岁时民疾病祷之，无不应。上皇幸蜀，加封为赤城王。"

《龙城录》宋时已有，因此所名赵昱者可能是抬大宋赵家皇帝的光芒所构建的神祇。其为青城山道士所构建。明《历代神仙通鉴》卷十三称："（唐太宗时）有道士羽衣褴褛，自言蜀中赵道士。有司具奏，拟是隋故将赵昱，曾平水患，封为神勇大将军，遣使致祭。"又《新搜神记·神考》"川主"条也载："《名胜志》：隋青城人赵昱，与道士李旺游，屡征不起。后炀帝辟为嘉州守。时州有蛟患，昱令民临江鼓噪，与其七人仗剑披发，入水斩蛟，奋波而出，江水为赤，蛟患遂息。开皇间入山，踪迹云不复见。后运饷者见昱乘白马引白犬，偕一童子腰弓挟弹以游，俨若平生焉。唐太宗封为神勇大将军，庙祀灌口。明皇幸蜀，封赤城王。

宋张詠治蜀，蜀乱，屡得神助。蜀平事闻，封川主、清源妙道真君。"

　　赵昱也有斩蛟平水的神迹。上文已有提及，事迹亦源自秦蜀守李冰治水而演化出来的斗江神锁孽龙故事。这是古长江正源岷江上、下游之间的水神博弈，赵昱为传说中的嘉州太守，所斩为犍为老蛟，但要抢灌口的二郎神之位，其对上游灌口一带治水并没有贡献。这说明宋代以后嘉州的地方势力逐渐强大，开始压制灌口原有的二郎神的影响力，还抢得了"川主"的名号。可能与当地盐商发起有关。

　　至明代，随着《西游记》《封神榜》等神话小说的出版，灌口二郎神杨戬深入人心，并广为人知。于是，二郎神也逐渐转为姓杨。二郎神为杨戬的形成，著名历史学家张政烺曾指出：

　　二郎神和杨戬发生关系仅见于小说。……《醒世恒言》第十三卷"勘皮靴单证二郎神"叙述宋徽宗宫内的韩夫人，因为养病下放在宦官杨戬府中，韩夫人病好到清源妙道二郎神庙烧香还愿，庙官孙神通会些妖法，假扮成二郎神模样，夜夜翻墙逾屋到杨戬府私通韩夫人。杨戬找道士噀治，击落一只皮靴，经过勘查终于破案。末言"原系京师老郎传流，至今编入野史"。这个故事和《夷坚志》杨戬馆客条相似，而情节明显是有意编造的。经过南宋、金、元流传二三百年，无论是有意还是无意，二郎神和杨戬两个词结了不解之缘，杨戬却成了二郎神的代名。《西游记》只笼统地称杨二郎，不敢落实，《封神演义》作者更大胆些，便直称二郎神为杨戬。

　　我们认为，二郎神姓杨，可能还与民间传说中协助李冰浚修四川水利的助手杨磨有关。宋王象之《舆地纪胜》引五代杜光庭《治水记》云："杨磨有神术，能伏龙虎，于大皂江侧决水壅四，与龙为誓者。今有杨磨江，或主事讹为羊麻江。磨辅李守，江得是名，嘉厥绩也。"

杨磨江原名羊摩江，今称羊马河，是成都平原一条大河，它自都江堰外江分流，经崇庆县至新津附近与西河（文井江）汇合后，复入于岷江。

从羊摩江的得名出自杨磨而知，后来演化出来的佐父治水的李二郎，其原型当是佐李冰治水功绩甚伟的杨磨。而杨二郎神的源头或当亦出自于此。

宋末元初浮云山道士赵道一撰《历世真仙体道通鉴》亦载："李冰、杨磨，皆蜀川得道之士。役御鬼神，驱斥云龙，无所不能。……冰琢五石犀以厌水，一在青城，二在犀浦，一在成都市桥，一在往中。又於县北玉女房下白沙堆，立三石人于水中，与江神誓曰：涸不出足，涨不至肩。今如其誓，石人今在江左岸上。蜀人世世祀冰。唐玄宗幸蜀，以冰功及于人，命饰祠宇，追加司空相国。令诸有水泛之处，乡里为冰立庙，水势即止。杨磨亦有神卫，能伏龙虎，亦于大皂往侧决水灌田，与龙为誓。"

从杨磨的神通广大，也可知有杨二郎及二郎神杨戬的形象身影。

故可知《西游记》中二郎神姓杨，其渊源当从杨磨而出，后受当时流行的冯梦龙白话故事《醒世恒言》第十三卷"勘皮靴单证二郎神"的影响，从而将杨姓二郎神定名为北宋大宦官杨戬。今戏曲中二郎神杨戬金脸无髯，依稀为宦阉形象。民国著名学者黄芝岗也曾提到二郎神姓杨，是杨磨传说在川中的歧异演变。

由此略知，明代中期起随着二郎神姓杨及二郎神杨戬等《西游记》《封神演义》小说内容的传播，灌口二郎庙所祀主神为二郎神杨戬在民间已逐渐深入人心，故又在长江中游又演化出杨四将军出来。因为二郎神为四川地方神，属地色彩太明显，于是湖广地区在其基础上又创造出比他数字更大的杨姓神，称之为杨四，又因二郎神杨戬的武将形象，便称之为杨四将军，后又称杨泗将军。

关于为什么称杨四将军而不称杨三将军？可能与长江上游与中游一带的过渡地带已有三郎神崇拜有关。此唐范摅《云溪友议》载："（当阳）玉泉祠，天下谓四绝之境，或言此祠鬼兴土木之功而树，祠曰三郎神。三郎，即关三郎也。"当阳处宜昌城东北一带，有长江支流沮水流经，沮水注江在枝江市，该地亦有三郎崇拜，《大清一统志·卷三百四十四·荆州府》载："三郎溪，在枝江县东南三里石簰之左。"据元代胡琦编《关王事》卷三记载，三郎庙祀神为关羽之子关平。三郎溪亦因关羽之子而命名，当地还流传"李冰有功于蜀而子为二郎神，蜀祀之关公有功于荆而子为三郎神"等故事。

这说明早在明代，长江中上游过渡地段及其支流沮水一带，就已演化有三郎神等神祇崇拜。故至长江中游及与湘江、汉江交汇一带，就发展成为四郎神崇拜，即杨四将军崇拜。所祀皆为长江重要水神。

长江中游一带形成的杨四将军崇拜，在长江下游一带也广泛流传，而在古长江入海口的宁波镇海一带，清代还传播有杨四、杨五、杨六神崇拜。乾隆《镇海县志·卷四·祠祀》有载："杨四君庙、杨五君庙、杨六君庙，以上俱泰邱一图。"

由此可知长江流域水神，从大郎神、二郎神、三郎神至杨四、杨五、杨六神，亦有层层加码或层累构建的趋势。

江西许真君斩孽龙故事而构筑的许仙神崇拜，在后世江南与江西地区的佛道争斗中被贬低。明清著名传说《白蛇传》中的男主人公许宣的原型当是许仙许真君。

《白蛇传》的源头可溯至唐人《博异志》中的《李璜》篇。《太平广记》卷四百五十八引《博异志》有载，称唐元和二年，盐铁使李逊之子李璆，在长安东市遇见一位着白衣的绝色美女，该白衣之妹有青服老女郎相伴，李璆追求该白衣女，与之同居三日，仆人发觉李璆有腥臊气。后找原因，家人往寻白衣女宅，但见空园孤树，问邻居，则见树下常有一大白蛇在树下出入。该文后又附同时期凤翔节度使李听从子李琯与一素衣女子交往事，但一回家便脑裂而卒，询问奴仆所历之处，"但见枯槐树中，有大蛇蟠屈之迹。乃伐其树，发掘，已失大蛇，但有小蛇数条，尽白，皆杀之而归。"

但一般认为《白蛇传》故事的雏形形成于南宋，明代嘉靖年间洪楩编印的《清平山堂话本》所收《西湖三塔记》与之相关，明代晚期冯梦龙《警世通言》中所撰《白娘子永镇雷峰塔》是留传于世最早的一篇完整的《白蛇传》。

《西湖三塔记》是一部宋元话本，写南宋孝宗淳熙年间，临安人奚宣赞在西湖边被乌鸡精所变的卯奴引诱至白蛇精变化的白娘娘处同居，在白娘娘要将奚宣赞吃了时，被卯奴救出。后又被由獭精所变的婆婆捉回，幸又被卯奴救出。最后奚宣赞的叔叔，曾出家在龙虎山学道的奚真人发现城西有妖怪缠人，遂作法将三妖擒获，三妖被永镇于西湖三塔之下。

这说明宋元时期的白娘娘传说还是一部弘扬道教法力的故事，宣扬的是江西龙虎山正一道擒妖镇邪的道法。元末形成的《水浒传》开篇也有以龙虎山大上清宫伏魔殿为锁镇天下妖魔的圣地。

但在明代冯梦龙《警世通言》中，《白蛇传》已被改造为一部弘扬佛教法力的故事。

《警世通言》本《白娘子永镇雷峰塔》写的是南宋绍兴年间，南廊阁子库官员李仁内弟许宣做一药铺主管，一日祭祖回来，在雨中渡船上遇到一自称为白三班白殿直之妹及张氏遗孀的妇人

（蛇精白娘子），经过了借伞还伞后，蛇精要与许宣结为夫妇，又叫丫鬟小青（西湖青鱼精所变，并非青蛇变的）赠银十两，殊不知此银为官府库银，被发现后，许宣被发配苏州，在苏州与蛇精相遇而结婚，后又因白娘子盗物累及许宣，再次发配至镇江，许白又于镇江相遇复合，法海识出此美女是蛇精，向许宣告知真相，许宣得知白娘子为蛇精后，惊恐万分，要法海收他做徒弟，在法海禅师的帮助下收压了蛇精、青鱼精。许宣化缘盖雷峰塔，修禅数年，留警世之言后一夕坐化去了。

至清代，《白蛇传》故事在流传中男主人公已称为许仙，情节也又有进一步改变。大致为：传说有一条白蛇在峨眉山修炼了一千年，终于修成人形，化为白娘子，另一条青蛇修炼了五百年，化为小青。她们结伴来到西湖，白娘子在人群中看见书生许仙，在小青的撮合下，许仙和白娘子成了亲，并且在西湖边上开了一家药店，治病救人。但是金山寺的法师法海却认为白娘子是妖精，会祸害民间。他悄悄地告诉许仙，白娘子是白蛇化身而成，还教许仙怎样识别白蛇。许仙将信将疑。转眼端午节到了，老百姓都喝雄黄酒避邪，许仙按照法海教的办法，逼迫白娘子喝雄黄酒。白娘子推却不了，喝酒后马上现出蛇的原形，许仙立刻被吓死了。白娘子为了救活许仙，不顾自己怀孕，千里迢迢来到昆仑圣山偷盗起死回生的灵芝草。白娘子与守护灵芝草的护卫拼命恶战，护卫被白娘子感动了，将灵芝赠给她。许仙被救活以后，知道白娘子真心爱自己，夫妻更加恩爱。后法海将许仙骗进金山寺，强迫他出家为僧。白娘子和小青非常愤怒，率领水族士兵攻打金山寺，想救出许仙。她们不断作法，引发洪水，金山寺被洪水包围，"水漫金山"。法海也大显法力，白娘子因为临产，打不过法海，只得在小青的保护下逃跑。当她们逃到断桥时，正遇上从金山寺逃出来的许仙。许仙与白娘子二人经过劫难，又在初逢的断桥相见，百感交集，不由得抱头痛哭。白娘子刚生下儿子，法海就赶来了，他无情地将白娘子收入钵内，镇压在西湖边的雷峰塔下，诅咒说，除非西湖水干，雷峰塔倒掉，否则白娘子永远也不能再回到人间。多年后，小青修炼得道，重回西湖，打败了法海，将西湖水吸干，将雷峰塔掀倒，终于救出了白娘子。一说白素贞的儿子长大得中状元，到塔前祭母，将母亲救出，全家团聚。

清代《白蛇传》故事的男主人公称之为许仙，又是一位百无一用的书生，他人妖不识，被妖精蛊惑，最终被金山寺高僧法海所救。清代《白蛇传》故事其实是在影射江西许仙的道教无用论，而弘扬江南佛教的擒妖度人功能。这是长江下游一带的江西、江南地区争夺水神主导权的表现，也是江南地区对江西许仙许真君信仰向东传播扩张的阻击战。

明清时期，发源于鄱阳湖一带的许仙许真君信仰不断向周边拓展，向西已传播至今湖北北部的随州市、广水市一带。清乾隆年间孟瑢《丰暇笔谈》"孽龙篇"有载：

先是尝为赘婿于富民家，以真君言而引避之，亦不复来。又尝至一濒江民家，唯姑媳两人独处，拒不纳。孽龙四顾指曰"水来矣！"即水从门外入。两妇入寝门，孽龙随之入，复回顾指曰："水来矣！"水又入寝门内。二人者不得已而登楼，孽龙遂与少妇同宿，天明乃出。妇因有娠，及临月，真君为道人装往化斋，其家辞以有难，愿以异日。真君曰："吾因知汝家有难，特来营救。此去东南一里许，有老姥喜收生，可往求之。"即如言往请而来，盖庐山老姆也。风雨雷电中，姥在内收一龙子，真君在外斩之。须臾已斩八龙。末一龙欲升去，而屡回顾其母。真君恻然悯念曰："此孽畜犹有孝心，不可斩。"但断其尾。孽龙负痛逃入湖北深湫中，岁一至江右探望其母。往还以三四月候，必有大风雨随之。或曰先在应山某乡，土人苦其横暴，俟其去，辄以秽物置湫中，遂徙随州。随多山泽，与应山连界，皆德安郡属也。前一说，得自江西人口述，后一说则德安人所传也。

在此故事中，可从中看出与《白蛇传》相类似的情节故事，孽龙亦即巨蛇，能变幻为人，及呼水得水，后被许真君斩擒。此类故事都是道教徒弘扬道教法力所构建的传说，并联系具体的地址以提升可信度和传播率。

江西境内许真君斩擒孽蛟的故事传播至长江下游的安徽江苏（原称江南省）一带，又发生了嬗化。在湖广江西一带化为美男子的孽蛟至江南一带演变为化为美女，如安徽芜湖、马鞍山等地长江的蛟龙已称为蛟矶娘娘，故再往下传播至江苏镇江及浙江杭州一带嬗化为白蛇精。

元代至明清时期，随着漕粮北运，京杭运河成为水上交通要通，运河与长江交汇的镇江金山寺成为此水运枢纽中的主要镇水圣地，乾隆皇帝下江南又多次行经金山寺也给了该寺重要加持。于是金山寺俨然成为江南寺院领袖及长江下游水神崇拜的中心。故明清时期的《白蛇传》故事已调整道教镇伏水妖的情节而改为由金山寺高僧擒获白蛇（即水妖），故在江西学道法力高强的奚真人（当是许真君原型）在《白蛇传》中演变为与白娘子相恋的无用书生许仙（即奚宣赞原型，奚宣赞当是许仙的宣扬赞颂者之意）。

因此《白蛇传》传说应是许真君斩孽龙传说的异地嬗化的进一步嬗化版。

而古长江下游的大禹崇拜则演化有太湖流域主要水神张渤。

张渤是唐宋时期发迹于太湖西岸广德、湖州一带的治水神。

据《能改斋漫录》卷十八"广德王开河为猪形"条载："广德军祠山广德王，名渤，姓张，本前汉吴兴郡乌程县横山人，始于本郡长兴县顺灵乡发迹，役阴兵导通流，欲抵广德县，故东自长兴、荆溪，疏凿河渎。先时与夫人李氏密议为期，每饷至，鸣鼓三声，而王即自至，不令夫人至开河之所。厥后因夫人遗餐于鼓，乃为乌啄，王以为鸣鼓而饷至。洎王诣鼓坛，乃知为乌所误。逡巡，夫人至，鸣其鼓，王以为前所误而不至。夫人遂诣兴工之所，见王为大猪，驱役阴兵，开凿河渎。王见夫人，变形未及，从此耻之，遂不与夫人相见，河渎之功遂息，遁于广德县四五里横山之顶，居民思之，立庙于山西南隅。夫人李氏，亦至县东二里而化，时人亦立其庙。由是历汉五代以至本朝，水旱灾祲，祷之无不应。都人以王故，呼猪而曰乌羊。"

又《三教源流搜神大全》卷三也载：

祠山圣烈真君，姓张，讳渤，字伯奇，武陵龙阳人也。父曰龙阳君，母曰张媪。其父龙阳君与媪游于太湖之陂，正昼无见，风雨晦冥，云盖其上，五祥青云，雷电并起，忽失媪处。俄顷开霁，媪言：见大女谓曰："吾汝祖也。"赐以金丹。已而有娠，怀胎十四个月，当西汉神雀三年二月十一日夜半生。长而奇伟，宽仁大度，喜怒不形于色，身长七尺，隆准美髯，发垂委地，深知水火之道。有神告以地荒僻不足建家，命行。有神兽前导，形如白马，其声如牛。遂与夫人李氏东游吴、会稽。渡浙江，至苕霅之白鹤山，山有四水，会流其下，公止而居焉。于白鹤得柳氏，于乌程桑丘得赵氏，为侍人。王九弟、五子、一女、八孙。始于吴兴郡长兴县顺灵乡发迹，役阴兵自长兴荆溪疏凿圣渎，长十五里，岸高七丈至十五丈，总三十里。志欲通津于广德也。复于后村毕宅保小山枫树之侧为挂鼓坛。先时与夫人李氏密议为期，每饷至，鸣鼓三声，在即自至，不令夫人至开河之所。厥后因夫人遗餐于鼓乃为乌啄。王以鸣鼓而饷至，洎王诣鼓坛，乃知为乌所误。及夫人至，鸣其鼓，王反以为前所误而不至。夫人遂诣兴功之所，见王为大豨，役阴兵开凿渎河。王见夫人，变形未及，遂不与夫人相见，圣渎之功息矣，遁于广德县西五里横山之顶。居民思之，立庙于山西南隅。夫人李氏亦至县东二里而化，时人亦立其庙。圣渎之河涸为民田，即浴兵池，为湖灌溉，濒湖之田仅万顷。挂鼓之坛，禽不敢栖，蚁不敢聚云。唐天宝中，祷雨感应。初赠水部员外郎，横山改为祠山。昭宗赠司农少卿，赐金紫。景宗封广德侯。南唐封为司徒，封广德公。后晋封广德王。宋仁宗封灵济王，至宁宗朝累加至八字王。至理宗淳祐五年，改封正祐圣烈真君。至咸淳二年十二月十二日，准告加封正佑圣烈昭德昌福真君。

可知广德军祠山广德王张渤，本前汉吴兴郡乌程人（一说洞庭湖西岸龙阳县人），始于本郡长兴县顺灵乡发迹，曾化身猪婆龙，役阴兵导通流，欲抵广德县，故东自长兴、荆溪，疏凿河流，欲达广、郎、南漪湖，开河贯通形成内河水网，以抗洪防暑，行船通商，造福人民。唐朝天宝年间，唐明皇念张渤治水有功，封其为水部员外郎。五代时累封广德公、广德王，其后又被封为祠山大帝，俗称张王。横山亦称为祠山，香火日盛。宋代张王信仰已广泛传播于太湖及周边地区，成为长江下游主要水神之一。

张渤化猪（一说猪婆龙，即指鳄鱼）治洪水的事迹与大禹化熊治水的事迹有类似之处，宋代已有学者认为有渊源关系。如宋刘昌诗《芦浦笔记》卷七载：

汉武帝元封元年诏云："见夏后启母石。"师古曰："启，夏禹子也。其母，涂山氏女也。禹治鸿水，通辕辕山，化为熊，谓涂山氏曰'欲饷，闻鼓声乃来。'禹跳石，误中鼓。涂山氏往，见禹方作熊，惭而去，至嵩高山下化为石，将生启。禹曰：'归我子。'石破北方而启生。事见《淮南子》。"予观《漫录》载广德军祠山张王事正相类。王本前汉吴兴郡乌程县横山人，始于本郡长兴县顺灵乡发迹，役阴兵导流，欲抵广德县。故东自长兴荆溪，疏凿河渎。先时与夫人李氏期，每饷，必鸣鼓三声而王自至，……王变形未及，耻之，遂遁于广德县横山之顶。居民思而立庙于山西南隅。夫人至县东二里而化，人亦立庙。

这说明广德祠山庙及娘娘庙大体乃是从大禹及涂山氏崇拜演化而来。旧太湖中有渤公岛，即祀张渤为太湖水神。

长江沿岸的水神，在宋代理学发起以后对蜀汉朝廷正统性的构建下，蜀汉君臣刘备、关羽、诸葛亮、张飞及蜀汉开国前的重要支持者刘琦等都成为长江上中游地区的重要水神。后又延伸至刘备的先祖汉景帝及汉武帝刘彻等。《水经注》中也多次提及汉武帝在长江射蛟的故事。而在长江入海口一带，秦始皇也被祀为水神。又在古长江入海口南江一带，从大禹又演化有舜崇拜，亦祀为水神。如《水经注·浙江水》载："江水东径上虞县南，王莽之会稽也。本司盐都尉治，地名虞宾。《晋太康地记》曰：舜避丹朱于此，故以名县，百官从之，故县北有百官桥。亦云：禹与诸侯会事讫，因相虞乐，故曰上虞。"又《水经注·河水》载："周处《风土记》曰：旧说，舜葬上虞。又《记》云：耕于历山。而始宁、剡二县界上，舜所耕田，于山下多柞树，吴、越之间，名柞为枥，故曰历山。"

黄河流域的重要神祇西王母也传播至长江，成为重要水神。据《水经注·江水》载："《武昌记》曰：樊口南有大姥庙，孙权常猎于山下，依夕，见一姥，问权猎何所得。曰：正得一豹。母曰：何不竖豹尾？忽然不见。应助《汉官序》曰：豹尾过后，执金吾罢屯，解围。天于卤簿中，后属车施豹尾。于道路，豹尾之内为省中。盖权事应在此，故为立庙也。"

樊口即今鄂州，位于长江南岸，与黄州隔江相对。晋史筌

《武昌记》称孙权在樊山遇大姥庙神，姥问其"何不竖豹尾？"后人指古代帝王出猎，车队最末一辆建豹尾，因以"竖豹尾"指建帝王之业的象征。但我们以为，此姥问"何不竖豹尾？"可能也暗示她自己即是竖豹尾之人。《山海经·大荒西经》载："西王母穴处昆仑之丘。"又称："其状如人，豹尾虎齿而善啸，蓬发戴胜。"故樊口大姥庙祀神当指西王母。

今鄂州长江中有观音阁闻名，观音阁可能始建于宋元时期，阁临江中，坐东朝西，在礁石上垒石成台，台上建阁。现有祖师殿、观音殿和老君殿三殿以及纯阳楼、观澜亭等建筑。今万里长江中唯鄂州观音阁雄踞矶头，宛如中流砥柱，气势磅礴。故又被誉为"万里长江第一阁"。

观音也是长江沿岸所祀重要水神，宋元以后，妈祖信仰兴起，观音与妈祖亦祀为全国江河之重要女性水神。

第三篇　珠江流域水神

珠江以北江、东江、西江三江合流汇聚而成，以西江为干流。西江流域各段水神崇拜不一，如郁江主祀马援，漓江主祀北府神，黔江主祀甘王，红水河祀雷公，浔江祀冯三界，而西江干流则以龙母崇拜为核心，并延伸至上下游各段，在珠江入海口也多有龙母信仰。

岭南龙母信仰最早见载于东晋顾微的《南海记》（一称《广州记》），虽然此书早已失佚，但在其他书籍中还可找到引述记载。

隋朝秘书郎虞世南编撰类书《北堂书钞》，书中第一百五十六卷《岁时部四·丰稔篇二十七》载："龙掘见境大丰。顾微《南海记》云：程溪蒲口，有蒲母养龙，斫断其尾。人时见之，土境大丰也。"《北堂书钞·舟部下·舫七·龙引舫还》还载："《南海记》曰：有龙掘浦口，昔蒲母养龙，龙取鱼以给母，母断鱼，误斫龙尾。人谓之龙屈。桓帝迎母至于浦口，龙辄引舫还。"

这说明岭南龙母信仰最早发源于西江沿岸的程溪蒲口。

至南朝沈怀远《南越志》时，程溪蒲母养断尾龙的事迹已被改造为端溪温氏媪拾卵育龙，又有掘尾龙事迹。见《南越志》

载："昔有温氏媪者，端溪人也，居常涧中捕鱼以资日给。忽于水侧遇一卵，大如斗，乃将归，置器中。经十日许，有一物如守宫，长尺余，穿卵而出，因任其去留。稍长尺五，便能入水捕鱼，日得十余头。稍长二尺许，得鱼渐多。常游波中，萦回媪侧。媪后治鱼，误断其尾，遂逡巡而去。数年乃还。媪见其辉色炳耀，谓曰：'龙子今复来也？'因盘旋游戏，亲驯如初。秦始皇闻之，曰：'此龙子也，朕德之所致。'留使者以玄珪之礼聘媪。媪恋土，不以为乐，至始兴江，去端溪千余里，龙辄引船还，不逾夕至本所。如此数四，使者惧而止，卒不能召媪。媪殒，瘗于江阴，龙子常为大波至墓侧，策浪转沙以成坟。人谓之掘尾龙。今人为船为龙掘尾，即此也。"

唐时《岭南异物志》则称温氏媪育龙子是在康州悦城江中，见载宋初《太平广记·卷四百五十八·蛇三》曰：

俗传有媪姁者，嬴秦时，尝得异鱼，放于康州悦城江中。后稍大如龙，姁汲浣于江，龙辄来姁边，率为常。他日，姁治鱼，龙又来，以刀戏之，误断其尾，姁死。龙拥沙石，坟其墓上，人呼为掘尾，为立祠宇千余年。太和末，有职祠者，欲神其事，以惑人。取群小蛇，术禁之，藏祠下，目为龙子，遵令饮酒。置巾箱中，持诣城市。越人好鬼怪，争遗之，职祠者辄收其半。开成初，沧州故将苏闰为刺史，心知其非，且利其财，益神之。得金帛，用修佛寺官舍。他日军吏为蛇啮，闰不使治，乃整簮笏，命走语姁，所啮者俄顷死，乃云，慢神罚也。愚民遽唱其事，信之益坚。尝有杀其一蛇，乾于火，藏之，已而祠中蛇逾多。迄今犹然。（出《岭南异物志》）

这说明悦城龙母祠至少在唐时已建成。

程溪蒲口与悦城江口隔西江斜望，程溪蒲口位于西江南岸的云浮市云安区都杨镇泽水河东岸三江口，悦城江口在西江北岸的德庆县悦城镇悦城河西岸三江口，两岸都建有龙母庙，相距一公里有余。

从文献考察，位于西江南岸程溪蒲口的龙母庙应是龙母祖庙。据明嘉靖《德庆州志》载："（州东）八十里曰灵溪水，一名程溪，源出新兴县，北流百余里，经儒林、富禄二里入于江。水口有石崖，高十余丈，水由此下，其势如降，故又名降水。古有温媪者居水口，没后著灵异，因祀之。"又明嘉靖《广东通志》也载："程溪之水出焉，顾微《广州记》：'程溪浦口有蒲母养龙，列断其尾，因呼掘龙，时人见之，则土境大丰而利涉。'乃古悦城县水曲也，一名灵溪水，水口有崖，高十余丈，水由此下，其势如峰。《州志》误以蒲为温氏。陈献章诗：'山作旌幢拥，江绯镜面平。舟航乘晓发，云物入冬晴。鼓到江心绝，槎冲石角横。经过悦城曲，无语笑浮生。'"又明万历《肇庆府志·地理·德庆州》亦载："（州东）八十里为程溪水口，一名灵溪，源出新兴县，北流百余里，经儒林、富禄二里入于江，水口有石厓，高十余丈，水由此下，其势如降，故又名降水。顾微《广州记》：'程溪浦口有蒲媪养龙，俟断其尾，时呼为掘龙，时人见之，则土境大丰而利涉。'乃古悦城县水曲也，程溪虽割东安，悦城固在德庆。"

程溪龙母祖庙后改至悦城。此清乾隆《东安县志》（东安县后改云浮县）有载："青旗山，在城东北六十里，开展若旗，横连蔽日。楚怀王时，龙母寄寓程溪，即其地也。后迁庙悦城，以此为照镜山。"《广东新语·神语》则提及："夫人姓蒲，误作温，然其墓当灵溪水口，灵溪一名温水，以夫人姓温故名。或曰，温者，媪之讹也。夫人故称蒲媪，又称媪龙。"

北宋元丰乙丑年（1085），康州州判张维作龙母庙，作《永济行宫记》称，也提及有龙母祖庙（墓）原在江南后移江北事。

永济夫人龙母温者，晋康郡之程水人也，其先不可得考记，秦始皇时，夫人浣于江岸旁，得卵如斗，异焉，持归藏于器中，后有物如守宫，破卵而出，长数尺，性喜水，投之江，嬉游自适，每夫人往观，辄以鱼置其侧而去，一日夫人治鱼，误挥刀斩其尾，遂不复见。久之复来，猵身生鳞，文有五色，头有两角，夫人与乡里始以为龙。郡守以上闻始皇，遣中使尽礼致聘，将纳夫人于宫。夫人不乐，使者敦迫上道，数旬至始安郡，一夕龙引所乘船还程水，使者复还，龙复引归，凡数次。夫人果以疾殒，既葬西源上。后大风雨，其墓忽移在江北，即今悦城也。阖境畜乘皆汗而疲困，昼夜号哭有声如人，远近神之，共立龙母庙于墓旁，祈祷应答如响，唐太和中李景休会昌赵令则刻文于碑，详矣。宋熙宁丙辰岁，交贼犯顺，皇师致讨，甲兵粮馈之，运舟尾相继，未尝有风波之虞，使者具言夫人有功于国，宜在祀典，戊午诏赠龙母为永济，委官增修悦城庙，貌楼居宏，壮州之西南隅，夫人行宫枕江干，下临石碛，其居高爽，而栋宇颓坏，风雨莫庇，郡人徐晓王恩陈京等议欲率众营构一新，众意未齐，会维以罪来隶郡籍，因为文出钱以倡率，皆奉行，率钱得五十六万，鸠工聚材，逾月告成，祠堂邃深，拜阁巍峩，门厨廊庑，俨然有序，制度不侈不广而木石精悍可以延永，望者莫不伟焉，乙丑春日记。（见钦定四库全书《广东通志》卷五十九《艺文志》）

这说明程溪龙母祖庙及墓改移至江北悦城在唐代之前。又从其庙称永济行宫，可知祖庙乃在江南之程溪口。

悦城龙母庙今尚存，始建年代不详，清代顺治、咸丰年间均有修缮。同治十三年（1874）建东裕堂，修八角碑亭，光绪三十一年（1905）建龙母行宫所，光绪年间修龙母墓。悦城龙母庙占地面积48682平方米，由石牌坊、山门、香亭、正殿、妆楼、前后两庑、东裕堂、西客厅、八角碑亭、龙母墓、程溪书院、龙母公园等组成。该庙继承了中国古代传统建筑，同时吸收了西方建筑元素。设计独特，结构合理，砖、木、石雕工艺精细，石牌楼的浮雕人物，山门和香亭的透雕蟠龙柱、浮雕花柱，香亭的木雕雀替、云棋、驼峰、花板、额枋精雕细刻，脊饰陶瓷人物故事题材广泛、造型生动，均堪称岭南一绝。2001年，悦城龙母祖庙由国务院公布为第五批全国重点文物保护单位。

而程溪龙母祖庙在民国年间被毁。相传民国五年，西江涨起百年一遇特大洪水，洪水浸过祖庙神案，水退后祖庙仅剩建筑及龙母神像，其余重要物品被洪水冲走；民国三十七年，因当地在泽水口建红毛泥（即水泥）厂，出于通路运输需要，程溪祖庙被彻底拆除，神像被掷入西江，程溪祖庙被拆除。

西江龙母崇拜信仰范围极广，唐宋时期已向北传播至江西赣江、袁水流域，南至南海、海南等地，明清时期在珠江流域广泛信仰，西至云贵、越南等地。

龙母崇拜全国各地都有，北魏郦道元《水经注》及晋干宝《搜神记》多有提及。其中长江流域为富集地。如在今长江上游金沙江流域的西昌（古称邛都县）一带就有，《水经注》提及邛都县地陷成湖，《搜神记》卷二十则载曰："邛都县下有一老姥，家贫孤独，每食，辄有小蛇，头上戴角，在床间，姥怜而饴之食。后稍长大，遂长丈余。令有骏马，蛇遂吸杀之。令因大忿恨，责姥出蛇。姥云：'在床下。'令即掘地，愈深愈大，而无所见。令又迁怒，杀姥。蛇乃感人以灵，言：'瞋令，何杀我母？当为母报仇。'此后每夜，辄闻若雷若风，四十许日，百姓相见，咸惊语：'汝头那忽戴鱼？'是夜，方四十里，与城一时俱陷为湖。土人谓之为'陷湖'。唯姥宅无恙，讫今犹存。渔人采捕，必依止宿。每有风浪，辄居宅侧，恬静无他。风静水清，犹见城郭楼橹邑然。今水浅时，彼土人没水，取得旧木，坚贞光黑如漆。今好事人以为枕，相赠。"

又古长江入海口中江与南江交汇一带有当湖，亦有类似龙母传说。

据《水经注》载："《神异传》曰：由卷县，秦时长水县也。始皇时，县有童谣曰：城门当有血，城陷没为湖。有老妪闻之，忧惧，旦往窥城门，门侍欲缚之，妪言其故。妪去后，门侍杀犬，以血涂门。妪又在见血，走去不敢顾。忽有大水长，欲没县。主簿令干入白令，令见干，曰：何忽作鱼？于又曰：明府亦作鱼。遂乃沦陷为谷矣。因目长城水曰谷水也。"

此当湖所在的由卷县在今浙江嘉兴市桐乡市及平湖县一带，此故事所载与老妪及童谣"城门当有血，城陷没为湖"有关，有人闻之以狗血涂之，则城果陷于水。而在古长江沿岸的巢湖一带，也流传有类似传说，《搜神记》卷二十载："古巢，一日江水暴涨，寻复故道。港有巨鱼，重万斤，三日乃死。合郡皆食之。一老姥独不食。忽有老叟曰：'此吾子也，不幸罹此祸。汝独不食，吾厚报汝。若东门石龟目赤，城当陷。'姥日往视。有稚子讶之，姥以实告。稚子欺之，以朱傅龟目。姥见，急出城。有青衣童子曰：'吾龙之子。'乃引姥登山，而城陷为湖。"巢湖故事涉及老姥与龙子的传说，这说明当湖故事中关于龙子的内容可能被省略了。当湖老妪、巢湖老姥的原型应是龙母。

《古今图书集成》载有当湖相邻的乍浦陈山有龙母墓祠，称载："显济庙，在乍浦陈山之巅，有龙湫。相传白龙君葬母于此，祷雨必应，宋赐庙额曰显济，封龙君为渊灵侯。"又载："《括异志》：当湖在今县北五十里，南北十二里，东西六里。古老相传，地初陷时，有妇人产一物，若蛟蜃状。濯于水，遂陷一方，迤逦从东北去。今有泖港直通太湖。"宋常棠撰《（海盐）澉水志》"古迹门"也载："白龙母冢，在镇东南长墙山后丛棘中，每岁秋间白龙来视母冢，必然风雨大作。"

在北方的黄河支流汾河流域也有此类老妪与龙子的传说，据《搜神记》卷十四载："晋怀帝永嘉中，有韩媪者，于野中见巨卵。持归育之，得婴儿。字曰撅儿。方四岁，刘渊筑平阳城，不就，募能城者。撅儿应募。因变为蛇，令媪遗灰志其后，谓媪曰：凭灰筑城，城可立就。竟如所言。渊怪之，遂投入山穴间，露尾数寸，使者斩之，忽有泉出穴中，汇为池，因名金龙池。"可知该龙也是缺尾龙。

从以上故事中，大体可了解长江流域的龙子龙母传说中都没有龙缺尾的内容，而在北方黄河流域和南方珠江流域的龙子都是缺尾龙。

这说明此时的中华龙文化已以长江流域为主流。永嘉南渡以后，华夏文化的正宗已传承至长江流域。而珠江流域也渐次受汉文化影响，但仍有当地文化遗存；又北方受五胡乱华影响而致汉文化欠缺，故都以缺尾龙而影射之。故此龙子当指代华夏文明或汉文化。

因此西江流域的龙母信仰应是从长江流域传播而来，其在珠江流域的传播也代表岭南土著对汉文化的"投名状"。而"营销"口号为"断尾龙见，邑境丰"，这个模式非常成功，明清时期，华北与东南沿海都有广泛传播，山东一带以秃尾龙老李最为有名，清末后还流传至东北地区。东南沿海地区则称断尾小白龙（或称太白龙），在江苏、浙江、福建、台湾都有流传，如在浙江慈溪有蛟门浦，就称是太白龙断尾开山为江处，当地还流传一首民谣称"有囡不嫁到东山头，有天呒日头，晒谷晒被花桥头"，讲的就是太白龙神故事。该故事称：

传说在很早以前，三北东山头有一个姓白的长工，人家都叫他大白。他是龙投胎，只要再有一只三脚蛤蟆就会成神龙。因他为人好，乡亲们都争着要大白做生活！娘儿两个日子倒还过得去。一天，大白来到一户孤孀人家做长工，惊动了有灵性的三脚蛤蟆。三脚蛤蟆慌忙从水缸底下爬到孤孀的马桶底下躲了起来。有一次，孤孀媳妇发高烧，头痛眼花，全身无力，困了三日。大白主动要求给她倒马桶，孤孀媳妇虽感到不好意思，但也没有办法。大白就在倒马桶时看到了这只三脚蛤蟆。有了三脚蛤蟆的帮助，大白成了神，但他不愿离开人们。他在干活时只要作作法就能干完，大家觉得非常奇怪，日子一长，对大白也开始产生了怀疑。再说村中有一个泼妇，做人交关推扳[1]，到处惹是生非。她想捉弄一下大白，来到孤孀媳妇家里，悄悄地对孤孀媳妇说："阿嫂哎，侬屋里的长工好吃懒做，每日在田头睏觉，真推扳。"孤孀想，自从大白到我屋里做长工以后，收入年年比别人家多，怎么会这样呢？就和泼妇一起偷偷来到田头一看，大白肩上搭着一根长手巾，真的在田边大树底下困觉，就马上喊醒了大白，说："白大哥哎，侬为啥生活勿做困懒觉？"大白一看东家旁边的泼妇，心里就明白了八九分，便说："阿嫂哎，今天我肚皮饿煞哉，侬只要给我吃一百只糯米汤团，十亩田水我马上车好。"泼妇一听，咬着孤孀的耳朵叽里咕噜一说，孤孀媳妇也就答应了下来。吃点心辰光，泼妇把汤团担到田头，大白很快就吃完了，等泼妇走后，大白拿着长手巾到河里洗了一个澡，然后，拿着湿手巾在车头上绞了几下水，所有稻田里的水立刻就满了。第二天，这个泼妇又跟着种田的来到田头，果真看见水都车好了，只是还有一只田角无水。泼妇问大白这是为啥？大白讲："侬昨日担来的汤团只有九十九只，因此这只田角无水。"讲起汤团，泼妇笑了起来："白大哥哎，侬上当哉，昨日侬吃的汤团不但少了一只，

---

[1] 交关推扳：浙江地区的方言。交关：表示程度大，比较怎么样；推扳：差劲。

其中有一只里面的馅子还是烂鸡屙呢!”大白听了,内心交关恶心,呕吐起来,连忙跑到河里,见四周无人,就抽出肚肠汰了起来。刚巧一个种田的短工见田角无水,来到河里车水,看见大白这个样子,吓得结结巴巴说不出话来。大白呢?晓得自己被人看破,再也无法同人们在一起了。当即化龙离开孤孀家到银山岭下乌龟山后的一个深潭里落脚。百姓们把大白龙叫作“太白老龙”。

大白自从变龙来到龙潭后,日子倒也过得很惬意。空了就化成白胡须老头同回龙寺的当家得道和尚下下棋;闲了就到北面海黄山后的海里洗洗澡,但是这一来,东山头一带的百姓苦头吃煞哉。

龙出出进进都带有风雨,好端端的万里晴空,人们晒上谷棉等物,一霎时就会乌云密布,大雨倾盆,但还没等你收起,日头又来了,弄得人们哭笑不得,只好把东西挑到花桥头一带去晒,晒干了又挑回来。

当时,东山头一带就流传着这样一首民谣:太白来到东山头,有天吙日头,有因勿可嫁到东山头,晒谷晒被花桥头(花桥头在东山头之南十余里处)。

尽管太白老龙来了后年岁特别好,但日子一长,百姓们也恨死了他惹来风风雨雨的行为,一致决定把他赶走。他们向龙潭里投入污秽的东西,打算臭死太白老龙,接着又从每户人家拿扰六六三百六十包绣花针,扔进龙潭,打算戳死太白老龙。

最后,又从榨坊里抬来三只两三千斤重的碾饼从银山岭里抛下来,打算压死太白老龙。这样,太白老龙无论如何再也住不下去了。临走,他同回龙寺的得道和尚讲明真相,请求指明出走的南北道路。其实,得道和尚早就知道经常同他下棋的白胡须老头就是太白老龙,只是没有讲明;当下,只叫他往北过海黄山入海,千万不要向南走。太白老龙不明白其中的道理,请和尚说明。得道和尚说："这是天机，以后自会晓得。阿弥陀佛……"太白不好再说什么，只得托梦给他老娘，说自己要走了，叫娘保重身体。老娘十分想念儿子，再三要见见儿子最后一面，太白拗不过老娘，只得答应在水缸里相见，不过有一个条件，就是只能背朝水缸，用镜子反照着看。水缸里，太白将尾巴慢慢地升上来，打算让娘看到身子后马上离开。不料老娘误会了儿子的苦心，当即骂道："畜生，侬拿屁股朝着娘，娘难道连看看你的面孔也不能吗？"太白娘一边骂着，一边气鼓鼓地转过头来。太白一听老娘生气，只得把头伸了出来。老娘一见到龙头，当场大叫一声吓死了。太白见吓死了亲娘，一时心慌，来不及腾云就贴地飞去，连下宝山也拦腰拖断了，一直飞到高背山北边的海里（即现在的蛟门浦）。下宝山因为缺了一个口，人们就把那地方叫作"蛟门缺"。（讲述：吴慈祥　记录：华启钿1987年采录于慈溪县观城区东山头乡回龙村）

上则故事在流传过程中已发生嬗化，龙母的主旨已弱化，原本见断尾龙可致境丰的主旨也已经不存了，反而是人们讨厌太白龙神进出要带来雨水（说明当地滨海雨水稍多），而千方百计要将该龙赶走。但需说明的是当地曾是全国有名的棉花种植大县，棉花种植怕雨水多影响收成，故要将太白赶走。这当然是特例。也说明该传说的初心已改。

北江地区的水神祀曹主娘娘虞夫人。

据罗耀辉《唐末虞夫人：生前护寨御寇　故后变身北江女神》称：唐末，吏治腐败，赋敛繁苛，民不聊生，阶级矛盾空前激化，终于酿成声势浩大的黄巢农民大起义。各地的盗寇也趁农民起义之机兴风作浪，大肆抢掠财物，而地方官员多不作为，致使社会治安问题愈演愈烈。面对乱世政局，一些有势力的村寨为求自保，纷纷组建民团武装捍卫家园。浈阳城郊麻寨片村（今英城马口一带）就是这样。麻寨寨主曹福被周边各村推选为总团练长，负责组织训练片村青壮年，以打击来犯盗匪。曹福之妻是麻寨虞湾村人，家中父母早亡，由家兄关照长成。她从小聪明好学，心地善良，活泼开朗；但很要强，喜欢像男孩子一样舞枪弄棒，拜师学艺，练就一身过硬的武功。嫁予曹福后，常与寨内男子们一起巡逻山寨，切磋武艺。寨里人都尊称她为虞夫人。乾符六年（879）六月，黄巢军攻占广州，很快发展到50万人。十月，黄巢主力取粤西入桂林，逾岭北上两湖作战。其部将鲁景仁因养病滞留广州，未跟主力北上。其后，他率千骑夺取连州，建立政权，武装割据近20年之久。这支部队北上途经今英西洸洸时，纪律欠佳，有扰民行为。英西贼匪乘机发难，甚至打着起义军旗号胡作非为。时有一个叫王朝的贼首，因其姓名与黄巢同音，便假借黄巢之名纠集歹徒抢掠百姓财物，并一度攻占当时的洸洸县城，周边群众深受其害。麻寨长径是浈阳城西的隘口，本有兵丁把守，但到乱世时期，官兵们早作鸟兽散了，洸洸贼匪便时逾长径来麻寨一带骚扰。曹福带领训练有素的民团，凭着险要的地形优势，与来犯盗匪打了几场硬仗，每次都把盗匪击溃出境。有段时间，盗匪暂停骚扰，曹福以为盗匪害怕，不敢来劫掠，便麻痹松懈起来，结果误中盗匪突袭之计，被乱箭射死。虞夫人得知丈夫被害，悲愤交加，单骑怒冲匪阵，挥刀乱砍，好几个匪兵在号叫中人头落地，阴阳两隔。盗匪们从来未见过如此勇烈的女子，甚为惊恐，又见麻寨的救援主力冲杀上来，便乱了方寸，匆忙撤退到20里路外的铜锣庙。虞夫人的英武气概赢得片村群众的衷心拥戴，一致推举她为御寇新指挥，尊称她为"寨将夫人"。虞夫人见群众御寇情绪高涨，便趁热打铁，派人联络其他村寨自卫武装，协调行动，分进合击，实施以攻为守斗争策略。他们一鼓作气追杀盗匪，直捣浛洸贼巢，杀得王朝匪部七零八落，遁入英西山林，再无进击力量。在这场恶战中，民团武装也死伤惨重，作为总指挥的虞夫人也身受重伤昏迷过去。当她苏醒过来时，曾激动地大叫一声："我终于为丈夫报了仇啦"！言讫又昏死过去，再未醒来。虞夫人护寨御寇壮烈捐躯的英勇气概深深地感动着村民。村民中绅士徐志道等人捐资在麻寨南坡为其立祠、塑像，称为"寨将夫人祠"。此后，村民们每逢节日都来祭祀，在崇拜与祈盼的氛围中逐渐将她神化。不久，有关虞夫人"得道成仙""显灵护民"等神话传说便在当地流传开来，并越传越远，越传越神。南宋嘉泰年间（1201—1204），英州知州念虞夫人"生前曾未闻有尺寸之封，殁后仅庙食兹土，又僻处山谷"，遂特呈朝廷封赐。朝廷准奏，赐为"冥助"。乡民乃改"寨将夫人祠"为"冥助惠妃祠"。嘉定六年（1213），英州城邑曾遭山贼突袭，经过激战，被军民击退。事后，邑民纷传虞夫人"显灵护城，吓退攻城山贼"。知州深信不疑，乃将"显灵"异象呈朝廷，得到御批，赐封为"显佑夫人"。嘉定十五年（1222），宋宁宗又加封虞夫人为"正顺夫人"。这样一来，虞夫人总的称谓变成"显佑正顺惠妃夫人"，正式登上庇佑众生之神坛了。当地群众则尊奉她为"曹主娘娘"。此后，有关曹主娘娘"显灵庇佑"的神奇传说不断传出，祭祀曹主娘娘的庙宇也不断增加。据英德林超富先生调查统计，新中国成立前夕，英德境内有曹主娘娘神位的庙宇共48座，遍布大小北江两岸。其中甚多有规模的庙宇，如英城麻寨庙、英南江口咀庙、大庙峡的大庙、英中琵琶山大岗庙、中隅龙角庙、中隅榕树庙、上隅三圣岩庙、英北沙口长江古庙、英西浛洸曹主娘娘庙、英东长河神前庙等，都以曹主娘娘为主神。英德境外，阳山黄圣、黎埠，广州西林增埗等地，都发现有曹主娘娘庙宇。除庙宇外，英德的民间醮仪文化活动中不少唱词都与曹主娘娘有关；清远清西平原地区的《禾楼歌》的唱词中也有曹主娘娘"洒乳汁壮谷穗"的内容。以上史实说明，在封赐和祭祀文化的抬升下，生前为巾帼英豪的虞夫人，死后逐渐走上神坛，历千年之演变，已华丽转身为北江地区的一位女神。[1]

曹主娘娘虞夫人崇拜的发源地在广东英德，英德林超富有撰《北江女神曹主娘娘》（人民出版社，2009 年）是岭南文化知识书系之一。该书以英德多处曹主娘娘庙为切入点，收集了一些关于虞夫人显灵佑民的故事。还调查到英德周边的清新、阳山、连州、连南甚至广州、广西武宣县等地均有曹主娘娘虞夫人崇拜。

上述有关曹主娘娘虞夫人为唐末人士，但道光《英德县志》却载："连江口庙，祀宋正顺夫人虞夫人。"同治《韶州府志》也载："贞惠夫人祠，在（英德）县南六十里，面大河，谓之大庙，祀虞妃。"

道光《广东通志》中提到她在黄巢之乱保境之事，但未提及她先生，她是与兄弟一起御敌的，寨将夫人仅是所立之号，见载："寨将夫人庙，在英德府西十三里麻寨冈，夫人姓虞氏，银城乡人，故传黄巢之乱攻破西衡州，虞氏与兄弟谋捍御计，夫人躬被甲胄，率兄弟领乡兵御之，遇贼接战亡于阵间，后乡人即麻寨冈立号，号寨将夫人。绍兴三十年湖寇入州，谒庙祈祷，神弗许，欲焚其庙，火自扑灭。一在城西二十五里寨将村。宋嘉泰间赐额曰冥助，嘉定六年封显佑夫人，十五年加封正顺夫人，林子升有记。"但后来附会为是英德县麻寨乡裨将曹某妻，又演化有其夫曹某的故事。民国《清远县志》载："曹主庙，在下廓石狮巷，神为唐时英德县麻寨乡裨将曹某妻，称为曹主娘娘虞夫人，

---

[1] 罗耀辉：《唐末虞夫人：生前护寨御寇　故后变身北江女神》，《南方日报》，2013 年 07 月 31 日。

宋嘉定敕封诏书云：生抗黄巢之锋，死能拒峒寇之虐，多显灵应。故邑人祀之。"

曹主其实有本地主人的意思，曹主娘娘即为本地女土主神，而虞夫人则是其标志。本人判断，曹主娘娘虞夫人发轫于五岭一带古代主要的土主神舜帝崇拜。如江北上游的重要城市韶关之名就与舜帝崇拜有关。舜帝即虞舜，虞夫人即虞舜二妃，故称曹主娘娘虞夫人。虞舜二妃在湘江也为水神，在北江则演化为北江女神。

第四篇　淮河流域水神

　　淮河是中国"四渎"之一，发源于河南省桐柏山老鸦叉，东流经河南、安徽、江苏三省，淮河下游水分三路：主流通过三河闸，出三河，经宝应湖、高邮湖在三江营入长江，是为入江水道，至此全长约 1000 公里，流域面积约 27 万平方公里；另一路在洪泽湖东岸出高良涧闸，经苏北灌溉总渠和淮河入海水道在扁担港入黄海，该段全长 168 公里；第三路在洪泽湖东北岸出二河闸，经淮沭河北上连云港市，经临洪口注入海州湾。

　　淮河古代却是一条益河，少有泛滥决溢之灾，史称"淮流顺轨，畅出云梯，南北支川纲纪井然"。淮河原经盱眙县后折向东北，经淮安于响水县南部的云梯关入海。南宋绍熙五年（1194）黄河决口改道，以淮河的河道作为出海口直至清咸丰五年（1855），横跨了宋、元、明、清四朝，史称"黄河夺淮"。此后黄河大致以山东大清河河道为入海口至今。但淮河入海故道已淤成一条高出地面的废黄河，因此淮河也失去了原入海口，因此经常发生洪涝灾害。

　　雍正《江南通志》卷五十四"河渠志淮一"载：

　　《禹贡》导淮自桐柏东会于泗沂东入于海，孔氏以为淮水先入泗，泗入淮。《水经注》云：淮泗之会两川翼夹二水决入之所，所谓泗口也。《水经》又谓淮水东至广陵淮浦县入于海。《禹贡锥指》云泗口亦名清口，今安东县治或云即淮浦故城。淮浦，旧属临淮郡，晋改属广陵，然则淮水入海之道自禹迄今不改，其不同者，大河南徙淮水受泗而东其故道悉为河所夺也，以今舆地言之，淮水自河南桐柏县南东历罗山息县光州，东北迳江南颍州府南，淮水去颍治一百十里，又东十余里合汝水南岸即霍邱县界，又东迳霍邱县北，淮水去县治/四十五里，又东迳颍上县南，淮水去县治二十五里，颍水在县南门外，亦曰沙河，东南流至正阳镇入淮，谓之颍口，即春秋之颍尾也，镇在县东南七十里淮水之西，又东迳寿州凤台县西北，淮水去县治二十五里，又东迳怀远县南，淮水流迳县城东稍折而北，涡水来注之，谓之涡口，又东迳凤阳县北，淮水去县治十里，又东迳临淮县北，淮水去县治一里，又东北迳五河县南，淮水在县治东南一里，有浍沱漴潼四水与淮会，谓之五河口，又东迳泗州南盱眙县北，淮水去州治一里，去县治二里，又东北迳清河县南与泗水合，谓之清口，淮水去县治五里，又东北迳山阳县北，淮水去县治四十里，又东北迳安东县南，又东北入于海，淮水去县治二里，盖自清口以下，淮虽并合为河，河实假道于淮，导淮者必东北而注于海，所谓求其故者，行所无事，必不东南而注于江，所谓恶于智者为其凿矣，然淮所纳山泉之水凡七十有二，泗沂汝颍又最为大，淮既不支，而全河又悉注于淮，黄浊淮清，黄强淮弱，黄尝逼淮，使之南面高宝诸湖不能容，则淮溢而为患，黄又蹑淮与之俱南，而清口淤沙不能涤，则淮又与黄并溢而为患，此高堰之设所以束淮敌黄，即助黄刷沙使水由地中以海为壑，东南漕挽通行无梗实两河之关键天下之至，计不独淮扬之屏蔽已也，明潘季驯论清口之沙凤泗之水以为堰决而塞筑则必通，堰决而蓄筑则必达，盖得其要矣，然其后议行水者开周桥撤高堰欲使全淮入江，不但听其支流南注抑独何欤，我朝经理河淮逴跞前代，以陂障为决排，以捍御为利导，莫宁赤子通利漕渠周详尽善。

淮河发源于河南省桐柏山，《大清一统志》有载：

桐柏山，在桐柏县西南三十里，东南接湖广德安府随州界，西接襄阳府枣阳县界，上有玉女、卧龙、紫霄、翠微、莲花诸峰，淮水出焉，书禹贡导淮自桐柏，桐柏山在南阳之东。《汉书·地理志》：南阳郡平氏桐柏山，在东南。《元和志》：桐柏山在桐柏县西南九十里，胡渭《禹贡锥指》大复胎簪皆其支峰，《禹贡》则总谓之桐柏也。

雍正《河南通志》也载："桐柏山，在桐柏县东一里，上有玉女、卧龙、紫霄、翠微、莲花诸峰，淮水出焉，《禹贡》谓导淮自桐柏即此，唐钱起诗：秋风过楚山，山静秋声晚。赏心无定极，仙步亦清远。返照云窦空，寒流石苔浅。羽人昔已去，云迹欣方践。投策谢归途，世缘从此遣。宋白玉蟾诗：桐栢山头避俗嚣，篇诗斗酒自逍遥。九峰野草迷丹灶，三井飞泉喷石桥。万顷白云烝绿野，一声黄鹤唳青霄。人言华顶高高处，东望蓬莱浸海湖。"

按禹"导淮自桐柏"，故桐柏山当建有大禹庙。《大清一统志》有载："禹王庙，有二，一在桐柏县西淮井上，一在淅川县西十五里。"

淮井即淮河之源，位于今桐柏县西淮源镇境内，井边有清代康熙年间的石碑，上刻"淮源"二字，碑的背面刻有记述淮源、淮井历史的碑文，字迹清晰可辨，这里被确定为千里淮河"零公里"源头。井旁原有一座禹王庙，现新建有大禹殿。

大禹庙背靠桐柏山，殿正对桐柏山主峰太白顶。

《辞源·水部》也载："淮水之源自胎簪山伏流数十里，涌出三泉，因浚为井，名曰淮井。在河南桐柏县西。"

胎簪山即今桐柏山主峰太白顶，海拔 1140 米，为豫南第一高峰。雍正《河南通志》有载："胎簪山，在桐柏县西三十里，《禹贡》谓淮水发源胎簪，即此，又名大复山。"

太白顶海拔 1100 多米。山势顶宽腰窄，险峻壮观。山上有"十八扭""一线天""龙官庙"等胜迹。山顶有云台寺、祖师殿和大雄宝殿，供奉着极乐佛等。

《古今图书集成·职方典·桐柏县》亦载：

胎簪山，在县西，崎岖峻嶒，巅顶平旷，《禹贡》注：淮水，发源于胎簪。世传张良辟谷于此。

淮水，在县西。《水经》：淮水，出南阳平氏县胎簪山东北，过桐柏山。《山海经》曰：淮出馀山，在朝阳东义乡西，《尚书》导淮自桐柏。《地理志》曰：南阳平氏县，王莽之平善也。《风俗通》曰：南阳平氏县桐柏大复山，在东南，淮水所出也，淮均也。春秋说题辞曰：淮者均其势也。《释名》曰：淮，韦也。韦绕扬州北界，东至于海也。《尔雅》曰：淮为浒然，淮水与沣水同源俱导。西流为沣，东流为淮，自潜流地，下三十里许。东出桐柏，之大复山，南谓之阳口水，南即复阳县也按淮水，其源初出，复伏流三十里，涌为三泉。因浚为井，所谓淮井是也。流六七里成河，东北经大复山，山南有淮源庙。从义阳县东南过江夏，平春县北，又东过新息县南、期思县北，至原鹿县南，与汝水合。又东过庐江、安丰县，与决水合。又东至当涂县，与涡水合。又东过钟离北，夏丘县南，又东至徐县，合洞水、蕲水。又东至盱眙，又东北至下邳、淮阴县，与泗水合。东至广陵、淮浦县，而入海。近海数百里，通潮汐，《尚书》云：导淮自桐柏东，会于泗沂，东入于海是也。

据《尚书·禹贡》记载，夏禹治水时"导淮自桐柏"，从桐柏源头向下游治理。秦始皇统一中国后，诏令祭祀名山大川。后人即在桐柏主峰太白顶北麓下淮水脱潜见流的阳口建立了淮渎庙。两汉以后历代王朝年年遣使祭淮于此，其祭文碑记，有东汉延熹六年（163）《南阳太守中山卢奴淮渎庙碑》、隋薛道衡的《祭淮文》等。

《大清一统志》有载："淮渎庙，在桐柏县东，《唐书地理志》：桐栢有淮渎祠。府志：庙初建于桐柏镇，西汉延熙六年移建桐柏镇东，历代皆有封号，明洪武初改称东渎大淮之神，本朝康熙二十九年重修大殿，三十三年圣祖御书灵渎安澜额。"

雍正《河南通志》亦载："淮渎庙，在桐栢县东，康熙三十三年御书'灵渎安澜'四字，遣官赍送制匾悬挂，汉王延寿记：延禧六年正月八日乙酉，南阳太守中山卢奴郭君处正好礼尊神敬祀，以淮水出平氏，始于大复潜行地中，见于阳口，立庙桐栢，春秋崇奉，灾异告愬，水旱请求，位比诸侯，圣汉所尊，受珪上帝，大常定甲，郡守奉祀，斋洁沉祭，从郭君以来二十余年不复身至，遣行承事简略不敬明神弗歆灾害，以生五岳四渎与天合德，仲尼慎祭常若神在，若淮则大圣亲之桐栢奉建庙祠，崎岖逼狭，开创神门，立阙四达，增广坛场，饰治华盖，高大殿宇，整齐传馆，石兽表道灵龟十四，衢廷宏敞，宫庙高竣，祗慎庆祀一年，再至躬进三牲执玉以沉，为民祚福灵其报祐，天地清和，嘉祥昭格，禽兽硕茂，草木芬芬，黎庶赖祉，民用作颂，其辞曰：泫泫淮水，圣禹所导，汤汤其逝，惟海是造，疏矜济远，柔顺其道，弱而能强，仁而能武，昼夜不舍，明哲所取，实为四渎，与河合矩，烈烈明府，如古之则，虔恭礼祀，不愆其德，惟前废弛，匪功匪力，灾异以兴，阴阳以忒，陟彼高冈，臻兹庙侧，肃肃其敬，灵湫降福，雍雍其和，民用悦服，禳禳其庆，年谷丰殖，望君舆驾，扶老携息，慕君尘轨，奔走忘食，怀君惠赆，思君罔极，于胥乐兮，传于万亿。"

《古今图书集成·职方典·桐柏县》也载："淮渎庙，特祀外，知县春秋致祀，淮为四渎之一，庙制原建于桐柏镇西淮井铺，汉延熹六年，移建于桐柏镇东，南阳太守中山卢奴君致祀，历代皆有封号，载在祀典。明太祖诏以山水本名，称为东渎大淮之神。宋景德四年，知桐柏县秦干修寝殿；大中祥符七年，奉敕重修宫庙，路振记。元至元乙酉，敕建庙事，河南道提刑按察司佥事冯峈记，殿宇房厨共五百二十六间。明宣德十年，重修正殿寝殿等八十七间，杨荣记。成化壬辰，命太常寺少卿俞敛赍香币祷雨，还奏，庙宇颓坏，召工部檄河南布政司委南阳知府段坚重修，建正殿七间，两庑各十二间，左右钟鼓楼、碑亭各二间；戟门五间，东西各建公馆五间，两厢十间，中御香亭、左牲房、右神库门楼；西向建道房五间，两厢十间，门楼东向，周围土垣计丈一百九十砖券，山门三间，东西角门各一间，淮源宫田五顷五十亩，会稽胡谥记。皇清康熙二十九年，巡抚河南都察院右副都御史阎兴邦重修大殿，拜殿御香亭，两庑官厅道房各三间，钟鼓楼各一间，戟门、山门各五间，周围墙一百六十四丈。顺治八年四月朔七日，遣太常寺卿段国璋致祭；十八年九月朔十日，遣通政使冀如锡致祭；康熙六年十月朔二日，遣户部左侍郎艾元徵致祭；十五年二月朔七日，遣礼部右侍郎杨正中致祭；二十一年三月十，三日，遣内阁学士图纳致祭；二十三年十二月，遣户部侍郎鄂尔多致祭；二十七年十二月十七日，遣正白旗汉军副都统对亲致祭；三十三年七月二十日，遣礼部员外郎晋布赍，御书淮渎安澜扁额。"

从以上资料可知，桐柏县淮渎庙有两处，一处在桐柏县西三十里淮井铺，一处在桐柏县城东关。

《古今图书集成·职方典·桐柏县》载：

桐禹庙，在县淮井上。

汉柏，在县，淮源庙六株，顺治十三年焚其一，有跟头、凤翘、鹳觜、玉柱、诸名。

淮井，在县西三十里，有石砌水池，上有亭，成化二年，野火延烧，有三泉涌出，又伏流，有大禹导淮处古碑。

汉碑，汉延熹六年刻，款式古雅，字画剥落欲尽。

宋碑，宋大中祥符七年路振书。

元碑，元至正四年吴炳重书。

石兽四、石门神二，与汉碑同时制。

铁狮二，元天历年间铸。

铁桩二，宋庆历三年铸。

胎簪山麓的淮渎庙古迹虽已无存，但在桐柏县城东关的淮渎庙却尚存若干遗迹。

该淮渎庙位于桐柏县第一高中校园内。庙建于东汉延熹六年（163），原址在县城西南 15 公里处。北宋大中祥符七年（1014）迁此，明清皆有增补修茸。庙内文物除历代祭祀渎神、增修庙宇的碑记外，尚有北宋庆历三年（1043）铸造的一对铁华表。元天历二年（1329）铸造的一对铁狮子，是元代冶铸精品之一。此外，还有宋代雕造的 3 个镇水石兽。康熙皇帝曾为大殿御书"灵渎安澜"匾额。原有庙落三进，房屋殿宇 526 间。山门前 20 米处，立有扇形墙一道。左右分踞宋代镇水神兽 4 只，石狮一对；入山门，一进院内，长"楸包桐""桐包柏"连理树两株，大殿前有制作精美的元代铁狮一对。二进院为中殿，汉白玉铺地，山水神像环列四周，两旁竖立石碑两通；第三重院系大殿，画栋雕梁，金身淮渎神像置于殿内。殿前有焚香铁鼎一座。自山门至大殿，皆卵石铺路，两旁护以石雕栏杆。东西两侧立大小石碑百余通，记载着历代祭淮、修庙等活动。1927 年冯玉祥督豫，将庙改建学堂，现仅存大殿遗址、明代古碑及宋代古柏数株。淮渎庙大殿遗址台基高 2.1 米，宽 32 米，进深 24.4 米。大殿四周走廊有柱础 20 个，除西北角两个离开原位外，其余未动。中部七间偏殿已改作住房，台基与拜殿台基之间有一架渡桥。拜殿台基上现在新修住房五间，大殿迦廊石栏杆散于院内，或作台阶，或砌在井台上。大殿台基及其柱础、栏杆、品级石清楚地反映出这一古建的规模与轮廓。

《古今图书集成·职方典》有载宋路振《重修淮渎长源公庙记》曰：“臣闻山川之气，绲缊而交感，故风雨时至，而煦育彰焉，阴阳之化，磅礴而无迹，故胚蚤相应，而神明生焉。若夫积厚成功，利物而不穷，灵长毓粹，旷世而流光，祀典以兴其来尚矣，昔者鲧堙洪水，绩用弗成，下民由其昏垫，明禋以之匮乏，帝妫行巡狩之礼，始秩群望，夏禹除怀襄之害，首奠大川安流。载融善，利斯积润下之德，既冠于九畴，视侯之爵，乃崇于四渎，周礼著浮沈之祭，秦官修泮涸之仪，坛坎既严，方币亦异，两汉而下，旧章弥缛，兹盖王者，崇稼穑之本，防灾沴之兴，将以庇民于太熙，储祉于丰岁，未有不重山川之祀，贲神灵之宇，以延乎。蕃锡者也，若乃观滥觞之迹，稽神化之方，东渎比于长围大淮，称为奥府，始经营于赤位，终漾漫于炎野，晦明不爽，自通朝夕之潮，化产兼包，靡容汾浍之恶，故其潏沦浩荡，湍流回直，蕴玭珠而不耀。指鲲海而迅征，灵气所凭，庙貌斯显，惟物应之盛者，故能宅高明之丽，阴骘之大者，故能歆优裕之，享幽赞之道，今古如一者其，惟长源公乎。若夫崇封奠献之礼，冠冕服章之度，御灾捍患之力，发祥震怪之符，是皆纪在策书，不烦述也，崇文、广武感天尊道，应真佑德上圣钦，明仁孝皇帝受元符之七载，既觐东后而登岱巘，饬秋驾而巡冀壤，上封展案，躬接乎万灵颂祇，育谷虔修乎明祀，人神欣合，符瑞并至，庶徵时若，寒燠由是，不愆厥壤，可游云露，以之流润，礼节兴而风俗茂，刑辟措而生齿繁，家有弦诵之声，人知洙泗之教，昆蚑咸遂忠厚之化，行疕疡不作生成之德，著以至灵，官降于永夕，谆诲通乎吉梦，祇见真祖，亲接绪言，识宝系之绵长，饮琼液之甘润，于是却拱璧而进道，严葆卫以朝真，躬款郁华之庭，虔展阒坛之礼，鸿仪有赫，丕应遄臻，瑞景蔼于三辰，祥辉发于九井，回跸睢阳之奥，壤观风艺祖之旧邦，浚发德音，懋建京邑，格太宫而祼鬯，陟泰坛而升燎湛，恩溥洽丕冒于八荒，星邮四出，遍告于群祀，而岳镇海渎之望，愈严饬矣，先是，长淮公庙在桐柏县之西南地方，湫隘渊流，沮洳伏牛之潦，荐至射隼之墉，屡毁，开宝中太祖皇帝遣使临视，徙其地焉巍山，峙其前长淮，荡其后丛楹，毕构连观相望，彼都人士，叹其爽垲，岁月滋久，栋梁斯挠，守臣率职，不敢遑宁，驿书上闻，中旨随降，翌日诏入，内殿头白，崇庆率翰林画工图宫室之状，八作大匠定营缮之制，发唐邓许颍屯兵以给其役，又诏前桐柏令周宪即山度材，楩楠杞梓，塞川而下，官不严而治工不戒，而备事无愆期，人有馀力，缭垣屹立，回廊四合，雕甍高映，邀倒景而上千，崇扉洞开列方轨而并进，夫制作之盛，邦家之壮观也，报降无爽，神灵之善应也，宜其享丰懋之福，协蕃昌之兆，降祉于万祀，保民于无疆者也。下臣受诏，茂扬成绩，辞不逮意，何以赞斯干之谣，言愧无文岂足彰轮奂之作，孤奉纶旨，徒竭斐辞燥，吻怔忪直，书梗概云尔，大中祥符七年十一月十日记。"

又《古今图书集成·职方典》载明胡谧《重修淮渎庙记》曰："成化岁壬辰夏四月，圣天子以天久不雨，漕河流涸，乃出内帑香币，遣太常寺少卿俞公钦往祷东渎大淮之神，制若曰惟淮渎，实漕河上流，其通涸攸系，故特遣祷，惟兹有神默运机缄，斡旋大化，尚敷沛泽俾，河流长注，以达往来，庶副朕怀俞公，将承唯谨，乃是月二十有五日，抵神所有司共事如典祭告，已顾瞻殿宇，将压神，若有弗安，栖者进守臣询，故对以前政，因循迩则岁连祲，弗得娇令兴作，俞公还朝，既复命，因上疏其略曰：淮渎与海岳镇诸神，皆祀典攸秩，矧兹渎，在我太祖高皇帝龙飞地，尤宜致重，顾今神宇弗葺，无以揭虔，安灵尚曷，冀其感通，伏惟圣朝垂鉴，亟命有司举兹旷典，庶称国家祀神之意，诏可之下工部，檄河南布政司委南阳府知府段侯坚综其事，率诸属县僚分董诸役，而参政沈君敬佥事顾君以山莅督焉，先是既祷旬月，间霖雨时降，河流通注，且自后岁，连大稔民，皆安业兹役也，费出于公，力取于农，隙肇于既祷之，又明年夏，至己亥冬讫工，中建正殿七间，翼两庑，各十二间，左右钟鼓楼碑亭各二间，前戟门五间，东西各建公馆五间，东翼两厢共十间，中御香亭，左神库，右牲房，门楼西向，西又建道房五间，翼两厢共十间，门楼东向，四周缭以土垣，计丈一百九十砖券，山门三间，东西角门各一间，黝垩丹碧，焕然一新，规制视旧有加焉，段侯既率僚属落之，又置常稔地五顷五十亩，有奇给居守道士以赡香火，且砻石将丐诸当代鸿笔，以纪兴修岁月，会朝廷遣右都御史原公杰处置荆襄及南阳流民，析唐县东南境，置桐柏县，而庙在其地，段侯且当秩满去任，遂以兹役之未毕者，畀诸前知县汪云，云既毕厥役，而以纪文白诸前巡抚右都御史孙公洪，以属谧辞不敏，未敢执笔，甲辰春朝廷又遣巡抚都御史赵公文博，有事兹庙，见前砻石尚虚，仍以属谧辞不获，惟海渎岳镇，流峙两间，其神出诸高深之表，固非假宇栖之，而后著其感通也，然吾人所以尸而祝之者，苟非有宇以栖厥神，则无以系，如在之诚而致神之肸蚃焉，此庙祀之所由作，而俞公不容不请兴斯役也，矧祀事之兴，替系有司政体之勤怠，而灾祥之召，未必不由以致焉，是皆不可不书，以告将来，自今凡寄任其地，有事于庙者，尚鉴之哉。”

在古代江、河、淮、济四渎神庙中，现济渎庙保存较好，淮渎庙尚有遗址，江渎庙、河渎庙均无存。

桐柏县境内还有水帘洞，《大清一统志》有载："水帘洞，南阳府有二，一在桐柏县西南十余里，一在淅川东南白崖山北，皆悬崖瀑布，下垂如帘。"随着《西游记》小说问世，中国各地水帘洞的数量也大幅增长，各省大多都有水帘洞等记载。

境内又祀汉光武帝刘秀，雍正《河南通志》也载：

光武庙，有七，一在府城南，一在镇平县广洋村，一在桐栢县西，一在内乡县萧山巅，一在新野县演武场，一在淅川县南关，一在裕州扳倒井，按世祖记帝平莽自春陵始，凡所经之地多立庙祀焉。

汉光武帝刘秀为南阳人，当地奉之为保护神，桐柏近临南阳，当从周边传入。在城乡一带亦流传颇广。

境内又祀明名臣原杰，雍正《河南通志》亦载：

原公祠，有三，一在桐栢县西门外，一在内乡县治南，一在淅川县治西，祀都御史原杰，杰尝抚治郧阳，有惠政，故士民为之立祠。

原杰崇拜的核心地在郧阳一带，当从汉水流域传播而来，奉祀为地方神及水神。

境内关帝庙、东岳庙、金山寺等亦当与水神崇拜有关。

《古今图书集成·职方典·桐柏县》载：

关帝庙，在县北关。

东岳庙，在县八里坂。

金山寺，在县平氏镇。

境内水神又祀龙神、铁牛神、白马神等。

《古今图书集成·职方典·桐柏县》载：

龙潭，在县西南五里，天将雨，其水沸腾，如雷，祷雨多应，有石崖，镌曲水台三字。年月不可考。

铁牛陇，在县东，上有铁块，状若伏牛。天将雨，牛背先润。

白马湖，在县东。

《古今图书集成·职方典·桐柏县》载："铁匮，在县，沈白马津善水者，尝抹得之。"

境内又有汉张良、晋祖逖、明张三丰崇拜。

《古今图书集成·职方典·桐柏县》载：

桃花洞，在县西三十里，高丈余，深五丈，旁有楼房，洞上下两层，又有锣鼓洞，中人击之有声，相传张良于此辟谷。

祖逖宅，在县桐柏山下，碑石仆。

飞仙石，在县，金台观后崖，传云：张三丰飞升处。

淮水又东迳，沿桐柏、随县界穿流。

随县旧为随州所治，今隶属随州市，地处桐柏山南麓、大别山西端。随县以西周封国随为名。

随县境内北端亦属桐柏山区，随县淮河镇的玉皇顶，海拔898米，是桐柏山东段的最高峰，山下有条河叫龙潭河。由此可知境内小祀龙神和玉皇。

随县境内还祀神农和舜帝，《大清一统志》有载：

神农庙，在随州北厉山，《寰宇记》：厉山穴口石上有神农庙。

舜祠，在随州北厉山。

厉山，位于湖北省随县厉山镇九龙山南麓，山腰有古神农洞，当地称"神农母安登，感农而生炎帝"于此。

春秋《礼记·祭法二十三》："厉山氏之有天下也，其子曰农，能殖百谷。"东汉经学大师郑玄注："厉山氏，炎帝也，起于厉山，或曰有烈山氏。"

当地舜帝崇拜可能也与历山有关，"舜耕历山"，或故以此祠舜。

神农和舜帝亦与水神崇拜有关联。

《大清一统志》还载："神农观，在随州北一百八十里。"

随州北一百八十里当为淮河流域，由此可知神农是淮河流域重要神祇之一。

随县还祀隋文帝，《大清一统志》有载："随文帝祠，在随州东南，《寰宇记》在随州东南一里，唐天宝七年置。"

隋文帝当为随州地境之土主神。

淮渎庙作为淮水上游一带重要水神庙，还传播至周边地区，如流经随州、安陆的涢水上就曾建淮渎庙以镇水。

雍正《湖广通志》有载："淮渎庙，在安陆县南涢水上。"

淮水又东流经信阳市，弯信阳市城北而过。

境内有淮河支流明河、洋河、浉河等。

《古今图书集成·职方典·信阳州》载：

淮水，在州北四十五里。

明河，在州北九十里，一曰明港河，源出天目山，东流入淮。

洋河，在州东北七十里，一名旴河，东流入淮。

浉河，在州南四十里，源出随州黄土山，流抱州城入淮。

浉河是淮河上游重要支流。自西向东穿信阳市区南，又东北流，在罗山县注入淮河。

浉河古称訾水，古代有一位隐士叫胡超，居住此水边，众人师之，称为师溪，南北朝时期改名为浉溪，齐建武二年改称浉水，后称浉河。浉河源于信阳市浉河区谭家河乡与湖北省应山交界的韭菜坡，主要支流有飞沙河、五道河、东双河、杜河等，向东北流经河南省信阳、罗山 2 市县，在罗山县顾寨村附近流入淮河。长 138 千米，流域面积 2110 平方千米。

信阳古八景中有"浉河泛月"，浉河穿信阳城区而过，为市内主要景观，清张钺《浉河泛月》诗曰："双桨荡晴川，蟾光散暮烟。珠随天山满，镜向水心圆。桂席飞杯斝，兰言胜管弦。映淮良可赋，同时对清涟。"

信阳现为地级市，古称申州，以周申伯而得名，境内为申侯封地。

申伯是申侯之子，周平王之舅。周幽王时，申侯的女儿为王后，生子曰宜臼，周幽王在位时，将姬宜臼立为太子。后幽王专宠褒姒，与其生一子曰伯服，后幽王废宜臼立伯服。宜臼便与母亲申后暗中逃到申国，投奔申伯处，申伯为其建"太子城"（今平桥区城阳城遗址太子城），公元前 771 年，申伯联合缯国、西夷、犬戎起兵讨伐，杀周幽王于骊山下，在郑、晋、卫等诸侯的帮助下，宜臼即位，是为周平王，迁都城镐京（西安）于洛邑（洛阳），开启了东周时代。周平王即位后增封信阳的古申国，建都在今信阳市平桥区长台关，相对南阳的西申而为东申，也称"古东申国"。《诗经·大雅·嵩高》记载"申伯还南，谢于诚归。王命召伯，彻申伯土疆。以峙其糇，式遄其行。"

今在平桥区申阳台、平昌关镇一带尚有申伯碑、申伯墓、申伯祠、申伯盘、申伯读书台等遗址。

《大清一统志》有载："申伯祠，在信阳州北门内，明成化十六年建。"

今在信阳市浉河区浉河公园内，新建有申伯楼，为信阳新八景之一。

申伯当为信阳之主要境神。雍正《河南通志》也载："申伯庙，在信阳州东北，世传有申伯墓。"

《古今图书集成·职方典》亦载：

谢城，在信阳州西北六十里淮河北，浉河西北。《方舆胜览》云：申伯所封之地，有碑。

申伯台，在信阳州东北。世传申伯所筑。

古申伯国碑，在信阳州城北二十里，唐颜鲁公书。明嘉靖中，知府潘子正立名。

申伯冢，在信阳州境，谢城即申伯封邑，今有二冢相传，以为申伯冢。

信阳还祀两位重要的地方神，即唐姚崇、宋范纯仁，境内亦有其祠，《大清一统志》亦载："两相祠，在信阳州西，祀唐姚崇、宋范纯仁，皆尝守申州，故祀之。"

姚崇，本名元崇，字元之，陕州硖石人，唐代著名政治家。姚崇文武双全，历仕则天、中宗、睿宗三朝，两次拜为宰相，并兼任兵部尚书。他曾参与神龙政变，后因不肯依附太平公主，被贬为刺史。唐玄宗亲政后，姚崇被任命为兵部尚书、同平章事，进拜中书令，封梁国公。他提出十事要说，实行新政，辅佐唐玄宗开创开元盛世，被称为救时宰相。姚崇与房玄龄、杜如晦、宋璟并称唐朝四大贤相。去世后追赠扬州大都督，赐谥文献。

景云二年（711），时任中书令的姚崇因得罪太平公主，而被贬为申州刺史，在任期间他政法简肃，吏治清明，得到百姓颂扬。

范纯仁，字尧夫，参知政事范仲淹次子，人称"布衣宰相"。宋仁宗皇祐元年（1049）进士，出仕知襄邑县，擢江东转运判官，迁殿中侍御史、知制诰。通判安州，移知蕲州，权陕西转运副使。除尚书兵部员外郎，兼起居舍人、同知谏院。加直集贤院、同修起居注，改判国子监。因反对王安石新法，出知河中府，移成都府路转运使。失察下属官吏，降知和州，熙宁七年（1074）知庆州，熙宁十年（1077）八月改任知信阳军。后管勾西京留司御史台，再知河中府、庆州。宋哲宗即位，召除给事中，进吏部尚书，同知枢密院事。元祐三年，拜尚书右仆射兼中书侍郎。四年，出知颍昌府，徙知太原、河南二府。八年，复召拜右仆射。哲宗亲政，再出知颍昌、河南二府，徙陈州。以上疏论吕大防不当窜岭南，落职，知随州，贬武安军节度副使，永州安置。在永州三年，双目失明，恬然处之。宋徽宗即位，复观文殿大学士，充中太一宫使。建中靖国元年卒，年七十五，赠开府仪同三司，谥忠宣。

因唐姚崇、宋范纯仁都曾任宰相，故信阳建两相祠祀之。

境内土主神又祀明何景明。

《大清一统志》载："何先生祠，在信阳州学东南，祀明何景明。"

何景明是信阳人，字仲默，号白坡，又号大复山人，自幼聪慧，八岁能文，弘治十五年（1502）中进士，时年十九，授中书舍人，并任内阁。正德初，宦官刘瑾擅权，何景明谢病归。刘瑾诛，官复原职。官至陕西提学副使。何景明是明代"文坛四杰"中的重要人物，也是明代著名的"前七子"之一，与李梦阳并称文坛领袖，其取法汉唐，一些诗作颇有现实内容，曾倡导明代文学改革运动，著有《大复集》38卷。墓地在大复山。

《古今图书集成·职方典·信阳州》亦载："何大复先生祠，在儒学东南。"

信阳古八景中又有"雷沼喷云"，"雷沼"指震雷山，位于信阳城南浉河南岸。震雷山山顶上有两个石沼，其水清冽，洋溢无增减，每天阴，云自沼出，天将下雨即有浮云笼罩，由于景象奇特，相传有龙潜于内，人以石投下，则砉然作声，如雷震一样。

雍正《河南通志》也载："震雷山，在信阳州东二十里，上有二石，沼旱涝水不增减，人或以石投之，则声如震雷，相传有龙潜于内。明何景明诗：震雷山头石潭水，夜夜蛟龙行雨归。青春下与沧溟会，白日常闻霹雳飞。"

震雷山是古时信阳境内祷雨胜地，前人因旱多于此求雨，临河山麓上又建有平山塔，亦为当地重要镇水祈安之宝塔。

境内又有黑白龙潭。

雍正《河南通志》也有载："天目山，在信阳州西北一百二十里，下有白龙潭，明河发源于此。"又载："董峰山，在信阳州西南五十里，峰峦峻起高出群山，上有黑龙潭。"

境内又有龙神庙，雍正《河南通志》有载："龙神庙，在府治南关，雍正五年奉旨京师装塑神像，各省遣官迎请崇祀，信阳州庙在城南夏凉村。"

境内又有鸡公崇拜，当亦祀为镇水神。

《古今图书集成·职方典·信阳州》载："鸡翅山，在州南七十里，一名鸡头山，上有怪石，名鸡公，石傍有泉，名鸡公泉。"

境内又有白马崇拜遗迹，雍正《河南通志》有载："灵山，在信阳州东南七十里，又名小灵山，形极秀丽，中有招提。《方舆胜览》云：灵山视众山最高，每有云气覆顶，天必雨，验之果然，下有白马洞，世传有白马常出洞中，人逐之忽不见。"

信阳境内又有伏羲、神农崇拜，雍正《河南通志》有载：

伏羲庙，在信阳州城内放生池东。

神农庙，在信阳州西北四十里。

又有晋名将祖逖遗迹，雍正《河南通志》载："士雅山，在信阳州南六里，晋祖逖，字士雅，尝避兵于此，因名，下有魏将元英所筑营垒之迹。"

境内又有关公崇拜，当亦祀为水神。

雍正《河南通志》载："扳倒井，在信阳州南二十里，世传汉关忠义饮马处。"

《古今图书集成·职方典·信阳州》载："汉寿亭侯庙，一在州治西门月城内，一在南关外。万历三十三年，兵巡汝南道黄炜同知州朱一冯建。"

境内地方神又祀楚王、子贡、岳飞。

《古今图书集成·职方典·信阳州》载：

楚王庙，在州城北七十里。

子贡祠，在仕学书院中，明万历间，知州李元龄、朱家法、郡人何宗伯、洛文相继重修。

岳鄂王庙，在州治东北。

境内亦祀淮渎神。

《古今图书集成·职方典·信阳州》载："淮渎神庙，在州西北天目乡。"

境内又有东岳庙、元帝庙、显济庙、玉皇阁、观音阁等亦祀水神。

《古今图书集成·职方典·信阳州》载：

东岳庙，在州治东南。

元帝庙，在州治东北隅。

显济庙，在州南门外。

玉皇阁，一在州西门月城内，一在州南门外。

观音阁，州南门外。

雍正《河南通志》也载："天平山，在信阳州东南七十里，山峰最高峻，有玉皇殿。"

境内圣泉寺、龙禅寺、铁佛寺、青莲庵、龙藏庵、紫霞观、元妙观等寺观，亦与水神崇拜有关。

《古今图书集成·职方典·信阳州》载：

圣泉寺，州南七十里中山乡。

龙禅寺，在新色乡。

铁佛寺，州南四十里万山之中。

青莲庵，州东门外，又名朝阳庵。

龙藏庵，州西三里。

水月庵，在浉河之南。

紫霞观，州城内东南隅、中置道正司。

元妙观，州治东南。

境内又有王莽之母、楚王、梁王萧衍崇拜遗迹。

《古今图书集成·职方典》载：

蔡母城，在信阳州北。《汉志》南阳郡有蔡阳县，注云王莽之母功显君封邑。

楚王城，在信阳州北六十里，即楚王破申行师北侵所筑。耕者犹每拾得兵刃，盘匜云。

伐鼓台，在信阳州城北长台乡。《左传》昭公四年，楚与诸侯淮夷伐鼓，会于申，后人于此建台。

梁王垒，在信阳州贤首山，史载北魏攻义阳，梁萧衍据贤首山以救，即此。

淮水又东迳，北滨确山县。

《古今图书集成·职方典·确山县》载："淮水，在确山县南四十里，源出南阳唐县之桐柏山，东南潜流三十里，东出大复山，东流入县境，经真阳信阳罗山，至息县东南合汝水，东注固始朱皋镇，出境又南合淝水、涡水、纳沂泗水入海。《禹贡》所云导淮自桐柏也。"

　　确山县因境内之确山而得名，雍正《河南通志》有载："确山，在确山县南一十里，晋何曾食邑于此，相传曾出游其上，见杵臼自动有声，取之不出，再往，遂失其所。"

　　何曾是曹魏太仆何夔之子，西晋开国元勋，原名何谏，字颖考，陈郡阳夏县（今河南太康县）人。博学好学，事亲至孝，袭封阳武亭侯。初为平原侯文学掾，随侍皇子曹睿。魏明帝即位，擢散骑侍郎，迁典农中郎将，主张"为政之本在于得人"，甚为时人称颂。高平陵政变之后，投靠司马氏集团，颇受重用。曹芳继位，历任司隶校尉、尚书、征北将军，封爵朗陵县侯。司马炎继位晋王后，成为晋国丞相兼侍中，积极策划司马炎代魏建晋行动。晋朝建立后，拜太尉兼司徒，迁太宰兼侍中，封朗陵县公。朝会之时，剑履上朝，如汉相萧何故事。屡以年老请求逊位，不得朝廷允许。生活侈忲无度，讲究饮食，有"何曾食万"的典故。咸宁四年（278）去世，时年八十，谥号为元。著有《食疏》。

　　朗陵县故城在今确山县城南，雍正《河南通志》亦载："朗陵山，在确山县南四十里，一名月明山，下有朗陵城，汉初以山名县。"

　　何曾曾封朗陵县公，故当祀为当地土主神。

　　确山县境内著名的水神有汉丞相陈平，《大清一统志》有载："灵应庙，在确山县西北乐山上，俗传汉相陈平主之，宋崇宁初赐额曰灵应，水旱祈祷如响。"

　　雍正《河南通志》也载："灵应庙，在确山县西北三十里郎山，俗传汉相陈平主之，宋崇宁初赐额有祷辄应。"

　　陈平是黄河主要水神，古代曾为黄河神，境内陈平信仰当从黄河一带流传过来。

《古今图书集成·职方典》有张文中《创建灵应庙记》曰："按《图经》所载，朗陵在蔡州确山县西北三十里，山云即雨，收云朗晴，至避宋讳改曰乐山，寺有神焉，素著灵响，崇宁间额其庙曰：灵应，初封崇仁侯，再封仁勇公，又进封嘉济王，建庙祀神久矣，国朝开创以来，蔡人得神之赐，敬神之威，岁时牲牺相属于道庙，居溪谷间风雨朝暮易，为颓倾寻常专庙，刹者视之，恬然不恤也，大定丙午之冬，使君王公寂自尚书户部侍郎来牧是郡，下车之始，抚疲瘵，击强梁，未几报治，越明年春，主吏以公帑告竭例取乐神香火之奉，以资不给。公曰：此神之所有，吾何与焉，乃尽出其馀一新祠像，是岁夏秋旱甚，民有忧色，公以八月初吉遣汝阳令诣乐山，迎所谓圣水者，置之舞雩上，阅三日，公为祝辞以祭，是夕雨作，阖境沾足，岁则大熟，公曰：既旱而雨，既凶而丰，皆神之贶，其可不报乎。乃卜以九月中休日，躬率僚属诣庙以谢之，前一日野次山下自晡至旦，阴雾晦冥祀事方行，天宇澄霁至于山川林木历历可数，凡酌奠者位二十有七，樽之馀者留以饮福，已而启封则酒复盈矣，座客皆动心骇目惊叹不已，文中时为从吏亲见其事，语诸客曰：昔退之以正直动山灵，东坡以文章惊海岛，若兹所共闻者，今公以诚感神，而神以诚报公，理其宜矣，又何多异哉。虽然以人神幽明之间，其取必也如此，固不可不书以告来者。"

乐山，雍正《河南通志》亦有载："在确山县西北二十里，旧名朗山，宋避讳改今名，山麓有唐李愬平蔡时所筑军营石垒。"

李愬是唐朝中期名将，字符直，洮州临潭县（今甘肃省临潭县）人，西平郡王李晟第八子。李愬有谋略，善骑射，因门荫任协律郎，历官卫尉少卿、太子右庶子、太子詹事及坊、晋二州刺史等职。元和十一年（816），出任唐邓节度使，参与讨伐割据淮西的吴元济，于次年（817）雪夜袭蔡州，生擒吴元济，平定淮西。战后以功拜山南东道节度使、上柱国，封凉国公。后任武宁节度使，大败平卢李师道，连战皆胜。元和十五年（820），改任同平章事、昭义节度使，旋即改任魏博节度使。长庆元年（821），新任成德节度使田弘正遇害，李愬欲派兵为其报仇，因病重未果，只得返回洛阳养病，拜太子少保。同年病逝，年四十九。获赠太尉，谥号"武"。会昌六年（846）配享宪宗庭庙。

李愬因骑白马，故人称白马将军，后被祀为白马将军神，在周边一带广有影响，民众奉为地方保护神。

乐山又今称老乐山，位于确山县城西北十公里处，由高低不同的九座山峰组成，山北崖有老虎洞。向前是陡峭的十八盘，山顶有清澈泉水一池，甘甜宜口，旱而不枯，因形状似蛙，故名"蛙泉"。山上还有宏伟的真武庙、宣坛庙、拜台宫、玄都宫，为道家福地，每年三月三在此举行庙会，善男信女朝拜者数以万计。

《古今图书集成·职方典·确山县》也有载："乐山，在县西北四十里，旧名朗山。宋避讳改今名，上有双龙泉、皓月池，池生四季莲花，下有泉流为马庄河，又东一泉流为黄酉河，山麓有陈平庙，及李愬平蔡时所筑军营石垒，今山顶建真武庙，祷祠不绝。"

确山境内著名的水神还有汉平舆令张熹。

《古今图书集成·职方典·确山县》载："张明府庙，在县北二十里，古道国城西南，知县李芳重建，祀汉平舆令张憙（憙当为熹——编者注）。"

雍正《河南通志》亦载："张明府庙，有二，一在府城东二里，一在确山县北二十里，汉平舆令张熹旱祷焚身而雨，后人感而祀之。宋夏侯冲记：熙宁五年夏六月，安昌不雨，百谷亡生，斯民嗷嗷愁痛之声日溢里巷，我邑宰李公皎喟然叹曰：乌有诚之能修而祥之不召者耶，吾闻县北十五里有故张明府祠者，明府昔因旱殒身，诚亦至矣，盍往祷焉。于是率同僚备特牲与吏人耆老造祠下而告其神曰：欸神生不私，身死犹庇民，既食吾土何至此而泽不下降耶，抑亦有所徯而后丰其施耶，今庙貌骙矣，果需霖霖以慰民望，则将大神宇，新神像以彰神贶，惟神亦且永有依哉。既而川谷暝翳仅瞬息许而雾下注，沟浍皆盈矣，后旬日邑民数百人举忻忻有喜色，而愿输财殚力以践报神之约，李公曰：俞斯吾志也。于是诛榛莽，撤朽敝，夷崇增庳，岿然厥止，乃易神之像使尊而从礼敞神之室，使壮而且丽，为东西廊庑设左右夹舍、直堂、衍献酌之位，出门分宴衍之居，而又缭以周垣，峻以闵闵，庖湢库圃罔不备矣，饰不加缋而轮奂，制不加广而宏深，曾不逾时。厥功大就，神之威灵若或相之，不然，何民之忘其劳若是也耶？明府姓张，讳熹，字季和，东汉武城人，灵帝时为平舆令，时大旱，躬自祈祷，未获，嘉应乃积薪自焚，主簿崇、小史张纯皆从而焚焉，炎火既燎，大泽斯霈，此明府之死于蔡人也，宜蔡人怀其惠而万世崇祀之不泯也，今邑宰一旦以至诚叩之，则感应捷于影响，庙貌聿新，子来之助，亦宜其不戒而自孚也，夫忧民事，神可以观仁，怀惠思报，可以观义，一举而二善备焉，李公之德当与明府而同远矣。"

张熹字季和，东汉临武人，汉灵帝时任平舆县令，当时天久不雨，旱情严重，张熹亲身祈雨，"未获嘉应，乃积柴自焚。主簿侯崇，小史张化，从熹焚焉。火既燎，天灵感应，即澍雨"。

郦道元《水经注》也载，汉代平舆故城城南里馀有神庙，世谓之张明府祠，水旱之不节，则祷之。庙前有圭碑，文字素碎，不可复寻。碑侧有小石函。

汉代平舆故城在今平舆县射桥镇古城村，1958 年以前，村中尚有张熹焚身台和为他修建的令公庙，之后被扒毁。

平舆县位于确山县东侧，曾属汝宁府，故汝宁府城亦祀其庙。

境内亦有祀观音，雍正《河南通志》有载："观音寺，在确山县东，始建未详，明洪武二十三年重建，成化四年修葺，置僧会司于其内。"

《古今图书集成·职方典·确山县》亦载：

观音寺，县东门外，明洪武二十三年建。

观音阁，县东门，明邑绅陈耀文有碑记。

又有祀二郎神，雍正《河南通志》亦载："二郎山，在确山县西南二里，上有二郎庙。"此二郎神庙所祀可能是水神灌口二郎赵昱，或为李冰之子李二郎。

境内又有南泉、北泉、中泉三寺，或亦与水神崇拜有关，《大清一统志》有载：

南泉寺，在确山县西五十里，寺中多植牡丹，俗又呼牡丹寺。

北泉寺，在确山县西北十里，隋时建，唐名资福寺，宋崇宁中改为万寿禅寺，寻改今名。

通慧寺，在确山县西北十里，旧名中泉寺，明弘治十四年重修，敕赐今额。

雍正《河南通志》亦载：

南泉寺，在确山县城西南一十里，明金事曹琏创建。

北泉寺，在确山县城西北乐秀二山之间，隋时建，唐名资福，即颜真卿死节处，宋崇宁间重修，改为万寿禅寺，寻改今名，明洪武初重修。

通慧寺，在确山县城西北一十里，始建未详，旧名中泉寺，明弘治十四年修，敕赐今额。

可知北泉寺与唐忠臣颜真卿有关，为其死节处。

颜真卿，字清臣，小名羡门子，别号应方，京兆万年（今陕西西安）人，唐代名臣、著名书法家。开元二十二年（734）进士，历任监察御史、殿中侍御史，后因得罪权臣杨国忠，被贬为平原太守，世称"颜平原"。安史之乱时，颜真卿率义军对抗叛军，后至凤翔，被授为宪部尚书，唐代宗时官至吏部尚书、太子太师，封鲁郡公，人称"颜鲁公"。

建中四年（783），叛乱的淮西节度使李希烈攻陷汝州，宰相卢杞建议派颜真卿前往李希烈军中晓谕叛将，唐德宗李适同意，颜真卿到后，李希烈逼颜真卿投诚，被颜真卿痛骂，李希烈就把颜真卿押送到蔡州的龙兴寺囚禁。兴元元年（784），颜真卿终被李希烈缢杀。遇害后，嗣曹王李皋及三军将士皆为之痛哭，追赠司徒，谥号"文忠"。南宋绍兴三年（1133），宋高宗赵构御赐颜真卿庙额为"忠烈"，尊其为神。

北泉寺今尚存鲁公祠，据说当年颜真卿被李希烈监押于蔡州（今汝南）龙兴寺，由于叛将恐因拘留使臣激起百姓义愤，为掩人耳目，又暗中将其解往资福寺（今北泉寺）幽禁。兴元元年（784）八月，颜真卿被缢死于寺内一银杏树下，后人为颂扬其刚直不阿、赤胆忠心的高尚品格，建鲁公祠以志纪念。

《古今图书集成·职方典·确山县》载："颜鲁公祠，在县西北十里北泉寺，明嘉靖二十六年，知府潘子正知县许大来建。"

确山县境内还祀太上老君，雍正《河南通志》有载："三清观，在确山县城南马鞍山，始建未详，明宣德间重建，天顺间重修。"

《古今图书集成·职方典·确山县》亦载："老君山，在确山县南五十里，上有老君庙。"

旧时确山县各地还建有玄帝庙、天齐庙、三仙庙、永安宫、进乐宫等庙宇。

又祀周世宗、宋太祖等地方神。

《古今图书集成·职方典·确山县》载："二王坡，在确山县四二十里，山势偃蹇，中通一路，世传周世宗、宋太祖龙潜时曾经此。"

境内地方神又祀汉范滂为地方神。

《古今图书集成·职方典·确山县》载："范公祠，在县学西，嘉靖二年，知县李继先建，祀汉范滂及滂母。"

淮水又东流，迳正阳县南。

雍正《河南通志》有载："淮水，在正阳县南九十里，源出桐柏山，东南流经信阳入颍水界，《禹贡》导淮自桐柏即此。"

正阳县主要的地境神是汉高士黄叔度。《大清一统志》有载："黄叔度祠，在正阳县旧县治南，祀汉征君黄宪，明嘉靖四十一年建今岁时有司致祭。"

黄宪，字叔度，号征君，东汉著名贤士，汝南慎阳（今正阳县）人。其家世代贫贱，父为牛医。颍川荀淑到慎阳，在客店里遇到黄宪，当时他才14岁，荀淑感到惊奇，作揖施礼后，同他交谈整日，不愿离去。他对黄宪说："你是我的老师。"荀淑到袁阆处，袁阆还未及慰问，他便对袁阆说："贵国有颜回，你认识他吗？"袁阆说："看见我叔度了吗？"当时同县人戴良才高倨傲，只见黄宪不曾正容，回来时惘然有所失。其母问他："你又到牛医儿那里来吗？"他说："我不见叔度，不自认为不及他，及至见后，却感觉在哪方面，都远赶不上他。"太守王龚以礼引荐贤达之士，大多数都到了，唯独不能使黄宪屈服。位列三公的太学生首领郭林宗少游汝南，先过袁阆处，不住而回，见黄宪后，交谈数日，也不愿离去。有人问郭林宗，郭林宗说："奉高之器譬如汍滥，虽清而易挹。叔度汪汪如千顷陂，澄之不清，淆之不浊，不可量也。"黄宪起初被选拔为孝廉，后又被召到公府，友人劝他到任，他未拒绝，但到京师后，马上就回来了。居家长期过着不与浊世同流合污、闭门谢客的生活。汉桓帝永寿二年，岁次丙申，年四十八终，天下号曰"征君"。由于黄叔度不与世俗同流合污，人品高尚，后人曾为其立碑建祠，唐朝书法家颜真卿曾慕名，亲赴慎阳为书"汉黄叔度墓"碑五字（今字碑尚存）。

雍正《河南通志》也有载：

黄先生祠，在正阳县城内，祀黄宪，明孙继皋记：汝阳故有黄叔度祠，岁久不饰，且坏，某君以职事荐苹藻于祠下，周览太息，乃始葺而新之，盖东汉之世距今千三百年，其人与骨朽已久矣，而其祠辄坏，其名犹若新也，夫倬叔度与当世之贤豪比迹而论，列则慷慨不若李范，死国不若陈窦，流化一方不若荀陈，盖史亦谓其言论风旨无所表见，而胡以殁而祠，祠而至今不绝也。嗟夫，方汉之季士，争骛卓诡之行，相矜以声相高，以死当是之时，服桁杨齿刀锯甘心而不悔者，盖肩相摩、踵相接也，其祸至于正人尽而社稷从之，识者以此亦咨嗟叹息，诸贤之少激矣。叔度何不足为蕃为武为膺为滂，顾以为捐吾生无救于天下而又趋之，吾弗忍也，吾既不能以一木支大厦之颠，而又沾沾百里以为惠使天下犹得而窥其浅深，若太丘朗陵者，吾又弗为也。所谓隤然其处顺渊乎，其似道者，真知叔度哉。后世浅衷之夫以为叔度名迹隐晦，此特善自匿者，嗟夫荀季和之贤也，郭林宗之纯德也，戴良之高才也，陈仲举之盛名也，咸匪乐自损而妄誉人者，而靡不退然深服远去，鄙吝叔度之长，岂真善自匿也乎哉？假令叔度遭时得志，其建竖必在当时诸贤之上，何者善藏者必善用倏，而蠖屈倏，而龙跃自千载之下，阴度之其办此也，必矣惟其实能办之而言论风旨，又一无所见，此正善处浊世者，乃叔度所以贤也，虽然叔度并其当时之名与迹欲晦之，而后之人乃区区尸而祝焉，岂叔度之情乎，盖名以浊世晦者，必以清时显，古之黳迹岩薮而垂声来禩者非一也，则叔度之久而获祠于其乡也，固显晦之理也哉，且使后之人游于其祠，而夷考其人缘，其人以求其意，度其有风乎，则某君之为是举也，知政本矣，余故记之以诏来者，俾永勿坏。

黄叔度可谓属与汉严子陵一类的人物，都能够抵住世俗的诱惑，控制住自己的欲望，是内心比较清静的人物。有人认为他们对社会好像没什么贡献，但与那些因内心膨胀产生贪欲而对社会产生较大危害的政治家、军事家、社会活动家等所谓成功人士相比，能够控制住自己的欲望并达到清静无为的状态是世上绝大多数人都做不到的。

黄叔度祠后旧有其墓，历代文人墨客到黄叔度墓祠拜谒者甚多。1963 年正阳县人民政府将黄叔度墓列为县级文物保护单位。

《古今图书集成·职方典》亦载："黄宪故宅，在真阳县旧县治，明孙继皋有碑记，今废。"

正阳县南滨淮水旧曾建有临淮城。

《古今图书集成·职方典》载："临淮城，在真阳县南八十里，朱家店即其故址。"

临淮城遗址今尚存，位于正阳县皮店乡朱店，南距淮河 1000 米，西距今夏小庄约 700 米，东距朱小寨 500 米，北距姚庄 100 米。古城东西长 1000 米，南北长 800 米，面积 80 万平方米。四周护城河还可见到，现存西门，城河宽 90 米，南西两面存有部分城垣土基，高出地面近 3 米。这两处城门还可辨别，西门土基厚 25 米，南城垣外东西二莲花湖还在。湖底铺有方砖，两湖之间建有高约 1 米的暗渠，水可互通。城内过去有临淮寺，在今朱店街南头。寺内有古柏树一株，后毁于淮水。

据新编《正阳县志》记载："汉光武帝建武十五年（39）春正月，封子刘衡为临淮公，始建城，衡爱莲花，城濠皆种莲，时称莲花太子。"

《古今图书集成·职方典》亦载："晾马台，在真阳县东七十里，台上有古井，台下有莲花池。"

由此可知，汉光武帝及其子刘衡当为淮河中游一带重要奉祀神祇。

境内又有东岳庙神崇拜。

《古今图书集成·职方典·真阳县》载：东岳庙，在县城东门外。

境内又有真武庙、关帝庙、三官庙、铁佛寺、铜钟寺、石佛寺等，大多亦与水神崇拜有关。

《古今图书集成·职方典·真阳县》载：

真武庙，在县城北关外。

汉寿亭侯庙，在县南门内。

三官庙，在县东北隅。

弥勒寺，县治前宋明道二年建。

龙潭寺，县西北三十里。

铁佛寺，县西南三十里。

广教寺，县东三十里崇冈峻，岭环以间河，古木阴森，尘嚣自远。

文殊寺，县南七十里。

铜钟寺，县南六十里。

古岳寺，县东南三十里。

石佛寺，县南三十里板桥店。

淮水又东流，迳罗山县北。

《古今图书集成·职方典·罗山县》载："淮水，在县西北二十里。"

罗山县位于正阳县南，两县隔淮河相望。

罗山县旧属义阳郡，境内原有义阳侯庙，《大清一统志》有载："义阳侯庙，在罗山县西建城保，汉义阳侯傅介子。"

傅介子是西汉勇士及著名外交家，北地（今甘肃庆阳西北）人，汉昭帝时，西域龟兹、楼兰均联合匈奴，杀汉使官，劫掠财物。他对大将军霍光说："楼兰、龟兹国多次反复无常却没有受到谴责，不能用来惩戒他国。我经过龟兹时，他们的王离人很近，容易得手，我愿前去刺杀他，以此树立威信告示各国。"霍光说："龟兹国路远，暂且去楼兰试验此法。"于是就上奏汉昭帝派遣他前去，被任为平乐监。元凤四年（前77），傅介子以赏赐为名，携带黄金锦绣至楼兰，于宴席中斩杀楼兰王，另立在汉的楼兰质子为王。功成回国，汉昭帝封傅介子为义阳侯，赐给食邑七百户。士兵中刺杀楼兰王的都补官为侍郎。

史学家班超曾载曰："大丈夫无它志略，犹当效傅介子、张骞立功异域，以取封侯，安能久事笔砚间乎？"

傅介子义阳侯的封地即在罗山县境内，故当地祀之为地方保护神，千年不衰。

《古今图书集成·职方典·罗山县》亦载："义阳侯庙，在县治西建城保，汉傅介子封义阳侯，故庙祀之。"

境内又有孔子弟子子路崇拜遗迹，《大清一统志》有载："子路祠，在罗山县西南五十里。"

子路，姓仲名由，字子路，鲁国卞人，后尊称为先贤仲子，孔子的弟子，当过蒲邑（今长垣）邑宰，后来为孔悝家将，卫出公十八年（前459），蒯聩武力挟持孔悝，要他逼卫出公让位。子路为保其主孔悝，战死在孔悝家。

孔子周游列国时五十四岁，当时年已四十五岁的子路毅然辞官紧随，所以孔子曾经称赞他："自吾得由，恶言不闻于耳。"又称："道不行，乘桴浮于海。从我者，其由与？"在孔门众弟子中，子路是较为年长的，他一边依仗着自己的不凡身手担任孔子的护卫，一边以长弟子的身份帮老师管理着后入门的年轻师弟们。苏轼曾说："子路之勇，子贡之辩，冉有之智，此三子者，皆天下之所谓难能而可贵者也。"

子路随孔子周游列国时，在赴楚国途中曾到过罗山县境内，子路因在渡口问路，故留下有"子路问津"典故。

今在罗山县城西南 15 公里有个子路街，街南头有一条与小潢河汇合的小河，名叫子路河，都与"子路问津"有关。子路河旧有"子路问律处"三块石碑。明代立的一块现存于青山乡五里村，清代立的一块现存于青山乡洪河村。

境内又有子路山、子路洞，雍正《河南通志》载："子路山，在罗山县西南四十五里。"明万历《罗山县志》载："子路洞：嘉靖辛酉年知县陈思武申允建立，以子路问津、宿石门也。祭期用春秋二仲上丁祭"。子路山顶有子路祠遗迹。

《古今图书集成·职方典·罗山县》亦载：

子路山，在县西南四十五里，上有子路祠。

子路河，在县西南六十里，世传子路宿石门道，经于此。

境内又有楚王白公胜崇拜，《大清一统志》有载："白胜寺，在罗山县治东北，唐时建，为楚白公胜故居，故名。"

白公胜，芈姓，熊氏，名胜，号白公，楚平王之孙，太子建之子。白公胜之父太子建因遭费无极陷害，便携家人出逃，逃到郑国时遭郑国人杀害。太子建死后，白公胜便从郑国逃到吴国。后楚国令尹子西将白公胜从吴国召回楚国，封为巢邑大夫，白公胜喜好用兵，礼贤下士，总想攻打郑国替父报仇。不久，白公胜向子西请求攻打郑国，子西同意，却迟迟不出兵。后晋国攻打郑国，子西率军救郑，并接受郑国贿赂，白公胜对此很恼怒。几年后，白公胜击败吴军后，以献战利品为名，乘机发动叛乱，杀死子西和子期，囚禁楚惠王，自立为楚王。不久叶公沈诸梁率军勤王，与楚国国内的人共同攻打白公胜。白公胜兵败，自缢而死，楚惠王恢复王位。

白公胜因曾在罗山县境内居住，故被祀为地方神。

白胜寺旧在城内东街，后人因其地创佛宇，宣德三年重修，万历元年易为县治，即今之大佛寺。雍正《河南通志》亦载："白胜寺，在罗山县治东北，相传为楚白公胜别业，故名，唐时创建，明洪武十五年置僧会司于其内，正统十三年重修，万历元年与县治更置，明刘鸣瑞诗曰：风雨过萧寺，山川忆楚风。当年公子邑，今日梵王宫。客下虚堂榻，僧读别院松。何时携小品，趺坐问支公。"

境内又有鹊神和龙神崇拜遗迹，雍正《河南通志》有载：

鹊山，在罗山县南九十里，旧传有鹊群栖山上，每风雨将至，鹊必先噪，人常以为候。宋曾巩诗：一峰孤耸势崔嵬，秀色拖蓝入酒杯。灵药巳从清露得，平湖常泛宿云回。翰林明月舟中过，司马虚亭竹外开。我亦退公思蜡屐，会看归路送人来。

龙潭，在罗山县东八里，孙子起诗：鸿蒙留一壑，灵气自相迎。潭黑常疑雨，云昏不辨晴。水因浮石幻，山为蛰龙清。枯寂高僧老，同来结旧盟。

又在罗山县南彭新镇鸡笼山中有龙池，古为罗山八景之一，龙池中有黑白龙潭，其潭深不可测，民间传说潭内有黑白二龙。

《古今图书集成·职方典·罗山县》载：

龙潭，在县东五里，上有龙王庙，祷雨必应。

　　灵山寺泉，有二，一在绝顶，一在僧寺，相传有龙潜于中。

　　黑龙池，在县西一百二十里。弥陀寺前，渊深莫测，投以石，訇然有声。谓有黑龙潜其中，祷雨辄应，池之东有茶园，名龙池茶。池之西众岭盘踞，山峰缥缈，亦一邑之胜概也。

　　境内又祀白马神。

　　《古今图书集成·职方典·罗山县》载：灵山，在县西南一百二十里，《方舆胜览》云灵山视众山最高，每有云气覆顶，天必雨验之信。然下有白马洞，相传白马常出洞，人逐之忽不见。

　　境内又有老君崇拜遗迹，雍正《河南通志》有载："老君山，在罗山县东一百八十里，相传老君尝停车于此。"

　　境内淮河滨亦祀玄武大帝，淮河南岸东辅乡建有祖师庙。

　　又《古今图书集成·职方典·罗山县》亦载："真武庙，在县西北钓鱼台。"

　　境内又有清治河功臣黎世序遗迹御碑亭，御碑亭位于罗山县定远乡刘店村，是清宣宗皇帝于道光四年（1824）为表彰治河功臣黎世序而建的，亭南1公里处为黎世序墓地。"文革"时期，亭的八角翘檐被拆除，石碑被砸毁。2000年时被列为省级文物保护单位，2004年时修复此亭，残碑置于亭内。

　　黎世序幼年家贫，嘉庆元年（1796）中进士，同年任江西星子知县，不久调任南昌知县，南昌县境内彭蠡湖富仓、安乐等圩连年决口，四乡农田常常颗粒无收，黎世序到任后微服简从，实地勘查，了解水情，制订开河、筑圩、泄洪、浚淤方案，带头捐款筑堤。嘉庆十三年（1808）黎世序任镇江知府。镇江丹阳练湖（旧名曲阿后湖）年久失修，积淤成田，汛期即成水患。黎世序依据图籍和民众意见，制订浚淤方案，动工建造3座大闸。工程竣工后，练湖通航，水患减少，淹没区农田开始受益。嘉庆十六年（1811）黎世序任淮海道员。为疏通海口，黎世序力排众议，改开挖新河与修筑长堤为"束水攻沙"，使海口淤积疏浚，河复返故道入海，两江总督百龄和嘉庆皇帝对此大加赞赏，嘉庆十七年（1812），黎世序升任南河总督，为剔除衙门旧习，黎世序查办了一批玩忽职守的河务官吏，提拔了一些治河有方的官员。任职内，黎世序勤学博采，运用"分洪治水"理论在徐州城西北十八里屯、苗家山、虎山等地依山建造3座大坝，改"束水攻沙"为"重门钳束"（用全河之水并力攻沙），改厢埽（用土填压秸、苇的护堤办法）为碎石护坡。此举工期缩短，成效较大，节省白银二三十万两。清河县境运河，东濒黄河，汛期仅靠一线单堤防护，两岸数十万人民每逢汛期纷纷逃离。为治理运河水患，黎世序在黄河与单堤之间筑越堤，以两道护水堤埂共御洪水。道光四年（1824）一月黎世序病逝于任。道光皇帝为表其功，加尚书衔，晋太子太保，谥襄勤，入祀贤良祠，并在其家乡定远建御碑亭。

境内又有龙王庙、东岳庙、五岳庙、关帝庙、佛图寺、白莲塘寺、黑龙池弥陀寺等亦与水神崇拜有关。

雍正《河南通志》有载：

龙神庙，罗山县庙在县西后街，址存。

东岳庙，罗山县庙在十字街南。

《古今图书集成·职方典·罗山县》载：

五岳庙，在县西南青山保。

关帝庙，在南门内。

佛图寺，县西南百里。

白莲塘寺，县西南七十里，明邑绅副使尚维持有碑记。

黑龙池弥陀寺，县南一百二十里，元海公和尚建。

淮水又东流，迳息县境。

《古今图书集成·职方典·息县》载："淮水，在县南四里，详见确山山川。"

息县，周武王时封文王第三十七子羽达为息侯，始建息国，国都在今息县城西南青龙寺一带。楚灭息国置县，西汉改名新息县，北周时改置息州，明洪武四年（1371）降息州为息县。

息县境内有息侯庙，雍正《河南通志》有载："息侯庙，在息县西南十里，祀周息国始封君。"

周息国始封君即周文王第三十七子羽达，被奉祀为息县主要土主神。

关于息侯，历史上有"息侯伐郑"典故，出自《左传·隐公十一年》："（前712）郑、息违言，息侯伐郑，郑伯与战于竟，息师大败而还。君子是以知息之将亡也。不度德，不量力，不亲亲，不征辞，不察有罪，犯五不韪而以伐人，其丧师也，不亦宜乎！"

郑与息都是姬姓国，但郑国处于中原，国力较强，息国地处大别山区及淮水之滨，是古称淮夷的小国，息侯与郑伯一言不合，息侯就带兵讨伐郑国，结果在郑国的边境被打得狼狈大败。很多人因此嘲笑息侯，说从这一点得知息国将要灭亡，因为息侯作为一国之君，不量德量力，不审时度势，不能与亲戚搞好关系，也不能明辨是非真假，却想以武力威胁别国，自讨其辱。

境内又有息夫人庙，雍正《河南通志》亦载："在息县城西南。"

息夫人，春秋陈国国君之次女，嫁给息国国君做夫人，人称"息夫人"，因姓妫，也叫"息妫"。息夫人面如桃花，又称其为"桃花夫人"。周庄王十三年（前684）三月，息侯娶妫氏，路过蔡国，蔡哀侯献舞道："我小姨路过此地，岂可不一相见？"遂使人请息妫至宫款待。蔡侯不礼敬，戏息妫，息妫大怒而去。息侯闻蔡侯戏其妻，非常恼怒，遂即派人密告楚文王，假伐息，实攻蔡，以此报复蔡侯。九月，楚文王兴兵伐息，息侯求救于蔡，蔡侯亲来救息。蔡军安营未定，楚伏兵齐起，蔡侯不能抵挡，急奔息城，息侯闭门不纳，蔡军大败而逃，楚兵猛追，直至莘野（今汝南县境），俘虏蔡侯而回国。蔡侯以息夫人极美告之楚文王，楚文王大喜。周庄王十五年（前682），楚文王为欲得息夫人，假借巡方，率甲兵至息国。息侯设宴于朝堂，为楚文王祝寿，以谢前情。次日，楚王文设宴答礼，暗伏甲兵，擒息侯。息夫人闻变，叹道："引虎入室，吾自取也！"遂奔入后园，欲投井而死。适逢斗丹寻至，抢前一步，牵住息夫人衣裾，劝道："夫人不想救息侯一命吗？为何二人都去死呢？"息夫人为救息侯，只好去见楚文王。楚文王以好言抚慰，许以不杀息侯。于是，就在军中立息妫为夫人，带回楚宫。至周惠王二年（前680），息夫人已生二子，长子熊艰、次子熊恽（即楚成王）。然而，息夫人并没因自己今天得宠而忘与息侯的夫妻情。尽管面对良辰美景，仍然是满面愁容，泪水不断，三载从不与楚王对言。楚文王觉得奇怪。一天，楚文王问息夫人何故？息夫人垂泪不答。楚文王固请言之，息夫人对曰："我一妇人嫁二夫，不能殉节，我还有何话可说呢？"

此《左传》有载：息妫"生堵敖及成王焉。未言，楚王问之，对曰：'吾一妇人，而事二夫，纵弗能死，其又奚言'"。

息夫人之死，刘向《列女传》有载，楚灭息后，让息侯看守宫门，将息妫纳之于宫。楚文王出游时，息夫人趁机和息侯相见，说道："人生总要有一死，何必自找苦吃？我虽在楚宫，但一刻也没忘记你，我不能再嫁给第二人。我们活着，只能得到夫妻分离的痛苦，倒不如一块死去，在地下团聚。"并吟诗一首：

"谷则异室，死则同穴。谓予不信，有如皦日。"息侯劝阻，息夫人不听，遂自杀，息侯亦自杀，二人同日俱死。楚文王谓息夫人守节有义，便以诸侯之礼而合葬。

息夫人国破家亡以及吞声饮泣、默然抗争的不幸遭遇引来了古代人们的同情，后被祀为黄淮流域重要水神，唐代流传至江汉地区，当地也建有"桃花夫人庙"。

《大清一统志》也载："息侯庙，在息县西南十里，祀周息国君，又有息妫庙，亦在县西南，一名桃花夫人庙，唐杜牧有诗。"

境内又祀汉新息长贾彪，《大清一统志》有载："贾君祠，在息县治后，祀后汉新息长贾彪，元和志在县北一里。"

贾彪是东汉名士，字伟节，颍川定陵人，初与郭泰同为太学生首领，联合李膺、陈蕃等，评论朝廷，褒贬人物。曾为新息长。后因"党锢之祸"被禁，死于家。他有兄弟三人，均较著名，以他最为突出，时称"贾氏三虎，伟节最怒"。

贾彪因曾任汉新息县长，故亦被祀为地方神。

息县今建有马援广场，当为纪念汉新息侯马援，当地学者徐泽林《新息侯马援与息县》一文，载曰：

新息侯是光武帝刘秀非常钟爱的一个官爵。公元22年秋，刘秀参加绿林起义被王莽追杀，当逃到新息县（今息县）东部五十二里处时，已是人困马乏，他便叫侍从传令在此歇息。侍从转了一圈，回来禀报："战马无处可拴。"刘秀随意从地上拣起一根棍棒，边搋边说："廖天地里搋橛子——下桩。"不想这句话竟成为后人的一个歇后语，在息县乃至全国广泛流传。公元25年，刘秀建立东汉王朝，在新息县设新息侯府，将当年他拴马的地方起名为"下桩"，后来演化为"夏庄"。马援崇敬光武帝的丰功伟绩，自愿到刘秀当年"下桩"的地方为侯，自此马援便与息县结下一段不解之缘。

此当为传说一类的故事，说明息县亦以新息侯马援为荣。

境内又有汉光武帝崇拜，《大清一统志》有载："汉光武庙，有二，一在州西北滑城内，一在息县东一百里。"

境内又有桐柏山神庙，祀淮源之神，《大清一统志》有载："桐柏庙，在息县南祀桐柏山之神。"

息县境内又祀岳飞，《大清一统志》有载："岳忠武王庙，在息县南门外。"境内又有岳姓居住，此岳所建或与此有关。

境内还祀汉道士濮公，息县古八景旧有"濮山拱翠"，在淮河南五里许，有被苏轼赞为"东南第一峰"的濮公山，据传汉末道士濮公，修炼于此山东部首洞之中，金丹炼成，化为满山浮光，后人以濮公居此，遂称濮公山。雍正《河南通志》有载：

濮山，在息县五里，接光山境，中有濮公洞，相传濮公修炼于此，后仙去，石洞、石室尚存，山出珉玉及黑石，可为棋子。

仙洞，在息县濮山上。

境内又盛龙神崇拜，雍正《河南通志》有载：

龙神庙，息县庙在南门外。

青龙寺，在息县城西南一十五里古息城内，后废。

龙泉寺，在息县城西三十里霍家店始建未详，皇清顺治十三年重修。

紫龙潭，在息县南八十里。

黑龙潭，在息县东南三里。

境内又有清源真君庙。

《古今图书集成·职方典·息县》载："清源真君庙，在南关外，即白龙王庙，明永乐间建，成化间知县王刚，万历间知县王用宾相继重修。"

又有东岳庙多座，雍正《河南通志》亦载：

东岳庙，息县庙在东关。

　　东岳观，在息县东关，明成化十九年创建，万历三十年知县钱承撰、四十七年知县张大受、天启四年知县胡栋相继修葺，皇清顺治十二年知县邵光荫重修。

　　又建有碧霞观，祀碧霞元君，雍正《河南通志》亦载："碧霞观，在息县南关外，始建未详，明天启五年重修。"

　　碧霞元君与东岳大帝关联极大，即天仙玉女泰山碧霞元君，俗称泰山娘娘、泰山老奶奶、泰山老母等。据明王之纲《玉女传》："泰山玉女者，天仙神女也。黄帝时始见，汉明帝时再见焉。"在我国的北方地区，民众对碧霞元君的信仰极盛，信徒以之为奉神，祷之即应。旧以每年农历四月十八为祭祀日。

　　境内又有葛陂，雍正《河南通志》载："葛陂，在息县澶水东南，明黄尚质诗：澶水谁投杖，仙陂已化龙。宵钟随雨到，朝岸借云封。绿润天边草，青浮江上峰。老农欣被襫，相聚说年丰。"

　　"葛陂夜雨"亦是息县古八景之一，传说当年费长房为汝南市掾时，偶遇一老者卖药，老者悬一壶于街头，向晚日入则入壶中，市井之人皆不能见，独长房见之。费长房异而叩问其名，老者答曰"壶公"。后向其学，一日费长房思归故里，壶公授他一支竹杖，嘱曰：乘此杖可去任意想去之处。长房跨竹杖后，恍惚间即回到葛坡，投竹杖于地，竹杖化为一龙，迤逦而去，该地于是每至夜则作雨声。

　　《太平广记》卷十二《神仙十二·壶公》有载：

　　壶公者，不知其姓名也。今世所有召军符、召鬼神治病玉府符，凡二十馀卷，皆出自公、故总名壶公符。时汝南有费长房者，为市掾，忽见公从远方来，入市卖药。人莫识之，卖药口不二价，治病皆愈。语买人曰：服此药必吐某物，某日当愈。事无不效。其钱日收数万，便施与市中贫乏饥冻者，唯留三五十。常悬一空壶于屋上，日入之后，公跳入壶中。人莫能见，唯长房楼上见之，知非常人也。长房乃日日自扫公座前地，及供馔物，公受而不辞。如此积久，长房尤不懈，亦不敢有所求。公知长房笃信，谓房曰：至暮无人时更来。长房如其言即往，公语房曰：见我跳入壶中时，卿便可效我跳，自当得入。长房依言，果不觉已入。入后不复是壶，唯见仙宫世界。楼观重门阁道，公左右侍者数十人。公语房曰：我仙人也，昔处天曹，以公事不勤见责，因谪人间耳。卿可教，故得见我。长房下座顿首曰：肉人无知，积罪却厚，幸谬见哀悯，犹入剖棺布气。生枯起朽。但恐臭秽顽弊，不任驱使。若见哀怜，百生之厚幸也。公曰：审尔大佳，勿语人也。公后诣长房于楼上曰：我有少酒，相就饮之。酒在楼下，长房使人取之，不能举盉，至数十人莫能得上。乃白公，公乃下，以一指提上。与房公饮之，酒器如拳许大，饮之至暮不竭。告长房曰：我某日当去，卿能去乎？房曰：欲去之心，不可复言，欲使亲眷不觉知去，当有何计？公曰：易耳。乃取一青竹杖与房，戒之曰：卿以竹归家，便可称病，以此竹杖置卿所卧处，默然便来。房如公言。去后，家人见房已死，尸在床。乃向竹杖耳，乃哭泣葬之。房诣公，恍惚不知何所，公乃留房于群虎中，虎磨牙张口欲噬房，房不惧。明日，又内于石室中，头上有一方石，广数丈，以茅绹悬之，又诸蛇来啮绳，绳即欲断，而长房自若。公至，抚之曰：子可教矣。又令长房啖屎，兼蛆长寸许，异常臭恶。房难之，公乃叹谢遣之曰：子不得仙道也。赐子为地上主者，可得寿数百岁。为传封符一卷付之，曰：带此可主诸鬼神，常称使者，可以治病消灾。房忧不得到家，公以一竹杖与之曰：但骑此，得到家耳。房骑竹杖辞去，忽如睡觉，已到家。家人谓是鬼，具述前事，乃发棺视之，唯一竹杖，方信之。房所骑竹杖，弃葛陂中，视之乃青龙耳。初去至归谓一日，推问家人，已一年矣。房乃行符，收鬼治病，无不愈者。每与人同坐共语，常呵责嗔怒，问其故，曰：嗔鬼耳。时汝南有鬼怪，岁辄数来郡中，来时从骑如太守，入府打鼓，周行内外，尔乃还去，甚以为患。房因诣府厅事，正值此鬼来到府门前。府君驰入，独留房。鬼知之，不敢前。房大叫呼曰，便捉前鬼来。乃下车伏庭前，叩头乞曰改过。房呵之曰：汝死老鬼，不念温良，无故导从，唐突官府，自知合死否？急复真形。鬼须臾成大鳖，如车轮，头长丈馀。房又令复人形。房以一劄符付之，令送与葛陂君，鬼叩头流涕，持劄去。使人追视之，乃见符劄立陂边，鬼以头绕树而死。房后到东海，东海大旱三年。谓请两者曰：东海神君前来淫葛陂夫人，吾系之，辞状不测，脱然忘之，遂致之旱，吾今当赦之，令其行雨。即便有大雨。房有神术，能缩地脉，千里存在，目前宛然，放之复舒如旧也。

可知费长房为葛陂保护神，亦为水神。

境内有玉虚观，《大清一统志》有载："在息县北关外，天顺中建，本朝顺治十三年重修。"

境内又祀三官神。息县古八景之一又有"寨河晚渡"。息县城东南五十里，自光山境南来一河，是为寨河，直贯息县与潢川交界的要冲，向北汹涌滚入淮河，入河口又与吴村铺集东码头河交汇，是多处水流相汇之所在，旧时商业阜盛，东岸是堡子口集，西有三官庙古刹，三县客商云集此地，舟船穿梭，祀水神护佑。

淮水又东流，迳潢川县北。

境内有镇淮楼。

《古今图书集成·职方典》载："镇淮楼，在光州潢桥门上。宋建，今废。"

境内有淮河支流潢河、白露河等。

《古今图书集成·职方典·光州》载：

潢河，在光州，一名小黄河，源出湖广麻城县分水岭，经光山县界至州西北，流贯城东出，合恨沟入淮。

白露河，在光州东四十里，源出弋阳县南北，流历阴山关会溮水北流入淮。

潢川古为光国，春秋时为黄国，县城西北郊尚有黄国故城遗址，鲁僖公十二年（前648），楚灭黄，黄地入楚。西汉初（前206）置弋阳县，东汉初（前26）改为弋阳侯国，魏文帝黄初元年（220）置弋阳郡，北齐武平元年（570）更名定城县，唐武德三年（620）改弋阳郡为光州，宋宣和元年（1119）光州改为光山军，不久又为光州。民国初，废府州设道尹，二年（1913）光州改为潢川县。

境内地方神祀黄国主要代表人物春申君黄歇。

《古今图书集成·职方典》载：

春申君宅，即今光州治。按《史记》：楚封黄歇春申君，赐淮北地十二县，故有宅在此，又州东三里，河北有春申君丹炉。

漆井，在光州治，后纯漆垒成，极清彻，世传为春申君宅中井，至今不堙。

潢川境内亦祀濮公，濮州亦因此而得名，雍正《河南通志》"光州山川"载：

浮弋山，在州北八十里淮河滨，又名濮公山，濮公炼丹光浮于天，州与邑因之而名。

《古今图书集成·职方典·光山县》亦载：

浮光山，在光山县北八十里，其山仰凌碧落，俯映长淮，一名浮弋山。即弋阳山也。晋改名弋阳郡，以此又名濮公山。中有濮公祠，及石洞石池仙迹。相传濮公炼丹此山，光俘于天，故州郡咸以光为名，又出黑石，温润可为棋子，按浮光山即濮公山也。

潢川境内又有司马光庙，因司马光生于光州光山县而奉祀为地方神，《大清一统志》有载：

司马温公祠，在光州东南，宋庆元中建，明洪武六年重建，又有祠在光山县治西，光生于此，故邑人祀之。

境内又祀汉光武帝刘秀，《大清一统志》亦载："汉光武庙，有二，一在光州西北滑城内，一在息县东一百里。"

汉光武帝刘秀信仰在黄河、渭河、淮河流域一带广有影响，奉祀为重要保护神。

境内还祀宋陈亨祖，《大清一统志》亦载："悯忠祠，在光州城西，宋绍兴末知淮宁府陈亨祖围门殉难，诏立祠祀之，赐额悯忠。"

《宋史》卷四百五十三有"陈亨祖传"：

陈亨祖，淮宁大豪也。绍兴末，官军已复蔡州，亨祖遂领民兵据淮宁，执金知州完颜耶鲁，以其城来归。命为武翼大夫、忠州刺史、知淮宁府。金兵攻城，亨祖力战死之，举家五十余人皆死。赠容州观察使，立庙光州，赐额悯忠。

《古今图书集成·职方典·光州》载："悯忠祠，在州城西，祀陈亨祖，亨祖淮宁人，宋绍兴末，以兵据淮宁，杀金知州完颜耶鲁，以城归宋。宋授知淮宁府，后金人攻城，力战死阖，族五千馀人，皆与难，诏立祠祀之。赐额曰：悯忠。"

境内又祀明许逵，《大清一统志》亦载："许忠节祠，有二，一在光州西门内，一在固始县东，祀明副使许逵。"

许逵，字汝登，固始县人，他有勇有谋，曾为抗击流寇做出巨大贡献，曾与孙燧讨论过宁王对于明朝的危害，因反对宁王叛乱而被宁王所杀。《明史·卷二百八十九·列传第一百七十七》

有"许逵传"：

许逵，字汝登，固始人，正德三年进士，身长巨口，猿臂燕颔，沈静有谋兼勇，为人正直，初任山东乐凌官县知县，时值流寇作乱，寇率数万之众，围困乐凌城池，城中士兵仅百余人，城池危在旦夕，许逵下令，以寡敌众，谋略施计，由城门口起，拖筑战壕，形成狭巷，工竣，令收豆类，遍布巷道，沿巷两边外伏勇士，手持竹矛，枕戈待旦，逾四十余日矣。于斯，城开四门，诱敌入巷，众寇轻视，蜂拥已而入遁巷直冲，而沿巷伏兵四起，一声喊杀，寇知中计，马仰人翻，乱踏相残，因而伏兵戈矛齐集及灰砂石击，以致歼灭寇于巷底葬身齐亡，故绥靖安良有功，升山东佥事，后因绩优，升为江西按察副使，名震朝野，退迩崇敬焉。宸濠之变，欲篡帝位，群臣畏其势力，皆附和之，特畏且敬者，唯许逵也，托言，趁六月十六日假借生辰之庆，召集群臣设宴，计预立生死二门，顺者，加官晋爵，逆者，斩首示众，际当宸濠进酒至许逵席前，曰：当今皇上昏庸无能，吾欲夺而代之，许副使尊下如何？许逵大呼曰：天无二日、民无二王，副使唯有赤心耳！焉知其它？宸濠大怒，随呼左右推出斩首！许逵即骂口不绝，不屈而被害，临终吟诗赞云：孤忠不能见难关，但愿一死社稷安。许氏人称双节炯，也随明月转家还。捶身就义，享年三十六岁。

境内还祀弋阳三公，雍正《河南通志》有载："弋阳三公庙，在州西门内。"

弋阳是光州汉时旧名，弋阳三公当为县内境神也。

弋阳三公庙据称所祀唐陈元光及部将团练副使许天正、漳州司马马仁。清顺治《光州志》卷之二《建置考·祠庙寺观》中载："弋阳三公庙，在北城西门里。三神曰威惠侯、昭惠、孚惠侯，皆敕封。"

顺治《光州志》卷之二《建置考·祠庙寺观》载："弋阳三公庙，在北城西门里，三神曰威惠侯、昭惠、孚惠侯，皆敕封。"乾隆三十五年《光州志》卷十一之《坛庙志》也载："北城西门内有三侯庙，一曰灵应侯，一曰顺应侯，一曰显应侯。旧志谓皆敕封，但未详其姓氏由来，今遂湮不可考。"

又据《钦定四库全书·集部四·别集类三·宋·文忠集·卷九十四·掖垣类稿》宋周必大（丞相）掖垣侍诏诏敕，文曰："光州城西威惠庙，中尊威惠显应侯，加封英格威惠显应侯；东位昭惠顺应侯，加封武格昭惠顺应侯；西位孚惠灵应侯，加封忠格孚惠灵应侯，壬午年八月七日（南宋嘉定十五年，即 1222年）。"

乾隆《光州志·卷十一·坛庙志》亦载："广济王祠，在学宫前，祀郡人陈公元光，宋孝宗时封为'灵著顺应昭烈广济王'，有司春秋祀之。元光，本郡人，唐高宗时，为岭南行军总管，镇守漳州，阵殁，子孙世守漳。后元光三十六世孙烨，于万历初为州守，士民为立广济王祠于学宫傍，以表其先德，后遂以烨配祀。有祭田七亩，在南里九甲行粮。"

康熙《汝宁府志·卷十一·人物·忠节·陈元光传》也曰："唐陈元光，字廷炬，光州人，风姿卓异，博览经书，年十三，领光州乡荐第一，总章间从其父领将兵五十八姓以戍闽，政卒代领其众，……，为贼所殒，百姓如丧考妣，立庙祀之。事闻，诏赠品职，赐谥忠毅。乾道四年（1168），加封显著顺应昭烈广济王，有司春秋祀之。"

许天正，清嘉庆《云霄厅志》有载："许天正，汝南人，总章己巳（669）年，奉敕副陈政，出镇泉潮。政殁，子元光袭左郎将，凡所申请，必与许天正讨论而后行。元光居祖母丧，以天正代领泉潮事，平抚贼寇，置堡三十六所，教诲捍御，变椎而复伦序，岭海寂宁，表升中奉大夫兼岭南行军团练副使。天正博学能文，军政之暇未尝释卷。军中语曰：'别驾秀辗文不加点，点须成典，视我邦宪。'元光平潮阳寇，题诗曰：'参军许天正，是用纪邦勋'。历官泉潮团练副使、宣威将军兼翊府记室……宋时追封昭应侯。"

又据《开漳圣王陈元光》载，马仁，河南光州人，二十多岁以府兵营将随左郎将归德将军陈政入闽，任玉钤卫校尉，有干略，威猛过人，屡立战功，陈元光置（漳州）郡后，奏授漳州司马，唐睿宗景云二年（711），马仁为救主帅陈元光突围，战死沙场。闽南民口有评，马仁"刚强威猛，惩恶扶善，诛奸灭邪，绥靖四境，保民平安"，而奉为地方重要的保护神，与陈元光、陈政同祠于庙中。宋绍兴年间，以明威将军追封为殿前都检威武辅顺上将军。民间称辅顺公，或马王公。夫人韩氏，荫封为策应妙英夫人。

陈元光信仰在福建漳州一带影响很大，被称为开漳圣王，奉为主要地方保护神。

境内又有将军庙。

《古今图书集成·职方典·光州》载："将军庙，在州北三里。"

清乾隆《光州志·卷十一·坛庙志》亦载：

将军庙，在州西北三里，旧志失载。土人传将军姓李名愫，唐太宗时因剿寇阵亡于此，屡著灵异，遂建庙祀之。按《唐书》，隋末，乐安人卢祖尚据光州，自称刺史。唐高祖武德四年，以光州降太宗，时州境宁谧，并无寇患。

境内又有三义观，位于潢川县南城的南海湖北岸，据称建于清康熙四十年（1701），该观坐北面南，观内大殿供奉"桃园三结义"的刘备、关羽、张飞像。现存的山门、大殿、二殿、三殿及东西两边的配套边房共计八十多间房屋，建筑宏大，观内大殿前的一对铁旗杆极为有名，此铁旗杆铸造于嘉庆十四年（1809），为圆柱体，高 21 米，重 35000 斤，直径 28 厘米，铸造精细，疏密有致，标志着清代冶铸工艺的辉煌。旗杆顶端有一对展翅欲飞的雏凤，背负风火轮，轮中央有日月二字，在第二个方斗与第三个方斗之间铸铁龙一条，第三个方斗之下又有铁龙一条。龙凤之下虎头莲花衔着一副铁铸对联，左书：铁杆颂德高千尺；右曰：铜柱表诚灿九霄。

三义观旁又有南海禅寺，所祀观音大士。旧时每逢农历二月十九日、六月十九日、九月十九日，南海禅寺都行观音庙会，当地又称小南海观音庙会。新中国成立前，许多百里之外的香客都赶来朝拜，烧香许愿之人便络绎不绝，殿堂庙廊里的善男信女摩肩接踵，鞭炮之声此起彼伏，不绝于耳。

雍正《河南通志》有载："水月观，在州治南城玉清观右侧，明万历年间郡绅黄衮创建。"

境内又有祀关帝、玄武、玉皇、东岳、龙神等庙宇，雍正《河南通志》亦载：

关帝庙，在北城，祀汉忠义侯，雍正元年奉旨追封忠义侯三代为公爵，另立祠祀。

元真宫，在州治北城北关，明时郡绅刘黄裳创建。

玉清观，在州治南城，明正统间创建。

东岳庙，在东门外。

龙神庙，在北郊外。

五龙宫，在州城东二里。

以上各神大多兼司水神。

境内又有晋刘伶崇拜，雍正《河南通志》有载："刘伶寺，在州城北三十里。"

刘伶，字伯伦，沛国（今安徽淮北）人，魏晋时期名士，与阮籍、嵇康、山涛、向秀、王戎和阮咸并称为"竹林七贤"，刘伶嗜酒不羁，被称为"醉侯"，好老庄之学，追求自由逍遥、无为而治，曾在建威将军王戎幕府下任参军，因无所作为而罢官。泰始二年（266）朝廷征召刘伶再次入朝为官，刘伶拒绝，后卒。

据传刘伶嗜酒如命，常常坐着鹿车，带一壶酒，使人扛着锹跟着，说："如果我醉死了就把我埋了。"

潢川刘伶崇拜当从淮河下游一带流传而来。

境内又有南岳、姑嫂二仙、明太祖等神祇崇拜。

《古今图书集成·职方典·光州》载：

南岳山，在光州南三十里，东亘高冈一带，有水北流，按《水经》：淠水入弋阳南岳山，北流入淮，《图经》谓之白露水。

彭山，在光州东南七十里，俗名砖塔冈。中有九子岩，三教洞；下有小川百折，通小商河；上有古塔。相传有姑嫂二人，一夕造成，后皆仙去。

上油冈，在光州北六十里，有古寺，相传明太祖微时游淮上，龙潜此寺，曾上油于佛灯，故名。

淮水有支流潢河，发源于湖北和河南交界一带的新县万子山，流经光山县、潢川县境，至踅孜镇两河村汇入淮河。潢川县就是以此河而得名。雍正《河南通志》有载："潢河，源出分水岭，流经光州城中入淮。"

《古今图书集成·职方典·光州》亦载："潢水，在光州，源出黄土白沙两关之间，东流至州南，抱城而东与淮水合流。赵彦珧诗：潢河绕出郡城楼，楼枕潢南城上头。天阔星连翼轸分，地长川带汉江流。"

新县旧为光山县境一部分，其境万子山即旧光山县与湖北麻城县的界山。

雍正《河南通志》有载:"官渡河,在光山县南五里,源出分水岭,至光州为小潢河,北流合梅林泊陂张师等河及蒋沟、磨子港入淮。"

光山县最有名的地方神是司马光。雍正《河南通志》有载:

司马温公庙,有二,一在州学内,宋淳熙间建,明天顺七年修;一在光山县治西,明洪武六年重修,以公生于其地也。宋叶祐之记:故太师文正司马公生光山,实天禧三年十月十八日,其祠于郡不知何岁月,或云自嘉祐,盖公之名德不独重于熙丰、元祐,其在神宗之时固已如日星之昭垂矣,中兴祠凡屡易,绍熙壬子始建于郡东堂,水心为之记,庆元己未又移于郡学讲堂之西序……兹侯亦夫子之门人也,因公之祠乃复诵之,侯又刊公传家集且表废田专给祠费,尝以岁十月修生初之祠,云侯名元寿,绍定三年八月记。

今光山县城正大街中段尚存司马光故居,此为司马光出生地。

司马光,字君实,祖籍山西,出生于河南省光山县,自幼聪慧好学,宋仁宗宝元六年(1038)。考入进士甲科,历任仁宗、神宗、哲宗四朝,先后任天章侍制兼侍讲、知谏院、翰林学士兼侍读学士、右谏议大夫、尚书左仆射兼门下侍郎等职,卒赠"温国公",谥文正,赐"忠清粹德"碑。其著编年体史书《资治通鉴》对后世影响巨大且深远。

司马光父亲司马池宋真宗天禧三年(1019)为光山令,其子司马光生于官廨,今其故居即光山县署官余遗址,面南二进,院为四合院落,大门门屋北檐外有照壁,有前厅、厢房、书斋、后堂等。院中植柏树、胡桃、梧桐、中置一井(司马井)。司马光童年在这里度过,著名的"司马光砸缸"的典故也出于此地。

境内又有苏东坡遗迹，《大清一统志》载："东坡先生祠，在光山县南净居寺，东坡尝读书其内，故后人祀之。"

雍正《河南通志》也载：

净居梵王寺，在光山县城南，唐时创建，内有东坡读书台，宋苏轼诗并序：寺在光山县南四十里大苏山之南小苏山之北，寺僧居住为余言：齐天保中僧思慧过此，见父老问其姓，曰苏氏，又得二山名，乃叹曰：吾师告我遇三苏则住，遂留结庵，而父老竟无有，盖山神也，其后僧智凯见思于此山而得法焉，则世所谓思大和尚智者大师是也，唐神龙中道岸禅师始建寺于其地，广明庚子之乱，寺废于兵火，至乾兴中乃复而，赐名曰梵天，云：十载游名山，自制山中衣。愿言毕婚嫁，携手老翠微。不悟俗缘在，失身蹈危机。刑名非凤学，陷阱损积威。遂恐死生隔，永与云山违。今日复何日，芒鞋自轻飞。稽首两足蹲，举头双涕挥。灵山会未散，八部犹光辉。愿从三圣往，一洗千劫非。徘徊竹溪月，空翠摇烟霏。钟声自送客，出谷犹依依。回首吾家山，岁晚将焉归。

净居寺今尚存，据传苏东坡、陈季常、黄庭坚咸会于此，颂为三贤。寺前现有5株古柏，排列左右，挺拔而立，世传为唐代所栽，还有一棵年逾千载的银杏，树高7丈余，干粗三四人围，冠枝遮盖面约1亩，树上寄生一檀一柏，人称"同根二异树"。宋真宗题名"敕赐梵天寺"石刻5个大字匾额，现仍嵌在门头上。寺内大雄宝殿，系明代建筑。寺中尚存"宋苏轼游净居寺诗并叙"碑。又有"东坡读书堂"等景观。

境内有祀玉皇、王母崇拜，如大苏山国家森林公园有大苏山主峰，称之为王母观；又雍正《河南通志》记载，在光山县城北二十里有玉皇观。

境内又祀水神玄武祖师，雍正《河南通志》有载，"玄武观，在光山县有二，一在孙铁铺，一在泊陂河"。

又白云山顶峰有庙观，始建于唐朝，几经毁坏，几度修复，几度更名，先称白云观，后谓祖师庙。因庙的顶盖铺是银灰色琉璃瓦，在太阳的照射下金光四射，所以人们把主峰庙宇称为金顶，又说清顺治年间光山知县管声骏将庙内菩萨重塑金身，放眼望去金碧辉煌而得名。今山顶残存石门刻有"瀑布师真显，云凝祖德深"楹联，将祖师二字嵌在对联之中，门楣上有"飞龙敬香"图腾。

白云观，《大清一统志》有载，"在光山县南石盘山，唐时建。"雍正《河南通志》亦载："白云观，在光山县城南九十里石盘山，唐时创建，唐王曾焚修其中，有唐王洞。"

唐王洞今尚存，当地传说唐王李世民在没有登基之前在洞中清修，受到庙里和尚的礼遇，后赐封号为"磨云山"。

光山境内又有观音崇拜遗迹，雍正《河南通志》有载："观音岩寺，在光山县城南五十里，明张恪诗：扪萝携侣陟重巅，百尺楼台上接天。碑卧莓苔犹有字，树缠藤葛不知年。闲消半日山僧偈，悟彻三乘一指禅。无限云沙图画里，分明留待米颠传。"

境内又多龙神崇拜遗迹，雍正《河南通志》有载：

龙蟠山，在光山县南八十里，势若龙蟠，每云出必雨。

龙潭寺，在光山县城西南七十里。

卧龙台寺，在光山县城西三十五里。

回龙观，在光山县城南五里。

飞龙观，在光山县城南一十五里。

九龙观，在光山县城南八十里。

紫龙堰，在光山县东十里。

会龙山，在光山县南四十里，二山并峙，如云龙相会。

黑石山，在光山县南一百里，上有黑龙王庙。

龙池，在光山县西南一百五十里天台山下，祈雨有应。

境内也祀东岳神，雍正《河南通志》载："东岳庙，在东门外，光山县祠。"

光山县境内又有紫水，雍正《河南通志》载："紫水，在光山县城外，源出仙居山。"仙居山，雍正《河南通志》记载，"在罗山县南二百三十里"。

仙居山上有仙人庙，祀葛洪。《大清一统志》有载："仙人庙，在光山县西南，《寰宇记》在仙居山顶，相传葛洪先时曾宰乐安县，人户馑厄，齐之以丹，至今祀之。"

乐安县为南朝宋文帝元嘉二十五年（448）所置，县治在今光山县西一带。隋开皇三年（583）光城县并入乐安县，隋开皇十八年（598）析置光山县，唐天宝元年（742），玄宗诏改乐安县为仙居县。宋建炎元年（1127）并入光山县。

可知周边一带的葛洪崇拜源出于此。

《古今图书集成·职方典·光山县》亦载："仙居山，在县杏山西南七里，其南西山石室仙人所居也。梁置仙居县以此，刘宋公置乐安，晋葛洪为乐安宰年饥济之以丹。"

紫水河流经光山县城东门外，旧时由于县城东部地势低洼，河塘众多，每逢下雨，县城积水皆汇集于此，形成洪灾，因此便有修塔压海眼以镇伴洪水的创议。故明代起建宝塔以镇河妖，称紫水塔，今塔为清光绪年间重建，为典型的楼阁式砖塔，塔基由花岗石砌成，塔身由灰砖砌成，塔门西向，石雕门额"紫水塔"三字凸膛横排，上款镌"同知衔知光山县事王玉山题"，下款刻"光绪丙申孟夏上浣重建"。塔内有塔室，壁间有石阶，檀木楼板，通过每层楼板旋壁间石阶可以攀登凭眺，2000年被河南省公布为省级文物保护单位。

境内又有铁瓦寺、天台寺，雍正《河南通志》亦载："天台山，在光山县西南一百五十里，上有铁瓦寺，下有天台寺。"铁瓦寺一般与水神崇拜有关。

境内又有汉光武帝崇拜。

《古今图书集成·职方典》载："天子城，在光山县东十里，城临官渡河，汉光武夜过，屯兵于此，故名。"

光山县旧亦滨淮水，又有淮河支流寨河、官渡河、临仙河等。

《古今图书集成·职方典·光山县》载：

淮水，在县北九十里。详见确山山川。

寨河，在县北二十里，合清流河北入淮。

官渡河，在县南五里，源出分水岭，至光州为小黄河，合梅林河入淮。

临仙河，在县南二十里，合官渡河北流入淮。

淮水又东迳至淮滨县。

淮滨县是新中国成立后的新建县，由固始、息县两县析置。1952 年设立，县人民政府驻乌龙集，以位于淮水之滨而得名。

境内建有淮河博物馆，位于淮滨县城东湖风景区内的东山岛上，建设用地 34000 平方米，建筑面积 8000 平方米，由博物馆主体楼、碑林、三贤阁、过岛路桥和具有春秋战国时期风格的图腾柱等附属建筑组成。博物馆设 16 个专题展厅，用丰富翔实的文物资料全面展示淮河流域的历史文化、民俗文化、水治理文化等。馆内描绘有从桐柏淮源开始的整个淮河流域风貌的大型壁画《千里淮河万古流》，馆藏有淮河流域出土的具有 20 万年左右的各类动物化石（如鹿角骨、象颈椎骨和胫骨、猛犸象下颚骨、兽蹄）以及淮河流域主流、支流的水标本等。

淮滨县城乌龙集自古以来就是淮河南北文化的交汇点及重要

水运码头，物资集散以盐粮为主，据乾隆《光州志·盐法》载，"本州共计一万二百一十六引盐船，自淮北至正阳关，经乌龙集小船起驳，由淮河入境抵州"。民国时期，乌龙集车水马龙，水中舟楫来往如梭。史料记载，1949 年的乌龙集 8000 口人，有锦货店 13 家，百货店铺 67 家，盐粮行 68 家，烟厂 2 家（生产的"四民牌""竹叶牌"香烟驰名全区），每遇阴历双日逢集，每集成交粮食 500 石，杀猪 200 头以上。

乌龙集旧有东王庙、三官庙等神庙，东王庙祀东岳大帝，三官庙祀天地水三官大帝，并流行有农历三月二十八日东王庙庙会、三月三日三官庙庙会等。

乌龙集之西淮河南岸的张庄集，也是淮河上的著名码头，南北朝时曾设过安宁县，如今护城河还较好地保留着。张庄集因为淮河码头，货物四通八达，集市一直较为繁荣，还有众多的古寺庙遗址，如真武庙、金龙四大王庙、张果老庙、奶奶庙、寿安寺、马王寺等。其中真武庙、金龙四大王庙是著名水神庙。

境内又有铁炉营位于洪河南岸，有祀华佗庙、东岳庙，当地传说李自成曾驻兵于此，因军中瘟疫祀华佗而愈，故建庙祀之，又说李自成作为起义军首领，十分崇拜周朝名将黄飞虎，于是就又建立了东岳庙。

淮滨县境内又有邓湾玉皇阁、赵集西水台庙等。

淮水又东迤至固始县北。

《古今图书集成·职方典·固始县》载：淮水，在县北七十里，自张庄入境，受白露河、曲河、史河水至朱皋出境。《山海经》云：淮在期思北是也。详见确山山川。

固始县旧有孙叔敖祠，《大清一统志》有载："孙叔敖祠，在固始县北期思镇，祀楚相孙叔敖。《水经注》期思城西北隅有楚相孙叔敖庙，庙前有碑，《元和志》孙叔敖祠在固始县西北七十五里。"

雍正《河南通志》亦有载："孙叔敖庙，有二，一在固始县西北七十里，汉县令段先建，明洪武十六年修，一在固始县期思镇。"

期思镇在今淮滨县境内。境内有白马寺，雍正《河南通志》有载："白马寺，在固始县西北六十里古期思城。"当祀有白马神，或与孙叔敖崇拜有关。

孙叔敖是春秋时期楚国令尹，历史名相。芈姓，芀氏，名敖，字孙叔，固始县期思镇（今属淮滨县）人。后受楚庄王赏识，开始辅佐庄王治理国家。他辅佐楚庄王施教导民，宽刑缓政，发展经济，政绩赫然，主张以民为本，止戈休武，休养生息，使农商并举，文化繁荣，翘楚中华。因出色的治水、治国、军事才能，后官拜令尹（宰相），辅佐庄王独霸南方，楚庄王成为春秋五霸之一。因积劳成疾，孙叔敖病逝他乡。《孟子·告子下》载："舜发于畎亩之中，傅说举于版筑之间，胶鬲举于鱼盐之中，管夷吾举于士，孙叔敖举于海……然后知生于忧患而死于安乐也。"司马迁《史记·循吏列传》列其为第一人。毛泽东主席在视察淮河时多次提到孙叔敖，说他是一个了不起的治水专家。

据《淮南子·人间训》记载，孙叔敖在出任令尹前，"决期思之水（今河南固始县境的史河），而灌雩雩之野"，即带领当地人民兴建水利工程，灌溉农作物，这项水利工程，就是中国古代历史上著名的"芍陂"。三国时，曹魏的刘馥重加整治。

雍正《河南通志》有载："茹陂，在固始县东南四十里，汉刺史刘馥筑以溉田。"

固始县境内旧又有皋陶庙，《大清一统志》有载："皋陶庙，在固始县东关。"

皋陶是与尧、舜、大禹齐名的"上古四圣"之一，葬之于六，禹据其功德，封皋陶后裔于英、六一带（今安徽六安市），故亦被尊为六安国始祖。

尧都平阳（今山西临汾），高阳氏的皋陶与高辛氏的契、后稷共同辅佐舜。舜为了尊重禅让制度，推举皋陶当继承人，并让他全权处理政务。舜继位后，江淮诸国对舜有不满情绪，皋陶多次巡视江淮，宣讲舜功绩，终使淮夷畏威怀德，一致拥戴舜。皋陶在帝舜死前就逝世了，皋陶死后，葬于六安，《帝王世纪》："皋陶卒，葬之于六。禹封其少子于六，以奉其祀。"故六安古称皋城。

皋陶的首要政治主张是实行德政，皋陶认为实行德政的关键在于提高人的品德修养。强调君主、群臣的修身应由上而下，由己及人。皋陶的思想后来被孔子继承和发扬光大，创立了儒家理论学说，成为中国整个封建王朝治国基础理论。

皋陶曾制法律，后人奉之为中国司法鼻祖，又作耒耜，为发展农业生产作出了巨大贡献，晚年辅佐大禹治水，亦劳苦功高。《史记·殷本纪》引《汤诰》曰："古禹、皋陶久劳于外，其有功乎民，民乃安。东为江，北为济，西为河，南为淮，四渎已修，万民乃有居。"皋陶还辅佐禹在涂山举行了治服水患的庆功盛典："会诸侯于涂山，执玉帛者万国。"

《古今图书集成·职方典·固始县》载："蓼侯祠，在东关，祀皋陶，知县杨汝楫新建。"

皋陶是古淮夷地区的重要保护神，固始皋陶崇拜当由六安一带流传而来。

境内又祀杨行密。《大清一统志》有载："吴王庙，在固始县南独山上，祀杨行密。"

　　杨行密是五代十国时期吴国奠基人，史称南吴太祖，原名行愍，字化源，庐州合肥人。杨行密出身底层，原为庐州牙将，中和三年（883）拜庐州刺史，景福元年（892）朝廷封杨行密为淮南节度使。乾宁二年（895），加拜为检校太傅、同中书门下平章事，后又封弘农郡王。经过长期混战，杨行密在江淮一带立足。天复二年（902），晋封吴王，并实现由藩镇向王国的转型，南方割据势力与北方中原政权并存的局面得以形成，为南唐奠定基础，开启唐宋之交政治整合和经济文化中心南渐先河。天祐二年（905），杨行密去世，享年五十四岁，唐朝追谥他为吴武忠王，吴国武义年间改谥吴孝武王，其子杨溥即帝位时追尊其为武皇帝，庙号太祖。

　　杨行密于五代乱季在江淮一带保境安民，发展生产，故被祀为境域保护神，固始一带地处境边，故亦祀之。

　　《古今图书集成·职方典·固始县》亦载："独山，在县南七十里，高五里，上有杨行密庙。"

　　境内亦祀明忠臣许逵，《大清一统志》有载，"许忠节祠，在固始县东，祀明副使许逵"。

　　许逵是固始县人，明正德年间任江西按察副使，因反对宁王朱宸濠叛乱而被害。事前他曾将《文天祥集》赠给好友给事中张汉卿，但无书信。张汉卿对人说："宁王府必然要谋反，汝登恐怕要做文天祥吧！"许逵的父亲在家居住，听说江西有变，都御使和副使遇害，许逵父亲马上做了一个牌位，换了丧服哭悼。有人奇怪地问他原因，许父说："那个副使必定是我儿子。"世宗即位，赠逵左副都御史，谥忠节，荫子一人。又因逵在山东抗击义军有功，再荫一子。嘉靖元年（1522），改赠逵为礼部尚书，升所荫子为指挥佥事。

　　许逵亦为固始县境内主要的地方神。

境内还祀龙神、东岳、观音、仙姑、石佛、地藏等神祇。雍正《河南通志》有载：

龙神庙，固始县庙在北城外。

安阳山，在固始县东南五十里，一名太阳山，又名大山，上有白龙池，明王稷登诗：蓼国风流地，青山控县开。池经龙卧后，峰记鹤飞来。空翠时蒸雾，晴岚欲引雷。居民占雨信，不待使车回。

分水寺，在固始县城东，分水亭水至此三分，均资灌溉，前奉龙王，后乃佛殿。

东岳庙，固始县庙在北关。

大步山，在固始县东南八十里，上有三圣仙姑庙。

石佛潭，在固始县西南二十里，祈雨有应。

观音寺，在固始县城内西南隅，明洪武三年创建，置僧会司于其内。

地藏寺，有二，一在固始县城南七十里三峰山，明永乐三年创建；一在商城县城北三十五里。

《古今图书集成·职方典》亦载："白龙池，在固始县大山上。时有蜃气成人马楼台状，祷雨辄应。"

境内又祀玉帝、文昌、关帝等。

《古今图书集成·职方典·固始县》载：

东岳庙，在县东北。

汉寿亭侯庙，在东关。

挽河楼，在东关，祀玉帝，知县杨汝楫新建。

砥柱阁，在东关，祀文昌，知县杨汝楫新建。

杯渡阁，在东关，祀观音大士，知县杨汝楫新建。

固始县张老埠乡人祖村今尚有人祖庙，建筑面积680平方米，分前殿、中殿和大殿。前殿7间，上面有一戏楼，中间门楼上悬挂人祖庙大匾。中殿待建。大殿为明三暗五二层，飞沿翘角，上覆琉璃瓦，大殿正中有人文始祖匾额。殿内祀人祖太昊伏羲氏，旧时每年农历正月十六（人祖诞辰）和九月初九日（人祖升天日）举行二次庙会。

境内又有张果老崇拜。

《古今图书集成·职方典》载："张果潭，在固始县西，枣林冈古城下。"

境内又有汉高祖及项羽崇拜。

《古今图书集成·职方典》载：

金波池，在固始县东城下。世传汉王追项羽，至此饮马。

霸王台，在固始县西九里。世传项羽与汉高祖相拒筑此，遗址尚存。

漆井，在固始县。前世传汉高祖追项羽至此，驻兵因水有卤，用漆布之，使不通碱，见《一统志》。

固始县境内，有淮水支流灌水穿境而过，雍正《河南通志》有载："大灌水、小灌水，俱在固始县东南四十里，俗呼浍水，褚先生论神龟出于灌水间即此。"可知灌水亦是一条知名河流，流域奉祀神龟，神龟当为灌河水神之原型。

灌水发源于豫鄂交界的大别山，向北流经商城县，流经河南省商城县和固始县，全长164公里（入史河口以上），集水面积1650平方公里，在固始县境内与史河合称史灌河。

史河，古称决水，俗称沙河或大沙河，是淮河南岸较大的支流和其主要的洪水来源之一，源出安徽省金寨县大别山北麓，向北流经霍邱县，于长江河汇流处进入河南省，并于固始县三河尖镇注入淮河。全长220公里，流域面积6720平方公里。沿岸人口密集，城镇众多，自上游起分布着金寨县老县城梅山镇、金寨县新县城江店镇、霍邱县叶集镇（县级，改革试验区）、固始县陈淋子镇、固始县城关镇、固始县三河尖镇等较大的城镇。

史河支流长江河是河南省、安徽省界河，以出产长江河"贡鱼"闻名。又有支流羊行河，古称杨行密河，因源头山上有杨行密庙而得名。

灌水上游又称商城河。

《古今图书集成·职方典·商城县》载："商城河、泰苏河、下马河、四道河、麻埠河，在县，以上五河，源俱出金刚台山下，北流经固始会定河入淮。"

境内东岳庙、汉寿亭侯庙、双河庙等亦与水神崇拜有关。

《古今图书集成·职方典·商城县》载：

东岳庙，在县治东。

汉寿亭侯庙，在县西四十里马鞍山下。

双河庙，在县南八十里。

商城县境内最有名的寺院是崇福寺，《大清一统志》有载："崇福寺，在商城县西北，始建未详，旧名龙泉寺，明成化中改今名。"

崇福寺今已毁，寺旁尚存崇福寺塔，位于今商城县第一中学校园内，俗称北塔、白塔，千百年来崇福寺塔岿然与大别山第二巨峰金刚台遥相并崎，湨水河自南向北环绕西侧，据民国《商城县志稿》记载："崇福寺古塔，城内西北隅，寺有碑记，唐时重修。"塔平面呈等边六方形，底层直径 6.4 米，通高约 22.3 米，为七级仿楼阁式砖塔。塔由须弥座、塔身和塔刹三部分组成。该塔气势雄伟，为当地标志景观。

崇福寺塔位于湨水河畔，当然也是以镇河妖而建。

湨水河又称白露河，雍正《河南通志》有载："湨水，在固始县西五十里，水经云湨水入弋阳南岳山，北流注于淮，图经谓之白露水。"

　　白露河发源于新县小界岭，流经商城县的余集镇、新县的沙窝镇，进入白雀园镇境内，经白雀园镇进入潢川县，至淮滨县入淮河。

　　露仙姑应该是白露河女神，或是流域内武则天崇拜的原型。

　　商城县境内横溪山亦有武则天崇拜遗迹，雍正《河南通志》有载："横溪山，在商城县西南一百八十里，夹水横流，相传为唐武后梳洗崖，相对有照镜崖，内有胭脂、石粉、石油、石火石，其下有河，分为十八道。"又载："照镜崖，在商城县南五十里，其形似镜，故名。黄峒诗：谁曾一对照，镜向石边悬。古木依山冷，孤云带月还。花香留此日，人影去何年。两岸泉飞急，烟波拟泛仙。"

　　境内又有九姑神及太子神崇拜。

　　《古今图书集成·职方典·商城县》载：

　　九姑潭，在县南六十里。相传兵乱九女同投入水，故名。

　　太子滩，在县北三十里，俗传有太子自崖舍身投河，故名。

　　境内又有项羽崇拜遗迹，雍正《河南通志》有载："饮马池，在商城县西一十里，相传项羽饮马处。"项羽是秦末西楚霸王，又自刎于乌江，是江淮一带重要境神兼水神。

　　商城县又有龙神、石神崇拜遗迹，雍正《河南通志》有载：

　　龙神庙，商城县庙在东门内。

　　龙井，在商城县西。

　　龙潭，在商城县东三十里。

　　九龙山，在商城县南七十里，上有九龙王庙。

　　金刚台山，在商城县南三十里，旧名石额山，上有风洞、龙井，祷雨辄应，宋绍兴初张昂据为寨，嘉熙初筑石城于山之阳，为光州寓治。

　　石潭，在商城县西五十里。

石佛寺，在商城县城北二十五里，上有石棋盘遗迹，下有金鸡、凤凰二山。

境内又有张果老崇拜遗迹，雍正《河南通志》有载："张果老崖，在商城县西南四十五里。"

又有苏真人遗迹，雍正《河南通志》有载："大苏山，在商城县东四十里，世传为苏真人升仙处，山下有苏仙市，淦水出焉。"今其遗迹尚存，位于商城县苏仙石乡，在史河上游的子安河边有5个巨石，或对峙，或相叠，或耸立，石头最高的达12米，其中对峙双石上有两脚印迹，名为"苏仙石"，相传为汉代苏耽升仙飞天之处。

可知苏真人为淦水神，或亦为史河水神之一。

境内大有吴真人遗迹，雍正《河南通志》有载："上天山，在商城县南六十里，世传吴真人修道处，今石洞内炼丹炉尚存。"

当地称吴真人为晋代道士吴猛，字世云，豫章分宁人，祖籍濮阳，当地称此濮阳乃濮公炼丹的濮公山之南，即今商城县一带。

吴猛四十岁时，跟着一位名叫丁义的异人学医道、仙术，后来又随南海太守鲍靓学秘法云符，从此以通道术著称于世。宋政和二年（1112），徽宗封其为"神烈真人"。

干宝《搜神记》卷一二六有载：

吴猛，濮阳人。仕吴，为西安令，因家分宁。性至孝。遇至人丁义，授以神方，又得秘法神符，道术大行。尝见大风，书符掷屋上，有青鸟衔去，风即止。或问其故，曰："南湖有舟，遇此风，道士求救。"验之，果然。西安令干庆，死已三日，猛曰："数未尽，当诉之于天。"遂卧尸旁，数日，与令俱起。后将弟子回豫章，江水大急，人不得渡。猛乃以手中白羽扇画江水，横流，遂成陆路，徐行而过。过讫，水复，观者骇异。尝守浔阳，参军周家有狂风暴起，猛即书符掷屋上，须臾风静。

吴猛是江西另一位著名道士许逊许真君的师父，许逊后被尊为净明教教祖。

吴猛、许逊也是中国古代著名水神。

雍正《河南通志》又载："延真观，在商城县城南六十里上天山，世传吴真人修道之处，今石洞内炼丹炉尚存，有吴真人诗。"

境内亦祀佛神镇水，如城关镇东南1公里的陶家河上有铁佛寺，因寺内供奉重5000公斤左右生铁所铸铁佛一尊而得名，铁佛镇水在北方地区极为普遍。

又商城县西门外河西岸旧亦建有迎水寺，亦以佛神镇水而护佑地方平安。

当地也建有关帝庙、东岳庙、祖师庙等。

境内又有金刚台山、九龙山、马鞍山、铜井山、金鸡笼山、石鼓山、茅山、三教洞等，亦与水神崇拜有关。

《古今图书集成·职方典·商城县》载：

金刚台山，在商城县南三十里，旧名石额山。延袤六十馀里，双峰高峙，上有风洞龙井，祷雨辄应。宋绍兴初，张昂据为寨，嘉熙初，筑石城于山之阳为光州治。元末余思铭又据之仓廪，遗址尚存。

九龙山，在县南七十五里，上有九龙王庙及古井。

马鞍山，在县西三十里，状如马鞍，傍有三教洞，遇旱祷雨辄应。

铜井山，在县东北四十里，上有古井，以铜作口，其下出水名考溪十八道河。

金鸡笼山，在县南八十里，上有石鸡。

石鼓山，在县南四十里，上有石形如鼓。

茅山，在县西南五十里，相传三茅君曾居于此。

三教洞，在县西五十里，可容百馀人，中塑儒释道三教像，故名。祷雨辄应。

淮河又有支流洪河、汝河。

洪河发源于伏牛山南部的河南省舞钢市，流经漯河市舞阳县，驻马店市西平县、上蔡县、平舆县，在新蔡县的顿岗乡班台村与主要支流汝河汇合。

洪河有支流汝河，俗称南汝河，发源于河南省泌阳县五峰山，流经遂平县、汝南县、平舆县，在新蔡县班台与小洪河汇流而称大洪河，流经淮滨县、安徽省阜南县，在豫、皖二省边界淮滨县与阜南县交界的王家岗乡前刘寨的洪河口注入淮河。

淮水又东迳至阜南县。

阜南县旧为阜阳县属境，民国时期为阜阳县之三（焦陂）、六（地城）两区辖地，1947 年 11 月，中国人民解放军开辟阜阳南乡，建阜南县，辖原阜阳之赵集、苗集、于集、公桥和原临泉之方集，原颍上之黄岗共六区，1952 年阜阳之柴集、许堂、朱寨三区划归阜南县，确定了今阜南县的基本行政格局。

阜南县境内有王家坝水利工程全国闻名，王家坝建在淮河上，位于安徽、河南两省交界的淮河、洪河、白露河三河交汇处，王家坝淮河闸是淮河干流蒙洼蓄洪区的控制进洪闸，对消减淮河洪峰、减轻淮河上中游防洪压力起着关键作用。今依托该闸开发有王家坝水利景区，以水工程、淮河文化、抗洪精神为主题，着力展示湿地景观、淮河风情和水利科技，建设有水利工程旅游区、抗洪纪念馆、望淮楼、淮河民俗风情园等景观。

县城南郊淮河之滨还开发有淮河公园，当地称三国东吴大将吕蒙在此设立点将台训练兵士，公园大门左侧建有高达 8 米的青铜鎏金吕蒙塑像和吕蒙故居陈列馆。

当地所祀主要神祇为玉皇、东岳、三官、真武、龙王等，境内又祀铁佛、九龙神等，《阜南县历史古迹录》也载：

焦邑故址位于阜南县城 23 公里焦陂镇东 1 公里。楚大夫伍举食邑，宋置焦坡镇，为颍州十镇之一。焦陂铁佛寺有宋宝元二年（1039）立的石碑，碑文有"焦坡前代置镇"。皇祐元年（1049）欧阳修知颍州，常游焦陂。旧时的铁佛寺、佛寺塔、东岳庙、焦陂塘、清河茶园遗址尚依稀可辨。集内外有古井 30 多眼，尤以原东岳庙左侧的九龙泉水质最佳。

新编《阜南县志》第二十六章"宗教民俗"（第 503 页）也载："阜南县的庙宇最早的是柴集铁神庙（原有房间 13 间），建于宋哲宗元祐五年（1090），明代建的有洪林庙和万历四十四年的桂庙。"当页又有"寺庙概况表"，摘录如下：

洪林庙位于于集南一华里洪林岗东北，原有房屋 18 间，以三月二十八日为庙会日。又中岗东岳庙，原有房屋 24 间，占地13 亩，亦以三月二十八日为庙会。又华佗庙，在华陀集北头，原有房屋 8 间，以三月二十八日为庙会。又田集、曹集、王化集、双碑集、朱集及朱集庙湾，都有东岳庙。又三塔有祖师庙、葛庙，地里城、王化集亦都建有祖师庙。龙王庙集有龙王庙，原有房屋 8 间，占地 80 亩，以二月十九日为庙会日（注：二月十九日为观音庙会日，庙内当主祀观音）。又柳沟集有玉皇庙。王店有铁佛寺，占地 120 亩。柴集高寨有五岳庙，占地 120 亩。新林集有三姑娘庙，原有房屋 17 间，占地 38 亩。

由此可知，阜南县境内所奉祀主要水神有东岳大帝（东皇大帝）、玄武祖师、三姑娘（三圣女）、龙王、铁佛、三官、关公、观音、玉皇等。

淮水又东迳至霍邱县北。

霍邱县以霍名县，境内旧有周霍叔墓，《大清一统志》有载："周霍叔墓，旧志在霍邱县西北淮水北岸。"

霍叔姬姓，名处，世称霍叔处，周文王姬昌与太姒所生第八子，周武王姬发同母弟，周初三监之一，周朝诸侯国霍国始封君，霍姓始祖。

古霍邱县当以周霍叔为主要地境神。

《古今图书集成·职方典·霍邱县》载："霍叔墓，在县西北淮水东岸。"霍叔在此当祀为淮水神。

境内土主神又祀霍王。

《古今图书集成·职方典·霍邱县》载："看花台，在县西北隅，相传乃霍王看花处，与鹤台、焦台并峙，为一邑名胜，今废。"

霍邱县境西周属蓼国，春秋为蓼邑，楚庄王时期的丞相孙叔敖在县城北修筑大业陂，蓄水灌溉，隋开皇十九年（599），建立霍邱县。

大业陂今称水门塘，位于霍邱县城东北处，为春秋旧楚相孙叔敖所建，塘堤长 10 余公里，现为国家水利风景区。

《大清一统志》有载："大业陂，在霍邱县东北十五里，周二十馀里，人呼为水门塘，旧志相传古名镇淮洲，陷而为陂。"

大业陂旁旧还有皋陶墓，《大清一统志》有载："古皋陶墓，在霍邱县北十里，大业陂东南。"皋陶曾协助大禹治水，又是古六安、淮夷一带的境神，当亦以其在此为镇水神。

《古今图书集成·职方典·霍邱县》亦载：

蓼城，按《文献通考》，在安丰县。《通志》略云：蓼寿州霍邱县，虞夏之际以封皋陶。

水门台，在大业陂东南皋陶墓，上建华严寺。

境内又有窦融墓，《大清一统志》载，"在霍邱县西二十里"。

窦融是新莽末至东汉时期军阀、名臣，字周公，扶风平陵人。王莽掌权时，窦融担任强弩将军司马，参与镇压翟义、赵明起义，新莽末年，窦融曾随王匡镇压绿林、赤眉军，拜波水将军。后归刘玄，为张掖属国都尉，刘玄败，称"行河西五郡大将军事"，据境自保。刘秀称帝后，窦融遂决策归汉，授职凉州牧，从破隗嚣，封安丰侯。而"窦融归汉"也成为后世的著名典故。建武十二年（36）入朝，历大司空、将作大匠，行卫尉事，永平三年（60），绘像于南宫云台。窦融任职十余年，因其年老，子孙放纵胡为，多有不法。后来，他的长子窦穆，依仗权势，胡作非为，矫阴太后诏，令六安侯刘盱休掉原妻，娶其女为妻。刘盱原妻娘家控告此事，明帝大怒，将窦穆兄弟全部罢免。窦氏族人、凡做官者，一律带着家属返回原部，仅窦融一人留在京师。不久后，窦融逝世。

窦融墓应该不在此地，此墓当为后裔族姓所建祖庙一类，窦融崇拜当亦为汉光武帝崇拜的分支。

霍邱县是淮河中游众多支流汇流之地。

《古今图书集成·职方典·霍邱县》载：

淮河，在县北四十五里。

沣河，在县西十里，发源自县西南枣木河，东北流入淮。

新河，在县北二十五里，宋宣和前不通舟楫，建炎后，湍流冲激，水势渐大，遂成新河。

东河，在县东五十里，源自六安州东来入淮河。

史河，源出固始县界，经县北境入淮。

丰水，在县西南十里，源出穷谷，旧名穷水，后改今名。

决水，淮水东过安丰，自南来入焉。

沙河，在县南一百五十里。

霍邱县城东西有两湖，为聚水而形成。境内又有临淮岗洪水控制工程，是淮河干流迄今为止最大的水利枢纽工程，被称为"淮河上的三峡工程"。临淮岗主体工程由主坝、南北副坝、引河、船闸、进泄洪闸等建筑物组成，工程全长78公里，总投资22.6亿元。临淮岗49孔浅孔闸是临淮岗洪水控制工程的关键工程之一，古代淮河流域"每遇洪水，常不见州郡，舟行于秋禾之上……洪水退去，又见饿殍遍野，庶几难书。""泥巴凳，泥巴墙，除了泥巴没家当。"临淮岗洪水控制工程作为控制淮河干流中游洪水的战略性骨干工程，将改写淮河流域饱受洪涝灾害的历史。这项工程2001年底动工兴建，2003年11月提前一年成功实现淮河截流，2006年6月，主体工程顺利通过竣工初步验收。2007年工程全面竣工后，先后在工程区域内建起了纪念公园，现为水利旅游项目地。

境内祀水神有唐代进士张路斯及其子九龙神。

雍正《江南通志》有载，"张龙公钓台，在霍邱县西北三十里"。

《古今图书集成·职方典·霍邱县》亦载："龙池，在县西四十里，张龙公变化处。"

霍邱县境内又有九仙神崇拜，雍正《江南通志》有载：

九仙山，在霍邱县南百里，上有石白凡九。

九仙观，在霍邱县开顺镇。

九仙白，在霍邱县九仙山上，俗传淮南王与八公捣药于此。

可见此九仙神与淮南王及八公山神崇拜有关，当从周边流传而来。

九仙神崇拜后又演化为九仙女崇拜。

《古今图书集成·职方典·霍邱县》载："九女池，在县东，相传九仙女浴此。"

境内土主神祀纣王、箕子等。

《古今图书集成·职方典·霍邱县》载：

纣王城，在县南二十里，址高丈馀。

箕子城，在开顺镇。

据当地考证，"纣王城"遗址在霍邱县孟集镇王圩乡西南戎湖边沿，据传为商纣王的行宫，当地还传说有"妲己墓""纣王墓"遗址。

境内又有汉高祖、唐太宗崇拜遗迹，雍正《江南通志》载：

长山，在霍邱县西八十里，三山相连，曰南长山、北长山、中长山，其相近者曰高祖山，接固始县，相传汉高祖追项羽屯兵于此。

牛口埠，在霍邱县城东，唐太宗追窦建德处。

霍邱县临水镇亦有唐太宗遗迹，当地有圆觉寺，据传是唐太宗指派亲信大将尉迟敬德监修，现今临水粮站的大仓即西大寺的大雄宝殿正脊檩上仍写有"敬德重建"四个大字。

尉迟敬德是北方地区民众所祀著名水神，各地都有传其修建及监修寺院故事，当与水神崇拜有关。

临水圆觉寺又有朱元璋传说。该寺位于临水镇临水山顶，当地称为凤阳大龙兴寺下院，明洪武二十五年（1392）敕修，传说明朝皇帝朱元璋小时在临水圆觉寺当和尚，而且还留下地鼓、地锣、龙床、金銮殿、马家鼓堆等古迹。1985年8月，临水圆觉寺被列为县级重点文物保护单位。

雍正《江南通志》有载："圆觉寺在县西北，明洪武二十五年建赐额。"

霍邱县境内旧尚有以下寺观，雍正《江南通志》亦载：

普济寺，在县大别山。

金华寺，县芙蓉山隈。

朱砂寺，县南有浮屠。

莲花寺，县南六十里。

走马嵓寺，在县开顺镇。

月峰寺，在县西三里。

七井寺县，长山中。

香山寺县，南百里。

龙泉寺，县东十五里。

三清观，在霍邱县西门外。

《古今图书集成·职方典·霍邱县》亦载：

福昌寺，在县治西，宋治平间，即霍叔故宫遗址建三寺：一曰福昌，明洪武十五年重建；一曰罗汉，元末兵废；一曰仇山，今改为察院。

圣寿寺，在县南一百六十里开顺镇，宋元丰间建。

圆觉寺，在县西北九十里，明洪武壬申敕建赐额。

龙泉寺，在县东十五里。

华严寺，在县北十里，即皋陶墓旧址。

普济寺，在大别山。

金华寺，在芙蓉山隈。

三井寺，在县东四十里。

莲花寺，在县南六十里。

朱砂寺，在县南五十里，内建浮图。

走马岩寺，在开顺镇南二十里。

白塔寺，在县南一百六十里。

七井寺，在长山中。

香山寺，在县南一百里。

长塔寺，在县南一百五十里。

砖佛寺，在县西七十里。

汪觉寺，在县西。

五塔寺，在县西。

双塔寺，在县东南五十里。

大圣寺，在县东。

观音寺，在县东。

高冈寺，在县东南七十里。

慈佛寺，在县东。

福缘寺，在县西二十里。

成塔寺，在县东。

云居寺，在县南。

砖洪老塔寺，在县东南七十里。

奉宣寺，在高堂镇。

丁塔寺，在县治南。

慈氏寺，在县治东。

孤陂寺，在县治东。

感诚寺，在县南五十里。

觉灵寺，在县南一百里。

北城寺，在城东七十里。

彭塔寺，在县治东。

文昌宫，在城东南隅。

九仙观，在开顺镇，元时建。

三清观，在西门外。

宝莲庵，在县治西。

世善庵，在北门内。

苾刍庵，在东门外。

三一庵，在南门外。

龙泉庵，在南门外。

化成庵，在县北二十里。

双塔庵，在县东。

观音阁，在东门外。

以上诸寺观当与水神崇拜有关。

临水镇境内亦有东岳庙，位于古壁山腰，祀东岳神，后有九间玉皇楼（阁），供奉玉皇大帝铜像。

临水镇境内原有地藏庵、圆觉寺、千佛寺、文昌阁、魁星阁、建星阁、东岳庙、城隍庙、祖师庙、关帝庙、三官庙、华佗庙、龙王庙、火神庙、财神庙等，人称"一庵、两寺、三阁、九庙、大小十六景观"。

从此也可知当地所祀水神有龙王、三官、华佗、关帝、真武、东岳、玉皇、佛祖等。

临水镇是临淮河支流史河的古镇，史河发源于金寨县与麻城县交界的大别山北麓，向北流经叶集区、固始县，在霍邱境内汇入淮河。

叶集区原为霍邱县叶集镇，临史河，在春秋时称鸡父邑，至明永乐年间开始立埠兴商，因水陆交通便利，上通大别山，下达淮河，大别山的竹、木、茶、麻、丝和外来的日用品在这里集散，清乾隆至道光年间，叶集繁盛一时，成为皖豫边界重要的商贸中心，南北街道及各港口分布着河南、山西、湖北、陕西、江西、安徽六省会馆和 600 余家货行、商店、手工作坊，常住人口3000 余人，繁盛一时。旧有"邑中舟车之集，商贾所凑以叶家集为最"之说。

今境内尚存江西会馆旧址，位于叶集区北街。原建筑有前进戏楼，中有大殿一栋，后殿两旁各有厢房 1 幢。现存后殿 1 栋，面阔 3 间，进深 3 间，五架梁，抬梁式建筑，硬山、青砖、灰瓦、木结构建筑。正殿为明万历年间建造，清代重修，厢房为清代中后期仿明代建造。占地750平方米，具有典型的明代建筑风格。叶集江西会馆是皖西地区建造时间早、保存完好的木结构建筑。2004年10月28日被确定为安徽省级文物保护单位。

江西会馆所祀许真君，又称万寿宫，当是淮河流域重要的江西水神崇拜遗迹。

境内又有张果老崇拜。

《古今图书集成·职方典·霍邱县》载："梅山，在县南二百里，有张果老钓鱼遗迹。"

淮水又东迳至颍上县南。

雍正《江南通志》载："淮水，在府治南百一十里，自河南固始县流入府境，又东入霍邱、颍上县界。"

颍上县因居颍河之滨而得名，颍河从东北入境，至东南入淮。

境内有淮河、颍水及诸多支流等。

《古今图书集成·职方典·颍上县》载：

淮河，在县南二十五里。

沙河，在县东门外，东南流入淮，即颍水也。

润河，在县西南四十五里淮润乡，源出颍州，西流入淮。

济河，在县北五十里甘罗乡，源出亳州，东北流合淝水入淮。

江口河，在县西北五十里，源出颍州东南，合润河入淮。

清河，在县西南六十里。

史河，在县东十里，即沙河支流。

淝河，在县东北六十里，经颍上合金沟南流。

新河，即沙河，故道去城里许，明初黄河决，屠隆筑堤护城，开复故道。

赛阔湖，在县东南六十里正阳乡，水与淮河通。

县境周为"慎邑"，属楚国。秦为"慎县"，南北朝时把山西雁门旧县侨置慎地，名为楼烦，隋大业二年（606），楼烦县改名颍上县。

颍上县境内著名的地方神是管仲。《大清一统志》有载："管鲍祠，在颍上县北。"

管鲍祠今尚存，建于明朝，明万历六年（1578）由当时县令、著名文学家、戏曲作家屠隆所修建，并作《管鲍祠碑记》以记其事。屠隆在颍任知县时见有管鲍史实，而无管鲍之祠时，感慨"由管仲至今，数千年邑无祠"。于是广泛征求乡民、诸生意见，而做出修建管鲍祠的决定。并"捐俸掊金"，建管鲍祠。管鲍祠于明末毁于战乱。崇祯十二年（1639），学谕汪廷宏主持重修。清嘉庆年间毁于火灾。道光六年（1826）万如陵再修。咸丰年间又毁于大火。民国二十二年（1933），县长张鼎家募资复建。管鲍祠历遭多次劫难，经历三毁三修之后，祠内当时还存正殿三间，堂内供管鲍两人的牌位。1986 年，安徽省人民政府将管鲍祠列为省级重点文物保护单位。

管鲍祠所祀管仲与鲍叔，典出《史记》卷六十二《管晏列传》：

管仲夷吾者，颍上人也。少时常与鲍叔牙游，鲍叔知其贤。管仲贫困，常欺鲍叔，鲍叔终善遇之，不以为言。已而鲍叔事齐公子小白，管仲事公子纠。及小白立为桓公，公子纠死，管仲囚焉。鲍叔遂进管仲。管仲既用，任政于齐，齐桓公以霸，九合诸侯，一匡天下，管仲之谋也。管仲曰："吾始困时，尝与鲍叔贾，分财利多自与，鲍叔不以我为贪，知我贫也。吾尝为鲍叔谋事而更穷困，鲍叔不以我为愚，知时有利不利也。吾尝三仕三见逐于君，鲍叔不以我为不肖，知我不遭时也。吾尝三战三走，鲍叔不以我怯，知我有老母也。公子纠败，召忽死之，吾幽囚受辱，鲍叔不以我为无耻，知我不羞小节而耻功名不显于天下也。生我者父母，知我者鲍子也。"鲍叔既进管仲，以身下之。子孙世禄于齐，有封邑者十余世，常为名大夫。天下不多管仲之贤而多鲍叔能知人也。

雍正《江南通志》也载：

管鲍祠，在颍上县，明知县屠隆建。

周齐相管夷吾墓，即颍上县管仲墩，在北关大寺后，明屠隆有碑。

又载："管谷，在颍上县北二十五里，相传管仲家于此。"

境内又称是秦相甘罗故里。

甘罗是战国时期秦国名臣甘茂之孙，自幼聪明过人，拜入秦国丞相吕不韦门下，任其少庶子。甘罗十二岁时出使赵国，使计让秦国得到十几座城池，甘罗因功得到秦王政赐任上卿（相当于丞相）、封赏田地、房宅。其后事迹史籍无载。

《大清一统志》有载："秦甘罗墓，在颍水县东五十里颍河北岸。"

又载："四贤祠，在颍上县北关，祀管仲、鲍叔、甘茂、甘罗，明万历中建。"

甘罗故里位于刘集乡穆岗村附近，是秦代名臣甘茂和甘罗爷孙的故居，甘罗葬于此处颍河边，现有清光绪二十五年安徽巡抚陈彝题写的"秦上卿甘罗墓"碑一块，其墓地早已塌陷于河里。清顺治十二年颍上知县翟乃慎有《甘罗故址》诗："奇计何足奇，甘罗太英诧。一朝起下蔡，五邑归秦社。唾手取上卿，奋力趋诡诈。谁知田宅基，乃在颍之下。"

境内又有孔子崇拜，相传春秋时孔子周游列国时，从楚国返鲁，途经此处，在此住过。雍正《江南通志》亦载："文地，在颍上县北二十五里，俗传孔子适楚接舆歌凤处。"

境内又有张路斯崇拜及九龙神崇拜，雍正《江南通志》载："龙池，在颍上县西南四十里淮润乡，旧传张公九子蜕骨化龙处，与霍邱接壤。"

此张公即唐张路斯，原籍南阳，隋朝初年迁居颍上县百社村（今半岗区凌圩乡赵集村），16岁考中进士。唐朝景龙年间任宣城县令。清光绪《宣城县志》载，张路斯在查访百姓疾苦、巡视农事的时候，见宣城北门外一片洼地，芦荻丛生，野草繁多，于是率百姓开沟造田，至今城北有"张路斯田"。张路斯又在城南青溪两岸耕治废地，恢复百亩农田，至今青溪上仍有"张公桥"。张路斯罢官后，回颍上县百社村闲居。张路斯死后，民间把他神化为龙王，他的9个儿子也都是龙，颍上人并在焦氏台为其建张公祠（又叫龙王庙）。宋真宗景德年间曾下诏扩建颍上张公祠。宋神宗熙宁年间下诏封张路斯为"昭灵侯"，其夫人石氏为"柔应夫人"。

《古今图书集成·职方典·颍上县》亦载：

甘罗乡，有甘罗旧址存，张龙公家亦于此。

关洲村，张龙公夫人石氏家于此。

焦氏台，在县东十里，元人焦氏所筑张龙公钓处。

龙池，在县西四十里淮润乡，张公九子蜕骨化龙处，与霍邱接壤，故《县志》各载。

颍上县又有张路斯夫人石氏遗迹，雍正《江南通志》有载："关州村，在颍上县，张龙公夫人石氏家此。"

《古今图书集成·职方典·颍上县》载："柔应夫人墓，乃张龙公夫人石氏也，在西南五十里关洲，公与九子皆化龙去，惟遗夫人孤冢在焉。"

境内又有楚王崇拜，雍正《江南通志》"古迹"载："颍尾，在颍上县东，《左传》云楚子狩于州来次于颍尾是也。"

境内南照镇亦有楚王台，明正德《颍州志》载，水台在颍州南百里，相传楚平王荒滩筑台，以为游观之计。清代高泽生《颍上风物记》亦云，水台在漕口镇。

《大清一统志》也载："漕口镇，在颍上县西南五十里，宋镇也，南临淮水，西通润水，俗呼为南照集，《九域志》颍上县有漕口镇。"

南照镇有东岳庙、南照寺、文昌宫及大小铁钟、石龟等古迹。

境内又有水月寺，当亦祀观音，雍正《江南通志》载，"在县西正阳镇"。

正阳镇位于颍上县东南七十里颍河入淮之口，宋置，属颍上县。因寿州有正阳镇在东，故此亦名西正阳。《读史方舆纪要·卷二十一·颍上县》载："所谓西正阳也，下临淮津。……上有刘备、关羽二城。蒙古将董文炳所筑也。旁又有土城基。周三里，欲谓之张飞城。"

可知当地还有刘、关、张崇拜。

《古今图书集成·职方典·颍上县》亦载："武阴城，在县东南八十里正阳乡两河口，俗传张飞城。"

《古今图书集成·职方典·颍上县》载："关王庙，在颍阳门内，元延祐年间建，明洪武二十四年，署所事王智鼎建于故址。正德七年，剧贼攻城，显神破敌。崇祯十四年流寇攻城甚急，反风飞砂贼众披靡城内外，俱见云中旗帜戈甲，贼皆解围遁去，至今岁祀益虔。"

正阳镇又祀白马神，当亦是水神崇拜遗迹，雍正《江南通志》载："白马湖，在颍上县正阳乡，湖中有洲上，建白马寺。"

　　当地还流传有明太祖朱元璋崇拜。

　　雍正《江南通志》载："龙兴寺，旧在颍上县通津门内，元末改为仓，明洪武六年重建于城外北关。"此龙兴寺或亦与朱元璋崇拜有关。

　　境内朱元璋崇拜当通过淮河从凤阳一带流传过来。

　　境内又有地方神庙三忠祠，雍正《江南通志》载："在颍上县，祀明佥事李天衢、兵备谢肇铉、县令廖维义，皆捍贼有功。"

　　又祀明治水知县屠隆，《大清一统志·名宦》载："屠隆，鄞县人，万历中知颍上县，时城东门患河，决筑长堤以卫之。"

　　境内又有竹成寺、永宁寺、宿缘寺、古南赵寺、新兴寺、灵台寺、东华观等，因地处淮河与多水汇流地带，故大多当与水神崇拜有关。

　　《古今图书集成·职方典·颍上县》亦载：

　　龙兴寺，旧址在通津门内，元末兵废，改为仓，明洪武六年创建于城外北关。

　　宿缘寺，在邑西南五十里，古南赵寺也，明洪武二十五年，敕太监梁丙进重建，赐额。

　　释伽寺，在县治西街北，今废。

　　新兴寺，在县西南四十里。

　　灵台寺，在县西南五十里。

　　清凉寺，在县西南四十里。

　　阳台寺，在县北十二里，今废。

　　水月寺，在西正阳镇。

　　竹成寺，在县西北五十里。

　　永宁寺，在东门外。

　　古城寺，在县北三十里，四围城址中建寺。

　　崇正寺，今废。

　　东华观，在城十字街西北，元道士李清安建，兵废，明洪武十年重建。

　　境内又有王姑崇拜。

　　《古今图书集成·职方典·颍上县》载："王姑台，在县南八里柳溪中，元比丘尼王其姑结庵于此。"

第五篇　沿海水神

沿海水神许多与海神有关。中国海域广大，因此早有诸海神之说。

最早的地理图籍《山海经》中已提及中国古代的诸海神。有东海神、南海神、北海神等。

《山海经·大荒东经》载："东海之渚中，有神，人面鸟身，珥两黄蛇，践两黄蛇，名曰禺䝮。黄帝生禺䝮，禺䝮生禺京，禺京处北海，禺䝮处东海，是为海神。"

说明早期的东海神禺䝮，相传是黄帝的儿子，其形状为人面鸟身，用两条黄蛇作耳环，又践踏两条黄蛇。禺䝮又有儿子禺京，处北海，则应是北海神。

一说北海神为禺强。《山海经·大荒北经》曰："北海之渚中，有神，人面鸟身，珥两青蛇，践两赤蛇，名曰禺强。"

可知北海神亦为人面鸟身，其用两青蛇做耳环，脚踏的是两条赤蛇。

又南海神则是人面神，《山海经·大荒南经》曰："南海渚中，有神，人面，珥两青蛇，践两赤蛇，曰不廷胡余。"说明南海神名不廷胡余，也用两青蛇做耳环，脚踏的是两条赤蛇。

《山海经》中没有提及西海神，可知在先秦时期早就认为中国西部没有海，中国的海主要以东海、南海、北海为主，从《史记》所载秦始皇于会稽"望于南海"可知，今之东海在先秦时期即是南海，故今黄海当是先秦之东海，而今渤海当是先秦之北海。

《山海经》中提及东海神禺虢是北海神禺京的父亲，一般认为禺京即禺强。此《山海经·海外北经》曰："北方禺强，人面鸟身，珥两青蛇，践两青蛇。"郭璞注："字玄冥，水神也。庄周曰：'禺强立于北极。'一曰禺京。一本云：北方禺强，黑身手足，乘两龙。"袁珂案："强、京一声之转。则作为北海海神之禺京，与其作为东海海神之父禺虢，同为人面鸟身，然窃有疑焉。"

此北海神黑身手足，字玄冥，又践两青蛇的形象与后世所普遍崇祀的水神玄武有类似之处，北海神禺强当是北方大帝水神玄武崇拜的源头。

又从东海神与北海神都人面鸟身且是父子关系而知，先秦时期以东海神为首，东海与北海关系密切，可能当时的人还以东海与北海为鸟图腾崇拜的圣地。而南海神仅提及人面，未说是鸟身，说明南海神与东海神、北海神可能形状不同，名字也不一样。也说明当时的南海距离中原地区相对遥远，人们对其还不大了解。

先秦时期的三海诸神，至秦汉时期又形成四海诸神的概念，此《史记·封禅书》有载称："（秦并天下）而雍有二十八宿、风伯、雨师、四海之属，百有余庙。"说明秦始皇灭六国统一天下后，又开始祭祀四海诸神，并建有祠庙。

此后祀五岳四渎四海神成为国家礼制的常态。关于四海神的名字，后与先秦时期的三海神之名已略有不同。据《太平御览》引《太公金匮》曰："南海之神曰祝融，东海之神曰勾芒，北海之神曰玄冥，西海之神曰蓐收。"又《集说诠真》称："《事物异名录》引《黄庭遁甲缘身经》曰：东海神名阿明，南海神名巨乘，西海神名祝良，北海神名禹强。"

这说明北海之神的名字仍袭先秦旧称，名禹强，即禺强也。又名玄冥，亦即禺强之字也。而东海神，已改称勾芒或阿明，又南海神已改名祝融、巨乘，还增加西海神，名为祝良，一称蓐收。

《重修纬书集成》卷六《龙鱼河图》也有载四海神君及夫人之名："东海君姓冯名修青，夫人姓朱名隐娥。南海君姓视名赤，夫人姓翳名逸寥。西海君姓勾大名丘百，夫人姓灵名素简。北海君姓是名禹帐里，夫人姓结名连翘。"北海神君禹帐里与禺强读音接近，其他诸海神又有不同。

上述四海神君的名字历史上并不知名，得名的渊源亦不可考。

与上述诸海神在民间较低的知名度不同，秦始皇梦与海神相会的史料记载后不断发酵，演化有秦始皇赶石赴海等许多传说。在秦始皇时期，海神已开始人格化，呈人形。此《史记·秦始皇本纪》载：

始皇梦与海神战，如人状。问占梦，博士曰："水神不可见，以大鱼蛟龙为候。今上祷祠备谨，而有此恶神，当除去，而善神可致。"乃令入海者赍捕巨鱼具，而自以连弩候大鱼出射之。自琅邪北至荣成山，弗见。至之罘，见巨鱼，射杀一鱼。遂并海西。

这说明在当时，海神可能有变化手段，其原型为大鱼、蛟龙等，亦可变化为人形。此际的海神被称为恶神，于是秦始皇派人捕射之，在之罘（即芝罘，今烟台）一带射杀了一条巨鱼，或指为海神。但此巨鱼被杀后，秦始皇就遭到了报应，在归途中病逝。此记载在长江下游一带后演化为龙子被杀，有老妪不食其肉，而在被水神报答时获免的传说，如"陷巢州"传说即如此。

但在北方地区，汉晋时期则演化为秦始皇与海神相会，因手下偷画海神丑形而受海神报复的故事。如晋伏琛《三齐略记》载："始皇造桥欲渡海观日出处，海神为之驱石竖柱。始皇感其惠，通敬于神，求与相见。神曰：'我丑，莫图我形，当与帝会。'始皇从石桥入海四十里，与神相见，帝左右有巧者，潜以足画神形。神怒，曰：'帝负约，可速去。'始皇转马，马之前脚犹立，后脚随崩，仅得登岸。"

至隋末唐初，该故事又有演化。据欧阳询与令狐德棻、陈叔达、裴矩、赵弘智、袁朗等十余人于武德七年（624）编纂而成的一部综合性类书《艺文类聚》卷七九引晋伏琛《三齐略记》称："始皇作石桥，欲过海观日出处。于时有神人，能驱石下海，城阳一山石，尽起立。巍巍东倾，状似相随而去。云石去不速，神人辄鞭之，尽流血，石莫不悉赤，至今犹尔。"

后驱石入海的主人由海神、神人而移均秦始皇。

今全国各地、黄河长江南北广泛流传的秦始皇赶山鞭石入海的源头就是此处。

秦始皇与海神相会之处一般认为是在山东半岛的最东端今成山头一带，此处旧属文登县。

《太平寰宇记·卷二十·文登县》载：

石桥海神，在县南六十里，县北百里，县东百八十里，三面俱至于海。县东北海中，有秦始皇石桥。伏琛《齐记》："始皇造桥欲渡海观日出处，海神为之驱石竖柱。始皇感其惠，通敬于神，求与相见。神曰：'我丑，莫图我形，当与帝会。'始皇从石桥入海四十里，与神相见，帝左右有巧者，潜以足画神形。神怒，曰：'帝负约，可速去。'始皇转马，马之前脚犹立，后脚随崩，仅得登岸。"今验成山东入海道，可广二十步，时有竖石往往相望，似桥柱状。海中又有石桥柱二所，乍出乍入。俗云："汉武帝所作也。"

即墨一带亦有秦始皇驱石入海传说。《太平寰宇记·即墨县》亦载："古老相传云：秦始皇幸琅邪，因至牢盛山望蓬莱。盖立马于此，又遣石人驱牢山不得，遂立于此。"

文登县成山头旧有海神庙，元《三教源流搜神大全》卷七谓海神"即海若是也。相传秦始皇造石桥，欲渡海观日，海神为驱石。始皇求神相见。神曰：'莫图我形。'始皇从之。及见左右巧者描画神形，神怒曰，'帝负约，可速去！'今庙在文登县。"

今该庙已改称为秦始皇庙，说明秦始皇以有赶山驱石入海的神迹而被祀为镇海神。

又浙江海盐滨海亦有秦始皇石桥传闻，宋常棠《（海盐）澉水志》"古迹门"载："秦王石桥柱，在秦驻山背，旧传沿海有三十六条沙岸，九涂十八滩，至黄盘山上岸，去绍兴三十六里，风清月白，叫卖声相闻，始皇欲作桥渡海，后海变洗荡，沙岸仅存其一，黄盘山邈在海中，桥柱犹存。"

今全国沿海地区广有秦始皇的遗迹与传说，尤以浙江及以北沿海为盛，且多有其庙。

唐代起，东、南、西、北四海神敕封为公，宋代起称王。

据《事物纪原》卷二载："《唐会要》曰：天宝十载正月二十三日，封东海为广德公，南海广利公，西海广润公，北海广泽公。《宋朝会要》曰：（宋仁宗）康定二年十一月，诏封东海为渊圣广德王，南海洪圣广利王，西海通圣广润王，北海冲圣广泽王。"

一说四海神唐代封王。《古今图书集成·神异典》卷二十八称："（唐）玄宗天宝十载，封海神为王。按《通典》：天宝十载正月，以东海为广德王，以南海为广利王，以西海为广润王，以北海为广泽王。""立春日祀东海于莱州，立夏日祀南海于广州，立秋日祀西海、河渎并于河中府，西海就河渎庙望祭，立冬祀北海、济渎并于孟州，北海就济渎庙望祭。""（宋）仁宗康定元年，加东海为渊圣广德王，南海为洪圣广利王，西海为通圣广润王，北海为冲圣广泽王。"

可知在唐代已基本确定在莱州祀东海神，在广州祀南海神，在河中府祀西海神，在孟州祀北海神。并与立春、立夏、立秋、立冬日分别祭祀。当时应已建有庙祠。

《太平寰宇记》卷二十有载莱州（掖县）的（东）海神庙，称："海神祠，在县西北十七里。《地理志》云：东莱郡有海神祠，谓此也。"

又《太平寰宇记》卷四十六也有载河中府河西县的河渎庙，称："河渎庙，在县正西北城外一里。"这说明北宋初之际的西海神祠附设于河西县的河渎庙内。河渎庙北宋天禧五年（1021）迁徙于黄河东岸，今山西永济市尚有遗址。而黄河西岸今韩城市的河渎村亦有河渎庙遗迹。雍正《陕西通志》亦载："宋敕封河渎灵源王庙，在韩城县东五里。"宋代大观二年（1108）冬，黄河韩城至合阳段变清月余，以为祥瑞，因此在此建河渎庙。此庙现已不存，仅留有"敕修同州韩城河渎灵源王庙"碑，此碑现位于司马迁祠。南宋及元代河渎庙、西海神祠设置于河东蒲州城南门外，明清屡有修建，至1946年秋黄河大水，河床高出城池，第二年县城迁出蒲州，河渎庙、西海神祠也受淹而逐渐荒废，今已杳无踪迹。

一般以为，南宋时期，因为黄河以北等北方地区被金国所占，南宋还在明州定海县（今宁波镇海区）建东海神庙。但该神庙其实早在北宋时期已建。此元人袁桷《延祐四明志》卷十五

《祠祀考》云："宋元丰元年安焘、陈睦奉使高丽还，上言请建东海神于明州定海县，诏封渊圣广德王，崇宁赐额崇圣宫，大观加封助顺，宣和加封显灵，仍封附祀风神曰宁顺侯，雨神曰宁济侯，建炎加封祐圣。"

北海神庙原一直在孟州（今济源市）的济渎庙中附设，今济渎庙尚存，北海庙已毁，仅存遗迹。清代乾隆四十三年（1778），又在山海关滨海建北海神祠，从此北海神不在济渎庙望祀。

南海神庙则一直位居广州市珠江之畔，据雍正《广东通志·卷五十四·坛祠志》载："南海神庙，在（广州）府东南八十里扶胥之口、黄水之湾，创自隋世，唐天宝中封广利王，宋康定二年加号洪圣王，皇祐二年以侬寇遁赖神功加号昭顺，绍兴七年复加威显，元至元二年加号广利灵孚王，明洪武三年始封南海之神，春秋二仲月壬日遣官致祭，六年复赐黄金香盒重一十六两以答神贶，国朝康熙四十四年重修，屡遣致祭，雍正三年封为南海昭明龙王之神，并修殿宇，中为神祠，东为厨库牲房，西为斋宿所，南为仪门，少南立石华表为望洋之所，殿内藏古铜鼓，二门临波罗江，故俗曰波罗庙，门左立达奚司空像祀之，各州县乡村多立祠以祀，称为洪圣王云。"

南海神庙今尚存，规模庞大。在珠三角一带，南海神庙极多，大多称为洪圣庙，民间亦称南海神为洪圣爷。

明代起，随着神话小说《西游记》的传播，该剧中的重要配角四海龙王也广为国人所知，《西游记》中的四海龙王分别称为：东海龙王敖广、西海龙王敖闰、南海龙王敖钦、北海龙王敖顺。《历代神仙通鉴》卷一十五也载：东海（龙王）沧宁德王敖广，南海（龙王）赤安洪圣济王敖润，西海（龙王）素清润王敖钦，北海（龙王）浣旬泽王敖顺。

从四海龙王还演化有五海龙王，据《古今图书集成·职方典·合浦县附郭》载："惠泽庙，在府治东龙门水上。明弘治十八年，太监韦辅建，以祀五海龙王之神。遇旱，取其水祷雨，多有应。教授黄文中记，今废。"

五海龙王的另一源头可能是五龙王，汉刘安《淮南子·地形训》记载有黄龙、青龙、赤龙、白龙、玄龙等五龙王，魏晋至隋唐时期在佛教的影响下又与五行、五方、五色相匹配。北宋大观四年（1110）（一说大观二年），宋徽宗下诏敕封五方龙王：中央黄龙为孚应王，东方青龙为广仁王，南方赤龙为嘉泽王，西方白龙为义济王，北方玄龙为灵泽王。

五龙王的源头在昆仑山，据《遁甲开山图》载："五龙见教，天皇被迹，望在无外，柱州昆仑山上。荣氏注云：五龙治在五方，为五行神。"昆仑山为黄帝与西王母居所，故五龙或为黄帝与西王母的护法神或指代神。五台山亦有五老爷庙，祀五龙王。五台山是太行山主峰之一，而太行山即与黄帝与西王母崇拜有关。据《太平寰宇记·卷五十二·济源县》载："太行山，相传谓皇母山也，或名女娲山。其上有祠，民祈福而岁祷焉，其山起于邑界。"

四海神君、四海龙王之外的海神，还有诸多，其中以福建发源的妈祖天妃与浙海之神等较为有名。

妈祖天妃崇拜兴起于北宋，据《历代神仙通鉴》卷十九载："（宋宣和中）遣路允迪使高丽，中流风作，诸船皆溺，独路舟有神灯降于樯杪，飘忽二千余里，胶泊一岛。询土民是何神庙，民曰：女贞，蒲田人，本朝都巡检林愿之女，生而神灵，能预言人祸福，矢心履救。没后乡人立庙于湄州之屿。（兴化东南海中，与琉球国相望）允迪至庙祭之，遂获安济。奉使回奏，敕授灵应夫人。累封天妃。"

闽人在母家称"妈祖"。天妃据传本姓林名默，世居福建莆田湄洲屿。因出生一个多月，未曾啼哭，故而得其名曰默。其父林愿，曾任宋代都巡检，林默在家最小，长得眉清目秀，聪明惹人喜爱。相传有一日，林默的四个哥哥乘船去经商，林默和其父母待在家中。夜晚，林默突然手足若有所失，瞑目移时，父母误以为林默生了痫疾，赶忙将她推醒，急问其中缘故，林默睁开眼睛说道："何不使我保全兄弟无恙乎！"父母不解其意，也就不再追问。三天后，弟兄们归来，痛诉海上之大风暴吞噬了大哥的船。并言飓风大起时，巨浪接天，弟兄各异船，见一女子牵五条桅索而行，渡波涛若平地。父母适才知道林默瞑目，是出元神而救哥哥们，大儿子的船沉海底，是因为自己推醒女儿而使女儿元神不能保护儿子平安，悔恨交加。此事越传越神，林默连声名大振。林默长大后，誓不嫁人，经常朱衣云游于岛屿间，乘船渡海，拯救海上遇难的渔民和客商，被当地人呼为神女、龙女。元世祖至元十六年（1279）制封为"护国明著灵惠协正善庆显济天妃"，各地普遍修建天妃庙，岁时祭祀。明庄烈帝（崇祯）特封之为"天仙圣母青灵普化碧霞元君"，又加封为"静贤普化慈应碧霞元君"。清康熙二十九年（1690），因显圣助舟师南征获胜，被昭封为"昭灵显应仁慈天后"，因此天妃庙又称"天后宫"。

南宋洪迈《夷坚志》中有"林夫人庙""浮曦妃祠"二则，是目前所见古籍中首次记载该神事迹的。《夷坚志·林夫人庙》载曰："兴化军境内地名海口，旧有林大人庙，莫知何年所立，气宇不甚广大，而灵异素著。凡贾客入海，必致祷祠下，求杯珓，祈阴护，乃敢行。盖尝有大洋遇恶风而遥望百拜乞怜，见神出现于樯竿者。"又《夷坚志·浮曦妃祠》载曰："绍熙三年，福州人郑立之，自番禺泛海还乡，舟次莆田境浮曦湾，未及出港，或有人来告：有贼船六只在近洋，盍谋脱计。于是舟师诣崇福夫人庙求救护，得三吉珓。虽喜其必无虞，然退回不决。聚而议曰：我众力单寡，不宜以白昼显行迎祸；且安知告者非贼候逻之党乎？勿坠其计中。不若侵晓打发，出其不意，庶或可免，况神妃许我邪！皆曰：善。迨出港，果有六船翔集洪波间，其二已逼近。舟人窘迫，但遥瞻神祠致祷，相与被甲发矢射之。矢几尽，贼触舻已接，一寇持长叉将跳入。忽烟雾勃起，风雨倏至，惊涛驾山，对面不相睹识，全如深夜，既而开雾帖然，贼船悉向东南去，望之绝小。立之所乘者，亦漂往数十里外，了无他恐，盖神之所赐也。其灵异如此，夫人今进为妃云。"

天妃不见于宋代官书记载，亦不入当时祀典。《夷坚志》称其为崇福夫人，又谓"今进为妃"，可知此或为时人伪造南宋诸帝之敕封。古代的许多民间神大多用此手段不断构建及扩展影响力，直至最终敕封为正祀神。

果然，及至元代，随着漕粮海运勃兴，拥有航海优势的闽浙商人船户通过承运漕粮而不断传播林氏护海信仰，使得林氏信仰纳入国家正祀，从地方神而成为国家神，并祀为海神。

《古今图书集成·神异典·卷二八》引《金台纪闻》："天妃宫，江淮间滨海多有之。其神为女子三人，俗传姓林。所祀者，海神也。元用海运，故其祀为重。"

《元史·祭祀志五》也载："凡名山大川，忠臣义士在祀典者，所在有司主之。惟南海女神灵惠夫人，至元中，以护海运有奇应，加封天妃神号，积至十字，庙曰灵慈。直沽、平江、周泾、泉、福、兴化等处，皆有庙。皇庆以来，岁遣使赍香遍祭，金幡一合，银一铤，付平江官漕司及本府官，用柔毛酒醴，便服行事，祝文云：维年月日，皇帝特遣某官等，致祭于护国庇民广济福惠明著天妃。"又《元史·英宗纪》载："（至治元年五月）海漕粮至直沽，遣使祀海神天妃。"《元史·泰定帝纪》载："（泰定三年七月）造使祀海神天妃。（八月）作天妃宫于海津镇。（四年七月）遣使祀海神天妃。"《元史·顺帝纪》载："（至正十四年十月）诏加号海神为辅国护圣庇民广济福惠明著天妃。"

至明代，林氏天妃信仰又与观音崇拜相附会，并称神为唐代人。《三教源流搜神大全》卷四载：

妃林姓，旧在兴化路宁海镇，即莆田县治八十里滨海湄州地也。母陈氏，尝梦南海观音，与以优钵花，吞之，已而孕，十四月始免身得妃，以唐天宝元年三月二十三日诞，诞之日异香闻里许，经旬不散。幼而颖异，甫周岁，在襁褓中见诸神象，叉手作欲拜状。五岁能诵《观音经》，十一岁能婆婆按节乐神，如会稽吴望子、蒋子文事，然以衣冠族，不欲得此声于里闾，即妃亦且韬迹用晦，栉沐自赚而已。兄弟四人业商，往来海岛间，忽一日，妃手足若有所失，瞑目移时。父母以为暴风疾，急呼之。妃醒而悔曰："何不使我保全兄弟无恙乎！"父母不解其意，亦不之问。暨兄弟赢胜而归，哭言前三日飓风大作，巨浪接天，弟兄各异船，其长兄船飘没水中耳。且各言当风作之时，见一女子牵五两（舡篷桅索也）而行，渡波涛若平地。父母始知妃向之瞑目，乃出元神救兄弟也。其长兄不得救者，以其呼之疾而神不及护也。恨无已。年及笄，誓不适人，即父母亦不能强其醮。居无何，俨然端坐而逝，芳香闻数里，亦就诞之日焉。自是往往见神子先后，人亦多见其舆从侍女拟西王母云。然尤善司孕嗣，一邑共奉之。邑有某妇，醮于人，十年不孕，方方高禖，终无有应者，卒祷于妃，即产男子。嗣是凡有不育者，随祷随应。至宋路允迪、李富从中贵人使高丽，道湄州，飓风作，船几覆溺，忽明霞散绮，见有人登樯竿旋舞持舵甚力，久之获安济，中贵人诘于众，允迪、李富具列对南面谢拜曰："夫此金简玉书所不鲸鲵腹，而能宣雨露午殊方重译之地，保君纶不辱命者，圣明力哉，亦妃之灵呵护不浅也。公等志之。"还朝具奏，诏封灵惠夫人，立庙于湄州，致守香火百家，斫朴梓材，丹艧张矣。我国初成祖文皇帝七年中贵人郑和通西南夷，祷妃庙，征应如宋，归命，遂敕封护国庇民妙灵昭应弘仁普济天妃，赐祠京师，尸祝者遍天下焉。夫妃生而禀纯灵之精，怀神妙之慧，死而司胤则人无阙，司海则水不扬波，其造福于人岂浅鲜哉！余尝考之兴化郡诗并采之费晁采碑记因略为之传者如此。

从林氏母陈氏梦南海观音、吞优钵花而有孕的传说可知，天妃崇拜与观音崇拜有一定的渊源。

观音也是著名海神，以大慈大悲、救苦救难而闻名于世。观音的道场在浙江普陀山，即东海中，因古代以今东海为南海，观音也俗称为南海观世音。但实际上观音崇拜的全国性信仰也是在宋元时代才形成。

观音信仰在汉地的传入并非与佛教传入同步。观音信仰的传入大约是在魏晋时期，依据是僧人康僧铠于嘉平五年（253）到洛阳，首译《无量寿经》二卷，其卷下云："'彼国菩萨皆当究竟一生补处，除其本愿为众生故，以弘誓功德而自庄严，普欲度脱一切众生。阿难，彼佛国中诸声闻众身光一寻，菩萨光明照百由旬。有二菩萨最尊第一，威神光明普照三千大千世界。'阿难白佛：'彼二菩萨其号云何？'佛言：'一名观世音，二名大势至。是二菩萨于此国土修菩萨行，命终转化生彼佛国。'"自此，观音信仰在汉地逐步传播。但当时主要流传于洛阳等极少数地区。

东晋时期，从原籍天竺、出生于西域龟兹国的大法师鸠摩罗什在后秦与皇帝姚兴经常讲经说法，并译出《妙法莲华经观世音菩萨普门品》，从此观世音信仰进一步在社会上传播，但影响仍有限。

隋朝是观世音信仰兴起的重要阶段，天台宗创始人智颛以《妙法莲华经》为教义，开创法华宗，是中国最早的本土化的成熟佛教宗派。智顗还注释《妙法莲华经观世音菩萨普门品》，有《观音玄义》二卷、《观音义疏》二卷。此后又有与观音信仰相关的经典被大量译出，如唐初三藏法师玄奘译《般若波罗蜜多心经》、伽梵达磨译《千手千眼大悲心陀罗尼经》等，观音信仰在汉地的理论体系进一步完善，传播更加广泛，普通民众信奉观音成为常态。

唐代观音崇拜的中心还在北方地区，如普陀山有不肯去观音院，讲述的是日本临济宗高僧慧锷在唐大中年间从五台山请得观音圣像，从明州港上岸东渡日本，经海路过普陀山时，船忽不动，及请出圣像，船始能行，于是慧锷遂在普陀山建寺奉像，即今不肯去观音院。

这说明五台山在当时也是观音崇拜的中心之一。但实际上智顗在天台山国清寺创立法华宗后，浙江已成为隋唐时期的观音崇拜中心。

至唐末五代，随着江南中心迁徙至吴越国的首都杭州，观音崇拜也移至杭州，有宋一代，观音崇拜中心在杭州天竺山，以上天竺、中天竺、下天竺三寺为观音崇拜三寺。

南宋时期，由于明州史氏家族长期出任宰执，尤以史弥远以相权操纵皇帝替换，史氏家族通过神化普陀山观音崇拜，又用王权推崇普陀山观音崇拜的政治地位，于是逐渐形成明州普陀山为观音道场的舆论和实际格局。

元明时期，戏剧与小说《西游记》的不断传播，更进一步巩固和传播了以普陀山为道场的观音崇拜。自此以后，观音崇拜在全国范围内广泛兴起，成为可以解决一切苦难的全能神。因其道场在东海中，因此也被祀为著名海神。但此功能被其救苦救难的全能神功能和女性神独特的求嗣神功能所掩盖，故不大为民间所熟知。

一般认为，观音菩萨入主中国最初也是一尊男性菩萨。比如，在《八十华严经》卷六十八称观世音菩萨为"勇猛丈夫观自在"，而今印度佛寺中供奉的观音也都为男身相。观音从男身相转变为女身相可能发生在五代至宋话本小说的传播时期。

明清时期在南北洋交汇的钱塘江入海口一带也形成有著名的海神崇拜。

钱塘江海神崇拜早在先秦时期已形成以吴国大夫伍子胥、越国大夫文种为潮神的信仰。海神庙则始建于清雍正七年（1729），规制宏伟，址在杭州府属下海宁州南门滨海处。

据《大清一统志·卷二百十六·杭州府》载："海神庙，在海宁州南门，本朝雍正七年建，世宗宪皇帝御制碑文并书'福宁昭泰'扁额，乾隆二十七年、三十年、四十五年翠华临幸，三次有御制瞻礼海神庙诗，御制浙海神庙碑文并御书'保障东南'、'澄澜保障'扁额，又有潮神庙在小尖山之麓，康熙六十一年敕封运德海潮之神，乾隆二十七年翠华临幸，御书'恬波孚信'扁额。"

雍正《浙江通志·卷二百十八·祠祀二·杭州府下·海宁县》亦载："敕建海神庙，在海宁县春熙门内，国朝雍正七年九月钦奉上谕敕建，恭纪首卷，浙江总督臣李卫钦遵择海宁县治之春熙门内购买民地四十亩起建，居中正殿五楹崇奉运德海潮之神，左右配殿各三楹，以历代潮神、水神从祀，祀越上大夫文种，汉忠烈公霍光，晋横山公周凯，唐潮王石瑰、升平将军胡暹，宋周宣灵王雄、平浪侯卷帘使曹大将军春、护国弘佑公朱彝、广陵侯陆圭、静安公张夏、转运使判官黄恕，元平浪侯晏戌仔、护国佑民永固土地彭文骥、乌守忠，明宁江伯汤绍恩、茶槽土地陈旭。周回夹以修廊中为甬道，前为仪门三楹，大门三楹，左钟楼右鼓楼，门临大河，承以石梁曰庆成桥，桥南歌舞楼三楹，缭以粉垣，辟左右为广衢，表以二石坊，殿后为重门，进内正中恭建御碑亭，敬勒圣制海神庙碑文恭纪首卷，后为寝殿，上构岑楼，东西配殿，由正殿之东启门而入为天后宫，前为斋宿厅，后为道院，正殿之西为风神殿，后有池，有亭，池上为平桥，三折而度，内为高轩，为重门，后为水仙阁，规制崇闳，气象肃穆，经始于雍正八年三月，以明年十有一月讫工，十一年正月钦颁御书'福宁昭泰'四字，一幅制额奉悬庙中，二月钦奉上谕遣官告祭。"

可知海神庙所祀主神为运德海潮之神，但其原型或是伍子胥，从祀历代潮神、水神分别为越上大夫文种，汉忠烈公霍光，晋横山公周凯、唐潮王石瑰、升平将军胡暹，宋宣灵王周雄、平浪侯卷帘使大将军曹春、护国弘佑公朱彝、广陵侯陆圭、静安公张夏、转运使判官黄恕、元平浪侯晏戍仔、护国佑民永固土地彭文骥、乌守忠，明宁江伯汤绍恩、茶槽土地陈旭，以及天后、风神等。其中平浪侯晏戍仔及天后为流域外传入水神，其余皆为流域内功臣、治水官员、孝子忠臣、有功于水利事业的乡贤等，殁后祀为钱塘江水神。

民国《海宁州志稿·坛庙》亦载："海神庙，在春熙门内。雍正七年九月，浙江总督李卫奉敕建。址广四十亩，正殿五楹陛四出七级，廊柱及台阶俱白玉石。崇奉敕封宁民显佑浙海之神，以唐诚应武肃王钱镠、吴英卫公伍员配享。左右配殿各三楹，以越上大夫文种，汉忠烈公霍光，晋横山公周凯，唐潮王石瑰、升平将军胡暹，宋宣灵王周雄、平浪侯卷帘使大将军曹春、护国宏佑公朱彝、广陵侯陆圭、静安公张夏、转运使判官黄恕、元平浪侯晏戍仔、护国佑民永固土地彭文骥、乌守忠，明宁江伯汤绍恩、茶槽土地陈旭从祀。周以修廊，中为甬道，前为仪门，大门左钟楼，右鼓楼。门临河承以石梁，曰庆成桥。桥南歌舞台。左右石坊二，署曰：保釐东海、作镇南邦、雨旸时若、仁智长宁。殿后建御碑亭，文纪卷首。后为寝殿，殿东为天后宫，两旁有厢楼，以曹娥、广陵侯三女从祀。前为斋厅，后为道院。殿西为雷神殿，后有亭有池，池上为平桥。内为高轩，轩西为道士栖止之所。后为厂厅，又后为水仙阁，阁东西俱有耳房。厢房后为厨房，其规制极宏丽。十一年颁御书四字额，纪卷首，悬正殿，遣内大臣海望告祭。乾隆四年颁御书四字额，纪卷首，悬殿中。十六年銮舆幸浙，遣都察院左副都御史胡宝瑔致祭。二十年知县蔡其昌重葺。二十二年重幸，遣散秩大臣伯永庆致祭。二十三年知县金鳌重修御碑亭。二十七年春，高宗轸念海疆，于三月初二日驾幸海宁，亲阅塘堤，遣散秩大臣永福致祭。即于是日诣庙拈香，御制诗一首，阅海塘记一篇。御题正殿额四字，柱联十四字，以上均纪卷首。殿西水仙阁，恭设御座。三十年闰二月初五日重幸海宁，遣工部侍郎范时纪致祭，即于是日诣庙拈香，御制诗一首，纪卷首。三十四年知县曾一贯重修殿庑、海塘，通志。道光年间复颁御书四字额，纪卷首。咸丰辛酉壬戌间，遭粤匪乱被毁。光绪十一年，浙抚杨昌浚疏请重建，规制少逊于旧。正殿、配殿及东之天后宫、西之水仙阁咸备，越二年而成是役也，共费银四万四千九百五十两有奇。”

此海神庙今尚存，是全国保存最好、规制最大的海神庙及水神庙。今海神庙正殿中祀“浙海之神”，以钱镠、伍子胥享配左右。两旁亦附祀有文种、霍光以及曹娥、妈祖等十余水神。

以上诸水神中，其中汉忠烈公霍光俗称金山神，是发源于钱塘江入海口一带的主要海神。

霍光信仰可能是从山东滨海昌邑县一带流传过来。霍光是名将霍去病之弟，历经汉武帝、汉昭帝、汉宣帝三朝，汉武帝临终时指定霍光为大司马、大将军，辅佐年幼的汉昭帝，得以独揽大权。汉昭帝驾崩，因没有儿子，霍光迎立汉武帝孙昌邑王刘贺即位，但又不满刘贺所为，不久又将刘贺废黜。因此废立昌邑王刘贺事件，山东昌邑县也建有霍光庙，祀为土主神与镇海神。《太平寰宇记·卷十八·昌邑县》载："霍侯山，在县南四十里。《汉书》：霍光为博陆侯。封在北海，其山本名陆山，天宝六年，敕改为霍侯山。"说明唐代昌邑王境内已有霍光崇拜。

至唐代五代，钱塘江口北岸一带可能已开始形成霍光信仰。

据《古今图书集成·神异典》卷三十引南宋鲁应龙《闲窗括异志》载："金山忠烈王，汉博陆侯，姓霍氏。吴孙权时，一日致疾，黄门小竖附语曰：国主封界华亭谷极西南，有金山咸塘湖为民害。民将鱼鳖食之，非人力能防。金山故海盐县，一旦陷没为湖，无大神护也。臣汉之功臣霍某也，部党有力能镇之，可立庙于山。吴王乃立庙。建炎间建行宫于当湖，赐名，显应尤著，乡民祈祷辄应。部下钱侯尤为灵著。王以四月十八日诞辰，浙之东西商贾舟楫朝献踵至，自四月至中旬末，一市为之鼎沸。庙中铁铸四圣，由海而来，至今见存。"

以上三国吴孙权时黄门小竖附语以霍光为金山镇海神的故事当是五代或宋时附会演化而来，宋之前当地一带并未见有霍光崇拜。而文中所称部下钱侯当是指吴越王钱镠，这应是北宋初江浙一带民众感恩钱氏保境安民而所构建形成的金山神霍光与部下钱氏镇海神崇拜。

又元至元《嘉禾志》也载："金山大王庙，在郡治北一里。或云即霍光，又云海盐县东一里汉大将军霍光祠，封忠烈顺济昭应公，宋宣和六年创建。"

明清时期，霍光崇拜已传播至钱塘江口南岸，今杭州湾海中或沿岸地名霍山及金山的，大多与霍光崇拜有关。

金山神霍光与部下钱侯崇拜在元明时期又演化有金元七总管

信仰，祀为苏州及周边一带的著名水神。

据《古今图书集成·神异典》卷五十引《松江府志》载"金山忠烈昭应祠"条曰："祠在海中金山，三国时，吴主皓建，祀汉博陆侯霍光。今庙毁祀废，而土人各祠于其家，号为金山神主。其部有英烈钱侯者，以配享，别庙在府治南七十步。元元统中，知府申秉礼修葺，至正六年毁。十四年，达鲁花赤哈散沙颐浩寺僧希颜复之，今俗讹为钱总管庙。《吴国备史》：皓尝疾病，有神降小黄门曰：'国主封界华亭谷极东金山，咸塘风激重潮，海水为害，非人力能防。金山北，古之海盐县，一旦陷没为湖，无大神力护也。臣汉之霍光，可立庙咸塘，臣当统部属以镇之。'由是庙焉。宋赐显忠庙额，累封忠烈顺济昭应公庙。有吴越王镠祭献文，云'以报冠军之阴德'。按，冠军乃霍去病官号，与《备史》异，祭文误也。英烈侯闽人，行居第七，尝浮海而商，至庙叹曰：'浮沉罔利，何终底止，没事忠臣，愈浪生死。'即叉手立化。宋与金战，有阴兵千万，排空而下，旌旗著号华亭钱太尉，已而敌势披靡，因锡今封。见淳祐中赵孟坚所撰碑。"

从上文可知，金元七总管应是金山钱总管庙神演化而来，其成神于元代，故后称为金元七总管。七总管无疑是从钱总管转音而来。钱总管的原型为吴越王钱镠，今钱塘江沿岸尚流传有其射海退潮的典故，故亦祀为潮神。

上文中称金元七总管是闽人英烈侯钱七者浮海立化者，当是一种附会之说，也仅是一种在南方海商中流传的闽人北上说法，又有一种在运河流域传播的北人南下之说，此《铸鼎余闻》卷三载：

利济侯金元七总管，明姚宗仪《常熟私志·叙庙篇》云：总管庙，宋延祐七年道士时天祐建，旧在县治西，今徙于报本院后曾家巷。按，神，汴人，姓金。初，有二十相公者，名和，随驾南渡，侨于吴，殁而为神。其第八子曰细，为太尉，理宗朝尝著灵异，封灵祐侯。细之第十四子名昌，封总管。昌之子曰元七，亦封总管。元至正间，能阴翊海运，晋封昌为洪济侯，元七为利济侯。又有顺济侯金元六总管，及金万一太尉、金七四相公、金小一总管、金显三官人、金九一太尉诸神称。又曰长毫庙在梅李南盐铁塘，奉金元七总管，国初陶道敬与奚氏仇，将疏阙下，为奚所缚，投白茅塘，陶号呼神，见神立水中，缚自解，跃岸得免。又叙《氏族篇》云：朱骥字汉房，官广西布政司左参议，尝泛海，遇一舰，投刺者曰金爷来访。及晤语，见其红布抹额，心异之。且属朱曰："我船先行，先生之船可缓。"遂行。朱报访，舰已远飏，第见标帜为金元七总管。顷之，风怒浪号，他舟多败，而骥独全。且邂逅时，见从者提一笼，牢一黑物。骥问之，神曰："孽妇也。"已而泊海堧，见富民祈神甚恳，廉其情，曰："家有病女。"骥念是神笼中物矣，代祷，病如脱。公还朝，闻于上，赐圆帽易红抹。今绘像世奉云。

一说神为苏州本地淀山湖人。据《柳南续笔》卷四载："元官制，诸路设总管府。达鲁花赤之下为同知、治中、判官，散府则达鲁花赤之下置知府或府尹。扬州、杭州皆为上路，则有总管而无知府。黄太冲云：'今绍兴、杭州多有总管庙，皆是昔守郡者之生祠也。'吾邑亦有总管庙几处，则属之于金昌及其子元七。按邑志云：'神生前居淀山湖，父子没皆为神。元至元间，阴翊海运，俱封今职。则是总管之称，又非生前所受也。'吾意本系守郡者之生祠，而后人或以金神附会之耳。"本文也提及总管庙可能是土主神附会金神而至。

金元七总管祠祀较广，在太湖、运河及滨海皆有其庙，祀为湖神、水神及海神等。金元七总管崇拜的源头是钱总管庙祀神五代吴越王钱镠无疑，但钱镠的身份比较特殊，在宋及元代，如公开以钱镠祀神，容易引起朝廷关注，警惕地方叛乱或割据自立的倾向，故隐为金元七总管，这也是民间的一种智慧。

江南一带对保境安民或有功于东南的君王及官员较为推崇，如元末张士诚据吴地，对民众较友好，故其失败后地方上常见有张王庙，所祀即为张士诚。又如隋炀帝，建大运河、开发江都城等，对东南沿海发展贡献很大，宋代起，当地民众已流传洋山神崇拜，主庙在今东海洋山岛中，而庙宇遍及长江与钱塘江入海沿岸。明清时期，洋山神崇拜已传播至钱塘江口南岸，其中以明州慈溪县为信仰中心，该县境内多有其庙，今尚存三四处遗迹。但流传过程中也存在祀神的异地嬗化，慈溪县境内的洋山庙祀神大多演化为文天祥、张世杰、陆秀夫等宋末三杰。隋炀帝与文天祥、张世杰、陆秀夫亦祀为海神。

本人认为，金山神霍光崇拜的另一源头可能与太湖水神祠山大帝张渤有关。张渤在南宋初曾建庙钱塘门外之霍山，该地又称金地山，即金山也。此《续文献通考·群祀考·三》载："宝祐四年，改封广惠庙神为真君。神张渤血食广德路之祠山，仁宗康定元年始封灵济王，崇宁三年赐庙额广惠，累封正祐昭显威德圣烈王。至是改封真君。凡再加曰正祐圣烈昭德昌福。南渡初，建庙钱塘门外之霍山，既又别为祠于金地山，以便祈祷。"

《铸鼎余闻》卷二也称："元吴自牧《梦粱录》卷一云：二月八日，钱塘门外霍山路，有神曰祠山正祐圣烈昭德昌福崇仁真君，庆十一日诞圣之辰。祖庙在广德军，敕赐庙额广惠，自梁至宋，血食已一千三百年矣。"

张渤在宋代信仰极盛，钱塘江口南北岸广有传播，或异地嬗化并与流传至江南的昌邑霍侯山神相演化，附会至金山保塘故事，构建为金山神霍光崇拜。

中国的海神信仰，以钱塘江口为界，以南，海神崇拜的内容极为丰富，神祇来源众多，构成无数海神崇拜的种类。而钱塘江口以北区域，则海神崇拜内容较少，大多为历史人物演化而来。

在长江入海口以北与黄海交汇处一带是启东市吕四港镇，这是古代的一处重要港湾，但以吕四名港，或与水神（海神）崇拜有关。在当地传说中，一种说法是八仙之一的吕洞宾曾四次云游此地，当地居民为表纪念，命名为吕四。又一种说法与地理有关，当地为长江口与黄海口的交会之处，在汉语中，两"口"分为"吕"，两"口"合为"四"，因此，取名为"吕四"。此外，吕四的得名可能还与清代雍正乾隆年间的民间传说吕四娘有关，野史记载其为报雍正以文字狱杀祖吕留良之仇，以选妃之名混进皇宫，后在雍正召其侍寝时以短剑将雍正斩首而亡。

本人认为，吕四港得名可能与黄海沿岸的吕氏神崇拜有关。

据《太平寰宇记·卷二十二·东海县》载："吕母固，在县北三十七里巨平山南领上，高二里。按《后汉书》云：'琅邪海曲有吕母者，子为县吏，犯小罪，宰论杀之。母密聚客得数十百人，入海中，招纳亡命，众至数千，执县宰斩之，复还海中。保此为固，遂号吕母固。'"

吕母是历史人物，新莽末年海曲的农民起义首领。吕母本琅邪海曲（今山东日照西南）富户，其子育为县游徼，被县官冤杀。吕母散家财，聚众数千，于天凤四年（17）起义，称将军，破城杀官。吕母死后，其众分别参加赤眉、青犊、铜马等起义军。

吕母固是吕母起义的地方，但吕母不是东海县人，其为古莒县即今日照市一带人。

《太平寰宇记·卷二十四·莒县》载："汉海曲县城，在县东北六十里，属琅邪郡，有盐官。《博物志》曰：此地有东莒乡，东莒东太公望所出也。袁宏《后汉纪》曰：琅邪吕母之子为县长所杀，乃沽酒，多买刀兵，少年随其所乏而与之。聚众数百人，母自号将军，攻县长，杀之以其首祭子墓，其后号曰赤眉。王莽末兵乱之兴，由此始也。今东海县有吕母固，即旧屯集之所。"

由此可知，当地吕氏的源头可能出自姜太公吕尚（一名吕望）。西周初，姜太公因灭商有功，封地齐国，即姜姓吕氏齐国。琅邪郡也在齐国境内。

古代还认为姜太公为东海一带人。此《水经注·河水》载："司马迁云：吕望，东海上人也，老而无遇，以钓干周文王。又云：吕望行年五十，卖食棘津；七十，则屠牛朝歌；行年九十，身为帝师。皇甫士安云：欲隐东海之滨，闻文王善养老，故入钓于周。今汲水城亦言有吕望隐居处。"因姜太公隐东海之滨，故后世亦祀其为水神。今海河上游称子牙河，即命其名以镇流域水患也。

吕母后也成为黄海流域重要水神，济水下游亦有其崇拜遗迹，《水经注》亦载："济水又北径梁山东，袁宏《北征赋》曰：背梁山，截汶波。即此处也。刘澄之引是山以证梁父，为不近情矣。山之西南有吕仲悌墓。河东岸有石桥，桥本当河，河移，故厕岸也。古老言，此桥东海吕母起兵所造也。山北三里有吕母宅，宅东三里即济水。"

因此，江苏启东一带的吕四崇拜极可能是从日照、连云港等黄海沿岸传播而去的。吕四港的吕四早期或称吕泗，即指为吕家的码头，后演化为吕四。可知黄海沿海一带的海神以姜太公及吕母崇拜为主。

而在长江入海口南岸与东海交汇的浙江嘉兴一带滨海，则有杨太尉及杨将军等神祇崇拜。杨太尉及杨将军崇拜的原型是长江水神杨泗将军，或称杨四将军，杨四将军的源头是长江上游水神二郎神杨戬等，因此在长江入海口南岸的浙江滨海，又演化有杨六郎等杨府神崇拜，亦祀为浙江滨海重要海神，其中台州、温州多有杨姓神崇拜。

而在浙南沿海与福建沿海地区，还盛行陈姓神崇拜，其中以陈府神陈元光与临水夫人陈靖姑影响最大。

陈元光据传是唐高宗时期的岭南行军总管事陈政之子，陈政受命平息泉潮间蛮獠反叛，死后陈元光袭父职，于垂拱二年（686）呈请在泉州、潮州之间设置漳州，后人感念其开漳之功，相继对其进行褒封。相传宋神宗熙宁八年（1077）追封陈元光为"忠应侯"，南宋孝宗乾道四年（1168）加封陈元光为"灵著顺应昭烈广济王"，清乾隆年间被追封为"开漳圣王"。由于陈政、陈元光事迹不见于新旧《唐书》，而其事迹主要引自《颍川开漳族谱》及《白石丁氏古谱》等，因此史学对其有过不少争论。故也可能是当地陈氏家族通过祖先神崇拜而构建的历史人物。即如大禹崇拜有类似之处。

由于福建地区陈姓与林姓为排在前两位的大姓，因此陈元光崇拜后迅速传遍福建、台湾及广东、浙江等地，以及港澳与东南亚一带，成为我国南方沿海的重要神祇，也祀为水神。

陈靖姑又称陈十四娘娘，相传她在唐代生于福建省古田县的临水乡，尊称甚多，如大奶夫人、陈夫人、顺懿夫人、顺天圣母、天仙圣母、南台助国夫人、临水夫人等。福建民间常以奶娘、娘奶代称；浙南民间则称"陈十四娘娘"为多；在台湾为三奶夫人之一，民间称陈大奶。据清人何求《闽都别记》等记载，其传说大体为：王母蟠桃会上，观音与众仙比试弹天柱，指破血滴井中，为福建古田临水中村陈昌妻葛氏所食，于唐大历元年（766）正月十五日产一女，临盆时异香满室，取名靖姑。又因是十四日夜静时生，故又名静姑，俗名十四。观音两根白发误失，落人间化为白蛇残害生灵。陈昌家传茅山法，乡人央陈出山为民除害，陈因患背疽难以成行，遣二子法通、三子法清降蛇，不料法通被蛇吞食，法清幸免逃归。时靖姑年方十七，为了报仇，立誓上闾山学法。归来时，路过温州、平阳等地，沿途收妖捉怪，为民除害。后闻白蛇精在闽地危害良民。靖姑在白蛇洞前建法堂，布闾山正法，斩白蛇为三段，其蛇化作女子逃遁。某年大旱，禾苗枯萎，陈靖姑此时怀孕三月，便脱胎陈府，前往祈雨。果真天降甘霖，施泽万民。此时白蛇乔装靖姑回府，盗胎并食之。靖姑飞云而归，怒追之，白蛇逃入临水洞（今古田县），靖姑坐压蛇头，令其永不出洞。最终陈因疾坐蛇头而死，终年24岁。

从其传说可知陈靖姑是传播闾山派的重要代表人物。福建是闾山派的中心，该道派利用陈靖姑救产扶婴、驱妖除煞的传说，以宣扬法术度人的威力，从而形成了以奉祀许真君为教主，以陈靖姑（并有林、李二夫人）为法主的闾山大奶夫人派，各地民间俗称三奶派、夫人教，此为闾山派的主流。嗣后，闾山派以福建为中心还扩展到浙南、赣南、粤东北等地区。明清以后，还传播到台湾地区及东南亚许多国家。

陈靖姑以其能降白蛇等驱妖除煞功能亦祀为镇水神，沿海航运船户也祀之为海神，闽浙粤台滨海水口多有其庙。

广东东部沿海所祀的水神是三山国王。

三山国王也称"潮州三山神"，通常被认为是客家始奉和客家地区独有的"守护神"，相传起源于隋朝潮州府揭阳县霖田（今属揭西县河婆街道）。三山指的是地处河婆霖田的三座名山——巾山、明山、独山。唐代时，三山还是自然山神崇拜，相传唐代中期，韩愈贬任潮州刺史，适逢潮州水患不断，民不聊生，于是他便向"三山国王"祈求，果然灵应，韩愈随即尊奉三山为神。至宋朝，传说三山神又因功受到太宗赵光义的褒封：封巾山"清化威德报国王",封明山"助政明肃宁国王",封独山"惠威弘应丰国王",并赐庙名曰"明贶"。至宋仁宗明道年间,"复加封广灵二字"。至宋末,张世杰奉宋少帝南奔潮州,"三山神"再次显灵救助少帝突围。三山国王可能是明清时期在潮汕商人的带动下而不断壮大传播圈的,其崇拜在广东省影响极大,福建、台湾、广西、海南、港澳也有流传。

潮汕三山神崇拜的源头可能是福州城区的于山、乌山、屏山三山崇拜。

广东南部沿海所祀的水神是雷王和冼夫人。

雷王崇拜发迹于雷州半岛,早期应是自然神崇拜,后来又与当地土著的祖先神崇拜相附会,后又过渡为汉族神崇拜。

雷州半岛一带的土著是今壮族、瑶族及黎族先民等,这些土著认为雨天雷鸣是雷公发怒,雷电击人是雷公惩罚坏人。又认为雷公管电,雷母管雨。久旱无雨,乡民即在雷王祠祈祷。雷州半岛地理特殊且近临滨海,古代雷击事件频繁,因此民众建雷王庙祭祀,后演变为雷祖祠。

宋初《太平广记》引唐刘恂《岭表录异》载:"雷州之西雷公庙,百姓每岁配连鼓雷车。有以鱼彘肉同食者,立为霆震,皆敬而惮之。每大雷雨后,多于野中得霹石,谓之雷公墨。叩之铿然,光莹如漆。又如霹雳处,或土木中,得楔如斧者,谓之霹雳楔,小儿佩带,皆辟惊邪;孕妇磨服,为催生药。必验。"又载:"南海秋夏间,或云物惨然,则见其晕如虹,长六七尺,此候则飓风必发,故呼为飓母。见忽有震雷,则飓风不作矣。舟人常以为候,预为备之。"说明早期的雷神崇拜为自然神崇拜。

唐代,当地雷公崇拜已结合有西江流域龙母拾卵得龙子及瑶族狗图腾崇拜等内容。此唐沈既济《雷民传》中,称:"昔陈氏因雷雨昼冥,庭中得大卵,覆之数月,卵破,有婴儿出焉。自后日有雷扣击户庭，入其室中，就于儿所，似若孵哺者。岁余，儿能食，乃不复至。遂以为己子。义即卵中儿也。"又唐房千里《投荒杂录》也载："尝有雷民，畜畋犬，其耳十二。每将猎，必筶犬，以耳动为获数。未尝偕动。一日，诸耳毕动。既猎，不复逐兽。至海旁测中嗥鸣。郡人视之，得十二大卵以归，置于室中。后忽风雨，若出自室。既霁就视，卵破而遗甲存焉。后郡人分其卵甲，岁时祀奠，至今以获得遗甲为豪族。"

至唐末宋初，此传说中说的陈义已明确神化为雷神的后代。《太平广记》载："唐罗州之南二百里，至雷州，为海康郡。雷之南濒大海，郡盖因多雷而名焉，其声恒如在檐宇上。雷之北高，亦多雷，声如在寻常之外。其事雷，畏敬甚谨，每具酒肴奠焉。有以彘肉杂鱼食者，霹雳辄至。南中有木名曰棹，以煮汁渍梅李，俗呼为棹汁。杂彘肉食者，霹雳亦至。犯必响应。牙门将陈义传云：'义即雷之诸孙。昔陈氏因雷雨昼冥，庭中得大卵，覆之数月，卵破，有婴儿出焉。自后日有雷扣击户庭，入其室中，就于儿所，似若乳哺者。岁余，儿能食，乃不复至，遂以为己子。义即卵中儿也。'又云：'尝有雷民，畜畋犬，其耳十二。每将猎，必筶犬，以耳动为获数。未尝偕动。一日，诸耳毕动。既猎，不复逐兽。至海旁测中嗥鸣。郡人视之，得十二大卵以归，置于室中。后忽风雨，若出自室。既霁就视，卵破而遗甲存焉。后郡人分其卵甲，岁时祀奠，至今以获得遗甲为豪族。'或阴冥云雾之夕，郡人呼为雷耕。晓视野中，果有垦迹。有是乃为嘉祥。又时有雷火发于野中，每雨霁，得黑石，或圆或方，号雷公墨。凡讼者投牒，必以雷墨杂常墨书之为利。人或有疾，即扫虚室，设酒食，鼓吹幡盖，迎雷于数十里外。既归。屠牛彘以祭，因置其门。邻里不敢辄入，有误犯者为唐突，大不敬，出猪牛以谢之。三日又送，如初礼。又云：'尝有雷民，因大雷电，空中有物，豕首鳞身，状甚异。民挥刀以斩，其物踣地，血流道中，而震雷益厉。其夕凌空而去。自后挥刀民居室，频为天火所灾。虽逃去，辄如故。父兄遂摈出，乃依山结庐以自处，灾复随之。因穴崖而居，灾方止。或云，其刀尚存。雷民图雷以祀者，皆豕首鳞身也。'（出《投荒杂录》）"

至明代，雷祖又演化成陈文玉。此明崇祯年间庄元贞所纂《雷祖志》引宋吴千仞《英山雷庙记》载："按州之二里英灵村，有居民陈氏，无子，尝为捕猎。家有异犬，九耳而灵。凡将猎，卜其犬耳，动者所获数亦如之。偶一日，九耳齐动，陈氏曰：'今日必大获矣！'召集邻里共猎，既抵原野间有丛棘深密，犬围绕惊匝不出。猎者相与伐木，偶获一卵，围尺余，携而归，置之仓屋。良久，片云忽作，四野阴沉，迅雷震电，将欲击其家，陈氏畏惧抢其卵置之庭中。雷乃霹雳而开，得一男子，两手皆有异文，左曰'雷'、右曰'州'。其雷雨止后，陈氏祷天而养之，既长，乡人谓之'雷种'。至贞观五年领乡举，出就荐辟。赋性聪明，功业冠世，授州守刺史之职，陈文玉是也。"

可知在宋代以后，随着汉文化对雷州一带的强势影响，当地雷公崇拜整合多方资源，逐渐形成雷祖为陈文玉即雷州首任刺史的人格神崇拜。

清代《广东新语》有载雷王庙大殿，称雷神端冕而绯，左右列侍天将，堂殿两侧又有雷神十二躯，以应十二方位，及雷公、电母、风伯、雨师像。庙中还有一个侍从捧着一圆形的卵，暗示雷神诞辰的典故。今雷祖祠尚存，规模宏大，形制如清。

明代话本小说中传播有古代闻名于世的"天下四绝"，称雷州换鼓、钱塘江潮、广德埋藏、登州海市，其中"雷州换鼓"就是发生在雷祖祠的民俗事象，是古代雷州人在雷祖祠内举行的一种隆重的"祭雷"仪式。以上四绝皆与水神崇拜有关。

冼夫人庙今在广东南部及海南、东南亚等地可常见。冼夫人又称冼太夫人，是南朝末隋代高凉郡人，为历史人物所神化的地方土主神崇拜。

《隋书·列女传》有其传，称：

谯国夫人者，高凉冼氏之女也。世为南越首领，跨据山洞，部落十余万家。夫人幼贤明，多筹略，在父母家，抚循部众，能行军用师，压服诸越。每劝亲族为善，由是信义结于本乡。越人之俗，好相攻击，夫人兄南梁州刺史挺，恃其富强，侵掠傍郡，岭表苦之。夫人多所规谏，由是怨隙止息，海南、儋耳归附者千余洞。梁大同初，罗州刺史冯融闻夫人有志行，为其子高凉太守宝娉以为妻。融本北燕苗裔，初，冯弘之投高丽也，遣融大父业以三百人浮海归宋，因留于新会。自业及融，三世为守牧，他乡羁旅，号令不行。至是，夫人诚约本宗，使从民礼。每共宝参决辞讼，首领有犯法者，虽是亲族，无所舍纵。自此政令有序，人莫敢违。遇侯景反，广州都督萧勃征兵援台。高州刺史李迁仕据大皋口，遣召宝。宝欲往，夫人止之曰："刺史无故不合召太守，必欲诈君共为反耳。"宝曰："何以知之？"夫人曰："刺史被召援台，乃称有疾，铸兵聚众，而后唤君。今者若往，必留质，追君兵众。此意可见，愿且无行，以观其势。"数日，迁仕果反，遣主帅杜平虏率兵入赣石。宝知之，遽告，夫人曰："平虏，骁将也，领兵入赣石，即与官兵相拒，未得还。迁仕在州，无能为也。若君自往，必有战斗。宜遣使诈之，卑辞厚礼，云身未敢出，欲遣妇往参。彼闻之喜，必无防虑。于是我将千余人，步担杂物，唱言输赕，得至栅下，贼必可图。"宝从之，迁仕果大喜，觇夫人众皆担物，不设备。夫人击之，大捷。迁仕遂走，保于宁都。夫人总兵与长城侯陈霸先会于赣石。还谓宝曰："陈都督大可畏，极得众心。我观此人必能平贼，君宜厚资之。"

及宝卒，岭表大乱，夫人怀集百越，数州晏然。至陈永定二年，其子仆年九岁，遗帅诸首领朝于丹阳，起家拜阳春郡守。后广州刺史欧阳纥谋反，召仆至高安，诱与为乱。仆遣使归告夫人，夫人曰："我为忠贞，经今两代，不能惜汝，辄负国家。"遂发兵拒境，帅百越酋长迎章昭达。内外逼之，纥徒溃散。仆以夫人之功，封信都侯，加平越中郎将，转石龙太守。诏使持节册夫人为中郎将、石龙太夫人，赉绣幰油络驷马安车一乘，给鼓吹一部，并麾幢旌节，其卤簿一如刺史之仪。至德中，仆卒。后遇陈国亡，岭南未有所附，数郡共奉夫人，号为圣母，保境安民。

高祖遣总管韦洸安抚岭外，陈将徐璒以南康拒守。洸至岭下，逡巡不敢进。初，夫人以扶南犀杖献于陈主，至此，晋王广遣陈主遗夫人书，谕以国亡，令其归化，并以犀杖及兵符为信，夫人见杖，验知陈亡，集首领数千，尽日恸哭。遣其孙魂帅众迎洸，入至广州，岭南悉定。表魂为仪同三司，册夫人为宋康郡夫人。未几，番禺人王仲宣反，首领皆应之，围洸于州城，进兵屯衡岭。夫人遣孙暄帅师救洸。暄与逆党陈佛智素相友善，故迟留不进。夫人知之，大怒，遣使执暄，系于州狱。又遣孙盎出讨佛智，战克，斩之。进兵至南海，与鹿愿军会，共败仲宣。夫人亲被甲，乘介马，张锦伞，领彀骑，卫诏使裴矩巡抚诸州，其苍梧首领陈坦、冈州冯岑翁、梁化邓马头、藤州李光略、罗州庞靖等皆来参谒。还令统其部落，岭表遂定。高祖异之，拜盎为高州刺史，仍赦出暄，拜罗州刺史。追赠宝为广州总管、谯国公，册夫人为谯国夫人。以宋康邑回授仆妾冼氏。仍开谯国夫人幕府，置长史以下官属，给印章，听发部落六州兵马，若有机急，便宜行事。降敕书曰："朕抚育苍生，情均父母，欲使率土清净，兆庶安乐。而王仲宣等辄相聚结，扰乱彼民，所以遣往诛剪，为百姓除害。夫人情在奉国，深识正理，遂令孙盎斩获佛智，竟破群贼，甚有大功。今赐夫人物五千段。暄不进谘，诚合罪责，以夫人立此诚效，故特原免。夫人宜训导子孙，敦崇礼教，遵奉朝化，以副朕心。"皇后以首饰及宴服一袭赐之，夫人并盛于金箧，并梁、陈赐物各藏于一库。每岁时大会，皆陈于庭，以示子孙，曰："汝等宜尽赤心向天子。我事三代主，唯用一好心。今赐物具存，此忠孝之报也，愿汝皆思念之。"

时番州总管赵讷贪虐，诸俚獠多有亡叛。夫人遣长史张融上封事，论安抚之宜，并言讷罪状，不可以招怀远人。上遣推讷，得其赃贿，竟致于法。降敕委夫人招慰亡叛。夫人亲载诏书，自称使者，历十余州，宣述上意，谕诸俚獠，所至皆降。高祖嘉之，赐夫人临振县汤沐邑，一千五百户。赠仆为岩州总管、平原郡公。仁寿初，卒，赗物一千段，谥为诚敬夫人。

从以上事迹可知，从南朝梁国到陈国及至隋朝时期，冼夫人都深明大义，坚持心向朝廷，不参与叛乱，并坚决支持朝廷平乱。冼夫人还安抚百越各部，使境内安然无事。陈后主降隋后，冼夫人了解政局变化后，宣布归顺隋朝，并派孙子冯魂带兵迎接隋军，接管岭南。卒后被谥封为诚敬夫人。

后人为了纪念冼太夫人功绩，在两广的高、雷、化、钦、廉等州县建造了很多庙宇。在香港、台湾等地区和马来西亚、越南、新加坡等国家都有华人建的为数不少的冼夫人庙。

今以高州冼太庙规模较大，该庙位于高州市区文明路。始建于明嘉靖十四年（1535），共四进，总进深 66 米、面阔 13.2 米，建筑面积 882.39 平方米。

广西与海南滨海一带的海神祀伏波将军马援。

马援以征交趾之功而被祀为越南北部与广西、海南一带土主神兼水神。

建武十八年（42），光武帝命伏波将军马援，督率从长沙、桂阳（今湖南郴州）、零陵（今湖南永州）、苍梧（今广西梧州）这四个地方征调的2万士兵、大小船只2000艘，南下征讨越南人徵侧、徵贰之乱。伏波将军马援沿海而进，平定交趾之乱。东汉马援率领水路两军，缘海而进，沿海随山开道千余里，到达浪泊（今越南河内市西北），大破反军，降者万余人，敌众四散奔逃。马援乘胜将反贼徵侧残部逼入禁溪（在麓冷县境内）洞穴之中，封锁洞口，将其彻底歼灭，平定了岭南交趾叛乱。马援还在交趾立铜柱作为汉界。建武二十年（44），表功而还。

《后汉书·马援传》有载征交趾事迹，称：

> 又交趾女子徵侧及女弟徵贰反，攻没其郡，九真、日南、合浦蛮夷皆应之，寇略岭外六十余城，侧自立为王。于是玺书拜援伏波将军，以扶乐侯刘隆为副，督楼船将军段志等南击交趾。军至合浦而志病卒，诏援并将其兵。遂缘海而进，随山刊道千余里。十八年春，军至浪泊上，与贼战，破之，斩首数千级，降者万余人。援追徵侧等至禁谿，数败之，贼遂散走。明年正月，斩徵侧、徵贰，传首洛阳。封援为新息侯，食邑三千户。……援将楼船大小二千余艘，战士二万余人，进击九真贼徵侧余党都羊等，自无功至居风，斩获五千余人，峤南悉平。援奏言西于县户有三万二千，远界去庭千余里，请分为封溪、望海二县，许之。援所过辄为郡县治城郭，穿渠灌溉，以利其民。条奏越律与汉律驳者十余事，与越人申明旧制以约束之，自后骆越奉行马将军故事。二十年秋，振旅还京师，军吏经瘴疫死者十四五。赐援兵车一乘，朝见位次九卿。

《水经注》有载马援交趾立铜柱事，郦道元引俞益期笺："马丈渊（丈渊为马援字）立两铜柱于林邑岸北，有遗兵十余家不反，居寿泠岸南，而对铜柱。悉姓马，自婚姻，今有二百户。交州以其流寓，号曰马流。言语饮食，尚与华同。山川移易，铜柱今复在海中，正赖此民以识故处也。"又引《林邑记》曰："建武十九年，马援树两铜柱于象林南界，与西屠国分，汉之南疆也。土人以之流寓，号曰马流，世称汉子孙也。"

马援以征南之功，又以伏波将军之号（伏波有降伏波涛之意），故被祀为中国南方重要水神和海神。不仅广西、南海有其庙，越南的顺化、清化、北宁等地，亦有诸多伏波庙。

海南的主要海神祀一百零八兄弟公。一般认为该一百零八兄弟为死后显灵，护佑海中作业及航行的渔民、商船等。

据何纪生《谈西沙群岛古庙遗址》一文称，明朝时，海南岛有108个渔民兄弟（"兄弟"是渔民间亲切的称呼）到西沙群岛捕鱼生产，遇到海盗船，全被杀害了。后来又有渔民去西沙群岛，中途忽遭狂风巨浪，情况十分危急，渔民祈求被害的108位渔民兄弟显灵保佑，遇救脱险后，渔民就在永兴岛上立庙祭祀。另据琼海市潭门镇的渔民传说，108个兄弟遇难的故事发生在明代。当时有108个潭门渔民前往南海海域捕鱼，不幸途中遭遇台风，渔船翻沉，108人就再也没有回来。为纪念这些没有留下姓氏的渔民兄弟，人们建庙名曰"一百零八兄弟公庙"。又据海南陵水黎族自治县新村镇的疍家人传说，时在清咸丰年间的农历九月十五，今海口市演丰镇的109个渔民从文昌铺前港同乘一艘海船去南洋谋生，途中遇风浪覆舟，仅一厨工逃脱。一百零八兄弟遇难后变成了海神，扶弱救危，显圣海上，被封为"昭应英烈108忠魂"。后人建的庙也称为"昭应庙""孤魂庙"或"兄弟公庙"。后来，海南渔民把这个传说带到西沙和南沙群岛，并在岛上建庙祭祀一百零八兄弟。

今在海南岛及南海群岛、东南亚等地大多建有昭应庙、兄弟公庙等，祀为海神。

本人判断，海南一百零八兄弟公信仰可能有两个源头，一是

从黄河流域青铜峡段的一百零八塔镇水神崇拜演化而来；二是从
元明小说《水浒传》一百零八将演化而来，《水浒传》中以宋江
为首的一百零八条好汉都是忠义英烈，大多冤屈而死，书中称
死后累累显灵，百姓四时享祭不绝，朝廷遂敕封宋江为忠烈义济
灵应侯，并在楚州蓼儿洼建殿塑一百零八将神像祭祀。而《水浒
传》还提到孙新祖上是琼州人氏，又称混江龙李俊与童威、费保
等，从太仓港乘驾出海，自投化外国去了。后来为暹罗国之主。
童威、费保等都做了化外官职，自取其乐，另霸海滨。故海南
一百零八兄弟公应是从《水浒传》故事演化而来，《水浒传》还
称"凡人正直者，必然为神也"，古代许多水神、海神也大多为
忠臣、烈士、孝子孝妇等演化而来。

　　如今黄海岸边的连云港一带（宋代称东海县）最有名的水神
为东海孝妇。据《太平寰宇记》载："孝妇庙，在县北三十三里
巨平村北。按《前汉书》：孝妇少寡无子，养姑甚谨。其后，姑
自缢死，姑女诬告吏：'妇杀我母。'吏捕孝妇。孝妇辞不杀姑，
吏验，治孝妇自诬，服其狱，上府。于公以为此妇养姑十余年，
以孝闻，必不杀姑。太守不听，竟论杀孝妇。郡中枯旱三年，后
太守至，于公曰：'孝妇不当死，前太守强断之咎，当在是乎？'
于是太守杀牛自祭孝妇冢，天立大雨，岁熟。因立祠焉。"

　　此东海孝妇不见名姓，其事略见《汉书·于定国传》，载曰：
"于公以为此妇养姑十余年，以孝闻，必不杀也。太守不听，于
公争之，弗能得，乃抱其具狱，哭于府上，因辞疾去。太守竟论
杀孝妇。郡中枯旱三年。后太守至，卜筮其故，于公曰：孝妇不
当死，前太守强断之，咎党在是乎？于是太守杀牛自祭孝妇冢，
因表其墓，天立大雨，岁孰。郡中以此大敬重于公。"

　　东海孝妇因受冤而使地方受大旱三年，为其平反后则天立大
雨，故后祀为地方神和东海神。

　　山东半岛一带的海神还祀八仙。

　　民间以"八仙过海"为著名传说，所称是汉钟离、张果老、韩湘子、铁拐李、吕洞宾、何仙姑、蓝采和、曹国舅八仙相邀过海，顿时海面如翻江倒海，滔天巨浪震动了东海龙王的宫殿。东海龙王急派虾兵蟹将出海查巡，方知是八仙各显其能，兴海所为。东海龙王恼羞成怒，率兵出来干涉。八仙据理力争，与之抗辩，东海龙王下令虾兵蟹将抢走蓝采和。蓝采和不甘示弱，与之争斗，终因寡不敌众，被抓住关进龙宫。众仙见状大怒，个个奋勇上前厮杀，在海里打起一场恶战。众仙连斩东海龙王两个龙子，吓得虾兵蟹将魂飞魄散，屁滚尿流，纷纷败下阵来。东海龙王怒不可遏，急忙请来南海、北海、西海龙王，不制服众仙誓不罢休。于是四海龙王催动三江五湖四海之水掀起惊天巨浪，杀气腾腾地直奔众仙而来。正在一触即发之际，忽见金光闪烁，浊浪中闪出一条路来，原来曹国舅的白云板天生具有避水神力，他怀抱云板在前开路，众仙在后紧紧跟随，任凭巨浪排山倒海，却奈何不了他们。四海龙王见此情景，十分恼火，又调动了四海兵将准备再战。恰巧南海观音（一说如来佛）从此处经过（或说专门来调停），便喝住双方出面制止，东海龙王放出蓝采和。八仙拜别观音，各持宝物，乘风破浪、遨游而去。

　　以上八仙，大约形成于元代，但人物不尽相同。如马致远杂剧《吕洞宾三醉岳阳楼》第四折末《水仙子》，以吕洞宾的口吻，依次介绍八仙道："第一个是汉钟离权，现掌着群仙篆；这一个是铁拐李，发乱梳；这一个是蓝采和，板撤云阳木；这一个是张果老，赵州桥骑倒驴；这一个是徐神翁，身背着葫芦；这一个是韩湘子，韩愈的亲侄；这一个是曹国舅，宋朝的眷属；则我是吕纯阳，爱打的简子愚鼓。"上述八仙，均为男性，没有所传八仙中的何仙姑，却多了个徐神翁。至明代吴元泰作《八仙出处东游记》，铁拐李等八仙过海的故事日渐流传，八仙人物也在流传中稳定下来，正式定型为汉钟离（或钟离权）、张果老、韩湘子、铁拐李、吕洞宾、何仙姑、蓝采和及曹国舅。

山东半岛是全真道的发源地。最初见于史籍且确有其人的，是初盛唐时道术之士张果，其还被附会为漳河神。五代宋初，关于吕洞宾的仙话传说流传甚盛，与道教内丹修炼法的传播相煽助，两宋之际即盛传"钟吕金丹道"。金元时全真道教兴起，为回应民间信仰及传说以宣扬其教法，将钟离权、吕洞宾等推为北五祖，其中吕洞宾是八仙形成的核心人物，道教称之为吕祖。在民间传说、杂剧戏谈等与道教神仙相互演衍下，吕洞宾也被祀为黄河、长江流域重要的镇水神。金元时期，全真道在山东半岛传教活动时，以吕洞宾为核心的八仙传说也在滨海地区传播，最终在此形成八仙信仰。

今在胶东半岛最北端的蓬莱市海滨尚存蓬莱阁古建筑群，相传始建于宋代，今建筑群可能形成于明清时期。蓬莱阁古建筑群中，有三组神仙宫殿格外突出。第一组是东海龙王敖广的龙王宫；第二组是海神娘娘林默的天后宫；第三组是以吕洞宾为首的"八仙"聚居的蓬莱阁大殿。这三组神仙宫殿均与海神崇拜有关。

蓬莱阁中还修建有戚继光祠，蓬莱是戚继光故里。戚继光是明代著名的抗倭英雄，今在闽浙粤滨海，多有祀其为镇海神。

从山东半岛的吕祖崇拜，也可知江苏启东吕四港得名或亦与此有关联。

山东日照与江苏连云港交汇处一带的水神还祀大禹之父鲧。

鲧也是传说中的治水神，相传葬于羽山。《汉书·地理志》称祝其（赣榆县之旧称）南有羽山。《太平寰宇记》卷二十三也载："（临沂县）羽山，在县东南一百一十里。《尚书》：殛鲧于羽山。注云：羽山，东裔也。《左传》云：郑子产聘于晋。平公有疾，韩宣子逆客私焉，曰：寡君寝疾于今三月矣！并走群望，有加而无瘳。今梦黄熊入于寝门，其何厉鬼也。对曰：以君之明，子为大政，其何厉之有？昔尧殛鲧于羽山，其神化为黄熊以入于羽渊。实为夏郊三代祀之，晋为盟主，其或者未之祀也。韩子祀夏郊，平公乃闲。《地理志》曰：羽山在东海祝其县南。今按：山高四里，周回八里。山之东南与海州朐山县分界。"又载："鲧墓，在县东南百里。按《左传》：鲧死，其神化为黄熊，入于羽渊。"

浙江滨海台州一带的水神是白鹤大帝，其原型是《后汉书·方术列传》所载的东阳人赵炳，其善越方（方术），是东汉时期的著名道士，后祀为台州一带的海上保护神。其庙称白鹤庙、灵康王庙等。据康熙《台州府白鹤大帝赵炳列仙图赞志》载：灵康王庙在临海白鹤山，祀东汉赵炳。炳为东阳人，能为越方，善禁祝，至章安为人治病，神幻事甚众。后为章安令所杀，其尸溯流止今处。宋时屡显灵异，另封王号。又按南宋唐仲友《白鹤山灵康庙碑记》云：神曰灵顺显佑广惠王，汉人，姓赵名炳，字公阿。元丰时赐额，崇宁始封侯，大观进爵。是此神本起于浙之临海，祀兴于北宋也。其庙在浙不止一处，除临海、会稽外，缙云有赵侯庙，亦祀赵炳，却云炳仕汉官至大将军、乌伤侯，祀时以东流水为酌，削桑皮为脯，疗病皆除，水旱有应。赤城亦有灵康庙，祀赵炳。据《赤城志》：宋元丰七年赐灵康庙额，崇宁三年封仁济侯，大观二年进显仁公，政和三年进灵顺王，宣和四年加显佑，四年加广惠，庆元二年加善应，开禧三年改善应为威烈。按今浙江天台县有地名白鹤殿，应即灵康庙旧地。

今浙江沿海广有白鹤大帝庙，祀为水神、海神。

广东香港一带黄大仙崇拜较甚。黄大仙的原型是发源于浙江金华山的道士皇初平。

晋葛洪《神仙传》卷二有载："皇初平者，丹溪人也。年十五而使牧羊，有道士见其良谨，使将至金华山石室中，四十余年，忽然，不复念家。其兄初起，入山索初平，历年不能得见。后在市中，有道士善卜，乃问之曰：'吾有弟名初平，因令牧羊失之，今四十余年，不知生死所在，愿道君为占之。'道士曰：'金华山中有一牧羊儿，姓皇名初平，是卿弟非耶？'初起闻之，惊喜，即随道士去寻求，果得相见，兄弟悲喜。因问弟曰：'羊皆何在？'初平曰：'羊近在山东。'初起往视，了不见羊，但见白石无数，还谓初平曰：'山东无羊也。'初平曰：'羊在耳，但兄自不见之。'初平便乃俱往看之。乃叱曰：'羊起！'于是白石皆变为羊，数万头。初起曰：'弟独得神通如此，吾可学否？'初平曰：'唯好道，便得耳。'初起便弃妻子，留就初平。共服松脂茯苓，至五千日，能坐在立亡，行于日中无影，而有童子之色。后乃俱还乡里，诸亲死亡略尽，乃复还去，临去以方授南伯逢，易姓为赤初平，改字为赤松子。初起改字为鲁班。其后传服此药而得仙者，数十人焉。"

皇初平改字为赤松子，即附会为赤松子而成为雨师。

西汉刘向《列仙传》载："赤松子者，神农时雨师也，服水玉以教神农，能入火自烧。往往至昆仑山上，常止西王母石室中，随风雨上下。炎帝少女追之，亦得仙俱去。至高辛时复为雨师，今之雨师本是焉。"

由此可知，浙江金华的皇初平崇拜应是明清时期由浙商传入广东而至香港的，后讹为黄大仙，所祀亦为雨师而为水神。明清时期浙商以药材商人为主，故黄大仙当亦祀为医药神。

澳门以妈祖阁得名，境内还祀哪吒三太子神等为海神。

关于澳门哪吒庙的兴建，有这样一种传说：当时澳门发生了一场极大的瘟疫，而柿山附近却没有受到很大的影响，所以大三巴附近的居民便认为这是柿山有哪吒庙保护的缘故，经过多番交涉后，庙祝将哪吒神像借给了当地居民，后来疫情得到控制，居民也从此建庙供奉哪吒。据说，建庙那一年是1888年，后曾于1901年（清光绪二十七年）改建过。哪吒庙值理会的会长叶达先生介绍说，每年农历五月十八日，也就是哪吒圣诞日的这一天，会有一个盛大的哪吒出游活动。

可知澳门哪吒庙所祀主神为驱瘟神。明清时期我国主要的驱瘟神有张巡、康保裔，从澳门哪吒庙每年农历五月十八日为圣诞日考察，则该庙可能是从唐忠臣张巡信仰演化而来。张巡曾任太子通事舍人，或是演化为哪吒太子神的源头。

辽宁、河北交界一带的渤海沿岸还从秦始皇崇拜中又演化有孟姜女崇拜。

据《大清一统志·卷十三·永平府》载："姜女祠，在临榆县东南并海里许，祠前土邱为姜女坟，傍有望夫石，俗传姜女为杞梁妻，始皇时因哭其夫而崩长城，本朝乾隆八年皇上恭谐盛京，道经临榆，有御制姜女祠诗，序云：今山西潞安、直隶古北口并此处皆有姜女祠，考杞梁之事见于《左传》《孟子》，非始皇时人，可知即《烈女传》载有崩城之说，亦无长城实据也，然其节义有可尚者故题以诗，十九年、四十五年、四十八年皆有御制诗。"

此临榆县即今秦皇岛市。从上文可知乾隆皇帝所研究孟姜女之原型是春秋时齐国勇士杞梁之妻。其与秦始皇并非同一时代人。

杞梁妻是烈女，西汉刘向《列女传·卷四·贞顺传》有载："齐杞梁妻，齐杞梁殖之妻也。庄公袭莒，殖战而死。庄公归，遇其妻，使使者吊之于路。杞梁妻曰：'今殖有罪，君何辱命焉。若令殖免于罪，则贱妾有先人之弊庐在下，妾不得与郊吊。'于是庄公乃还车诣其室，成礼然后去。杞梁之妻无子，内外皆无五属之亲。既无所归，乃就其夫之尸于城下而哭之，内诚动人，道路过者莫不为之挥涕，十日，而城为之崩。既葬，曰：'吾何归矣？夫妇人必有所倚者也。父在则倚父，夫在则倚夫，子在则倚子。今吾上则无父，中则无夫，下则无子。内无所依，以见吾诚。外无所倚，以立吾节。吾岂能更二哉！亦死而已。'遂赴淄水而死。君子谓杞梁之妻贞而知礼。《诗》云：'我心伤悲，聊与子同归。'此之谓也。"

可知孟姜女是春秋时齐国杞梁之妻，杞梁随齐庄公攻打莒国而战死，其尸运送回国时，其妻奉夫棺于城下，抚棺大恸，涕泪俱尽，极为感人，十天后齐城忽然崩陷，其妻投淄水而死。

《孟子·告子下》《礼记·檀公下》《左传·襄公二十三年》《韩诗外传》都有杞梁妻迎丧而哭事，并无哭长城崩事。

宋代孙奭疏《孟子·告子下》，曰："或云齐庄公袭莒，逐而死，其妻孟姜向城而哭，城为之崩。"即指杞梁妻名孟姜，后世遂演为孟姜女哭长城的故事。

孟姜女哭长城的早期版本为秦人（可指春秋战国时期）范杞梁差筑长城而死，其妻孟姜女送寒衣至城下，闻夫死痛哭，城为之崩。后来又演变为秦朝时秦始皇建长城，劳役繁重，青年范喜良和女子孟姜女新婚第三天，范喜良就被迫出发修筑长城，不久因为饥寒劳累而死，尸骨被埋在长城墙下。孟姜女身穿寒衣，历尽了千辛万苦才来到了长城边，得到的却是丈夫死亡的噩耗。孟姜女在长城上哭了三天三夜，忽然长城就此坍塌，露出了范喜良的尸骸，孟姜女安葬范喜良后于绝望之中投海而死。

孟姜女哭长城是中国民间四大爱情故事之一，在北方长城沿线一带广为流传，从河北、山西、陕西皆有，也祀为北方重要水神。

原临榆县孟姜女庙又称贞女祠，当是全国孟姜女崇拜的祖庙，位于秦皇岛市山海关区城东约 6 公里的望夫石村后山岗上。庙有前后两殿，前殿有孟姜女像，两侧壁上镶有碑刻，其中有乾隆、嘉庆、道光题词。后殿原供观音，殿后有望夫石。

《古今图书集成·职方典》有载程观颐《重修贞女祠记》曰："孟姜女者，产赢季，姓许氏，于归范郎，未久，而夫就役于长城，遂已殁于军。姜女足迹万里，终得夫骸，竟枕石于海滨，云土人为立祠荐享之。南临巨海，北望层峦，列楹数间，其地高阜杰出，下则平沙石漫。游人至其侧，见夫波浪汹涌，潮流激荡之势，若出于履舃之下。对夫蓁莽苍郁，巅崖拔出，挟光景而薄星辰者，若出于衽席之内，因以为榆关丽观焉。噫。秦之暴，六国不能争；秦之力，谋臣猛将不能拒。而姜女以一女子致令天鉴贞烈，排岸颓城，直足夺始皇之气而抗其威。使六国之谋臣猛将皆如此。妇人女子之烈，亦何自有筑怨筑愁之事。惟妇人女子之烈远过于六国之谋臣猛将，此固秦皇之所不能禁而荆轲、子房之共奇者也。"

孟姜女哭长城的传说可能是宋代理学兴起后所逐渐构建起来的故事，主要是揭发和控诉秦始皇的暴政，也是古人将渤海沿海一带的秦始皇崇拜与贞女崇拜整合演化的结果。孟姜女崇拜在清代还传播至钱塘江北岸重要港口乍浦一带，而当地亦有秦始皇崇拜的遗迹。

三国魏曹植《曹植集卷二鞞舞歌·精微篇》亦有句称"杞妻哭死夫，梁山为之倾"。此梁山所指为今黄河龙门两岸一带。《尚书·禹贡》曰："治梁及岐。"《诗经·大雅·韩奕》也载："奕奕梁山，维禹甸之。"《春秋穀梁传》称：成公五年（前 586），"梁山崩，遏河水三日不流"。郦道元《水经·河水注》云："昔者，大禹导河积石，疏决梁山，谓斯处也，即《经》所谓龙门矣。"

后长江下游的重要水口天门山两岸也称梁山。《宋书·孝武帝纪》称：大明七年（463），"车驾习水军于梁山……于博望、梁山立双阙"。《陈书·世祖纪》云：天嘉元年（560），"太尉侯瑱败王琳于梁山，败齐兵于博望"。此博望即东梁山，梁山即今称西梁山，两山相对，合称天门山。历为江防要地。可知梁山能挡洪流冲击。

因此，笔者又联想到《梁祝》中的男主角梁山伯。

《中国历代人名大辞典》有载梁山伯，称东晋会稽人，字处仁。相传晋穆帝永和间，外出游学，与祝英台同窗三年。及英台归，山伯过访，始知其为女子，因求婚，而英台已聘马氏。后为鄞县令，悒悒而终，遗言葬清道山下。明年，英台适马氏，过墓恸哭，地忽开裂，英台入茔，遂同葬焉。

《梁祝》传说也是中国民间四大爱情故事之一，讲述了梁山伯与祝英台同学多年，后梁发现祝为女儿身，遂有求娶之意。而祝配于马氏，梁抑郁而终。后祝嫁马道上遇梁墓，墓开而入，合而为一。故事的发生地一般称在会稽鄞县及上虞等地。

目前最早记载"梁祝"一事，是唐代《十道志》，又称《十道四蕃志》，为梁载言所撰，成书于唐代武周时。《乾道四明图经》引该志提及鄞县"义妇祝英台与梁山伯同冢，即其事也"。

稍后的唐张读《宣室志》也载："英台，上虞祝氏女，伪为男装游学，与会稽梁山伯者同肄业。山伯，字处仁。祝先归。二年，山伯访之，方知其为女子，怅然如有所失。告其父母求聘，而祝已字马氏子矣。山伯后为鄞令，病死，葬鄮城西。祝适马氏，舟过墓所，风涛不能进。问知山伯墓，祝登号恸，地忽自裂陷，祝氏遂并埋焉。晋丞相谢安奏表其墓曰义妇冢。"

这样，就确定梁山伯、祝英台的故事发生在东晋时期，而两人的墓地在鄮城西。

　　张读为唐宣宗大中年间进士，僖宗乾符中，累官中书舍人、吏部侍郎。其时明州已从越州分设，但该文中未提及明州，仅提鄞令、鄮城西，说明梁祝传说流传应在唐开元年间之前。

　　南宋张津《乾道四明图经》也载："义妇冢，即梁山伯、祝英台同葬之地也，在（鄞）县（西）十里'接待寺'之后，有庙存焉。……按《十道四藩志》云，义妇祝英台与梁山伯同冢，即其事也。"

　　今宁波城西高桥镇邵家渡一带有梁山伯墓遗迹，20世纪20年代钱南扬先生调查时，该庙为五开间，前后三进，一进为山门，大门的匾额上写着"梁圣君庙"四个斗大的金字。第二进为正殿，中间暖阁里供着梁山伯的土像，西首暖阁里供着梁祝二人的木像，东首神位上写有"敕赐云霄检察护国佑民沙老元帅"十四个字，同治十三年立的置产碑上刻着"本庙之有《雨水经》也，由来久矣"。第三进为后殿。中供梁山伯木像，东供祝英台木像，西面也是祝氏的木像，为"送子殿"。

　　可知梁山伯庙又名梁圣君庙。庙西有义妇祝英台与梁山伯合葬的坟。始建年代已无法考证。原庙正殿西首有两块石碑，嵌于壁间。一块是明朝万历三十三年鄞县知县魏成忠撰写的《梁圣君庙碑记》，碑中记载："义忠王庙一名梁圣君庙，县西十六里接待寺西，祀东晋鄮令梁山伯。安帝时，刘裕奏封义忠王，令有司立庙。"

　　说明梁山伯早在东晋时敕封过义忠王。康熙《鄞县志》中收录有宋大观年间明州太守李茂诚所撰《义忠王庙记》，载曰：

　　神讳处仁，字山伯，姓梁氏，会稽人也。神母梦日贯怀，孕十二月，时东晋，穆帝永和壬子三月一日，分瑞而生。幼聪慧有奇，长就学，笃好坟典。尝从名师，过钱塘，道逢一子，容止端伟，负笈担簦。渡航相与坐而问曰："子为谁？"曰："姓祝，名贞，字信斋。"曰："奚自？"曰："上虞之乡。"曰："奚适？"曰："师氏在迩。"从容与之讨论旨奥，怡然自得。神乃曰："家山相连，予不敏，攀鱼附翼，望不为异。"于是乐然同往。肄业三年，祝思亲而先返。后二年，山伯亦归省。之上虞，访信斋，举无识者。一叟笑曰："我知之矣。善属文，其祝氏九娘英台乎？"踵门引见，诗酒而别。山伯怅然，始知其为女子也。退而慕其清白，告父母求姻，奈何已许鄞城廊头马氏，弗克。神喟然叹曰："生当封侯，死当庙食，区区何足论也。"后简文帝举贤，郡以神应召，诏为鄞令。婴疾弗瘳，嘱侍人曰："鄞西清道源九陇墟为葬之地也。"瞑目而殂。宁康癸酉八月十六日辰时也。郡人不日为之茔焉。又明年乙亥暮春丙子，祝适马氏，乘流西来，波涛勃兴，舟航萦回莫进。骇问篙师。指曰："无他，乃山伯梁令之新冢，得非怪欤？"英台遂临冢奠，哀恸，地裂而埋葬焉。从者惊引其裙，风烈若云飞，至董溪西屿而坠之。马氏言官开椁，巨蛇护冢，不果。郡以事异闻于朝，丞相谢安奏请封义妇冢，勒石江左。至安帝丁酉秋，孙恩寇会稽，及鄞，妖党弃碑于江。太尉刘裕讨之，神乃梦裕以助，夜果烽燧荧煌，兵甲隐见，贼遁入海。裕嘉奏闻，帝以神助显雄，褒封"义忠神圣王"，令有司立庙焉。越有梁王祠，西屿有前后二黄裙会稽庙。民间凡旱涝疫疠，商旅不测，祷之辄应。宋大观元年季春，诏集《九域图志》及《十道四蕃志》，事实可考。夫记者，纪也，以纪其传不朽云尔。为之词曰：生同师道，人正其伦。死同窀穸，天合其姻。神功于国，膏泽于民。谥文溢忠，以祀以禋，名辉不朽，日新又新。（见清闻性道《鄞县志》）

从以上所载中，可知"英台遂临冢奠，哀恸，地裂而埋葬焉"的记载与杞梁妻"乃就其夫之尸于城下而哭之，内诚动人，道路过者莫不为之挥涕，十日，而城为之崩"的内容有类似之处，或是借鉴该史述。又梁山伯庙与越之梁王祠、西屿之前后二黄裙会稽庙有渊源关系，且与旱涝疫疠等土主神及水神崇拜有关。此梁王祠，专家考证与梁武帝崇拜有关，而会稽庙所祀当是大禹及其妻涂山氏。

由此笔者猜测，梁山伯与祝英台应非历史人物，而是从水神崇拜演化而来。梁山伯庙今濒临姚江，这一带在东晋南朝时期尚是江海交汇之口，后不断聚集成市，因此要祀水神以镇之。梁山伯可能是山神名，因大禹曾疏决梁山，或民众以梁山伯而代指大禹神。或梁山伯原是地名，称梁山泊，亦以大禹代指其地而镇之。传说中以梁山伯为会稽人，即是指为会稽大禹神也。故梁山伯庙墓实指为大禹庙墓，又祝英台抑或是从涂山氏崇拜演化而来。

又江苏宜兴有祝英台遗迹，南朝齐武帝时《善卷崇记》有载："齐武帝赎英台旧产建寺。"又唐梁载言《十道四蕃志》也载："善权山南，上有石刻曰'祝英台读书处'。"宋《咸淳毗陵志》则称："祝英台读书处，号'碧鲜庵'。皆有诗云：'蝴蝶满园飞不见，碧鲜空有读书坛。'俗传英台本女子，幼与梁山伯共学，后化为蝶。然考《寺记》，谓齐武帝赎英台旧产建，意必有人第，恐非女子耳。"此或是祝英台得名之渊源。

从梁山伯庙内有《雨水经》，可知其祀为水神矣。

又渤海一带的海神原型为孤竹国王子伯夷、叔齐兄弟。据《史记》所载：伯夷为商末孤竹君之长子，姓墨胎氏。初，孤竹君欲以次子叔齐为继承人，及父卒，叔齐让位于伯夷。伯夷以有违父命，遂逃之，而叔齐亦不肯立，亦逃之。后来二人听说西伯昌善养老人，合往归焉。及至，西伯卒，武王正兴兵伐纣，二人叩马而谏，说："父死不葬，爰及干戈，可谓孝乎？以臣弑君，可谓仁乎？"武王手下欲动武，被姜太公制止，说："此义人也，扶而去之。"后来武王克商，天下宗周，而伯夷、叔齐耻食周粟，隐于首阳山，采集野菜而食之，及饿将死，作歌。其辞曰："登彼西山兮，采其薇矣。以暴易暴兮，不知其非矣。神农、虞、夏忽焉没兮，我安适归矣？于嗟徂兮，命之衰矣！"遂饿死于首阳山。

因古代黄河在渤海入海，后伯夷、叔齐兄弟崇拜向沿黄河传播，传至黄河沿岸及渭河上游一带，也祀为黄河、渭河重要水神。

伯夷、叔齐兄弟可能也从齐地的姜子牙姜太公崇拜衍生而来，成为渤海沿湾地区的重要海神。